陇上学人文存

LONGSHANG XUEREN WENCUN

陇上学人文存

马 德 卷

马 德 著　买小英 编选

甘肃人民出版社

图书在版编目（CIP）数据

陇上学人文存. 马德卷 ／ 范鹏，马廷旭总主编 ；马德著 ；买小英编选. -- 兰州 ：甘肃人民出版社，2021.12（2024.1重印）
ISBN 978-7-226-05761-2

Ⅰ. ①陇… Ⅱ. ①范… ②马… ③马… ④买… Ⅲ. ①社会科学－文集 Ⅳ. ①C53

中国版本图书馆CIP数据核字（2021）第247996号

责任编辑：王建华

封面设计：王林强

陇上学人文存·马　德卷

范鹏　马廷旭　总主编
马德　著　买小英　编选
甘肃人民出版社出版发行
（730030　兰州市读者大道568号）
德富泰（唐山）印务有限公司印刷
开本890毫米×1240毫米　1/32　印张12.75　插页7　字数321千
2022年3月第1版　2024年1月第2次印刷
印数：1001~3000
ISBN 978-7-226-05761-2　定价：60.00元
（图书若有破损、缺页可随时与印厂联系）

《陇上学人文存》第二辑

编辑委员会

学术指导委员会

《陇上学人文存》第三辑

编辑委员会

《陇上学人文存》第四辑

编辑委员会

《陇上学人文存》 第五辑

编辑委员会

名誉主任：林 铎
主　　任：梁言顺　夏红民
副 主 任：张建昌　范　鹏　彭鸿嘉
委　　员：管钰年　王福生　朱智文　安文华
　　　　　马廷旭　王俊莲　张亚杰　李树军

学术指导委员会

王希隆　王肃元　王洲塔　王晓兴　王嘉毅
傅德印　伏俊琏　李朝东　陈晓龙　张先堂
郝树声　贾东海　高新才　董汉河　程金城

总 主 编：范　鹏　王福生
副总主编：马廷旭

总　序

陇者甘肃，历史悠久，文化醇厚。陇上学人，或生于斯长于斯的本地学者，或外来而其学术成就多产于甘肃者。学人是学术活动的主体，就《陇上学人文存》（以下简称《文存》）的选编范围而言，我们这里所说的学术主要指人文社会科学研究。《文存》精选中华人民共和国成立以来，甘肃人文社会科学领域成就卓著的专家学者的代表性著作，每人辑为一卷，或标时代之识，或为学问之精，或开风气之先，或补学科之白，均编者以为足以存当代而传后世之作。《文存》力求以此丛集荟萃的方式，全面立体地展示新中国为甘肃学术文化发展提供的良好环境和陇上学人不负新时代期望而为我国人文社会科学事业做出的新贡献，也力求呈现陇上学人所接续的先秦以来颇具地域特色的学根文脉。

陇原乃中华文明发祥地之一，人文学脉悠远隆盛，纯朴百姓崇文达理，文化氛围日渐浓厚，学术土壤积久而沃，在科学文化特别是人文学术领域的探索可远溯至伏羲时代，大地湾文化遗存、举世无双的甘肃彩陶、陇东早期周文化对农耕文明的贡献、秦先祖扫六合以统一中国，奠定了甘肃在中国文化史上始源性和奠基性的重要地位；汉唐盛世，甘肃作为中西交通的要道，内承中华主体文化熏陶，外接经中亚而来的异域文明，风云际会，相摩相荡，得天独厚而人才辈出，学术思想繁荣发达，为中华文明做出了重要贡献。

近代以来，甘肃相对于逐渐开放的东南沿海而言成为偏远之地，反而少受战乱影响，学术得以继续繁荣。抗日战争期间作为大后方，接纳了不少内地著名学府和学者，使陇上学术空前活跃。新中国成立之后，人文社会科学领域的专家学者更是为国家民族的新生而欢欣鼓舞，全力投入到祖国新的学术事业之中，取得了一大批重要的研究成果，涌现出众多知名专家，在历史、文献、文学、民族、考古、美学、宗教等领域的研究均居全国前列，影响广泛而深远。新中国成立之后，人文社会科学几次对当代学术具有重大影响的争鸣，不仅都有甘肃学者的声音，而且在美学三大学派（客观派、主观派、关系派）、史学"五朵金花"（史学在新中国成立之后重点研究的历史分期、土地制度史、农民战争史等五个方面的重点问题）等领域，陇上学人成为十分引人注目的代表性人物。改革开放以来，甘肃学者更是如鱼得水，继承并发扬了关陇学人既注重学理求索又崇尚经世致用的优良传统，形成了甘肃学者新的风范。宋代西北学者张载有言："为天地立心，为生民立命，为往圣继绝学，为万世开太平"，此乃中华学人贯通古今、一脉相承的文化使命，其本质正是发源于陇原的《易》之生生不已的刚健精神，《文存》乃此一精神在现代陇上得到了大力弘扬与传承的最佳证明。

《文存》启动于中华人民共和国成立六十周年之际，在选择入编对象时，我们首先注重了两个代表性：一是代表性的学者，二是代表性的成果，欲以此构成一部个案式的甘肃当代学术史，亦以此传先贤学术命脉，为后进立治学标杆。此议为我甘肃省社会科学院首倡，随之得到政界主要领导、学界精英与社会各界广泛认同与政府大力支持，此宏愿因此而得以付诸实施。

为保证选编的权威性，编委会专门成立了由十几位省内人文社会科学领域著名学者组成的专家指导委员会，并通过召开专题会议研讨、发放推荐表格和学术机构、个人举荐等多种方式确定入选者。为使读者对作者的学术成就、治学特色和重要贡献有比较准确和全面的了解，在出版社选配业务精良的责任编辑的同时，编委会为每一卷配备了一位学术编辑，负责选编并撰写前言。由于我院已经完成《甘肃省志·社会科学志》（古代至 1990 年卷，1990 至

2000 年卷）的编辑出版工作，为《文存》的选编提供了坚实的基础和基本依据，加之同行专家对这一时期甘肃人文社会科学发展的研究，使《文存》能够比较充分地反映同期内甘肃人文社会科学的基本状况。

我们的愿望是坚持十年，《文存》年出十卷，到 2019 年中华人民共和国成立七十周年之际达至百卷规模。若经努力此百卷终能完整问世，则从 1949 至 2009 年六十年间陇上学人以"人一之、我十之，人十之、我百之"的甘肃精神献身学术、追求真理的轨迹和脉络或可大体清晰。如此长卷宏图实为新中国六十年间甘肃人文社会科学全部成果的一个缩影，亦为此期间甘肃人文社会科学学术业绩的一次全面检阅，堪作后辈学者学习先贤的范本，是陇上学人献给祖国母亲的一份厚礼。此一理想若能实现，百卷巨著蔚为大观，《文存》和它所承载的学术精神必可存于当代，传之后世，陇上学人和学术亦可因此而无愧于我们所处的伟大时代，并有所报于生养我们的淳厚故土。

因我们眼界和学术水平的局限，选编过程中必定会出现未曾意料的问题，我们衷心期望读者能够及时教正，以使《文存》的后续选编工作日臻完善。

是为序。

2009 年 12 月 26 日

目 录

编选前言 ●●● 买小英

圣境求真

莫高窟前史新探 ●●●●●●●●●●●●●●●●●●●●●●●●●●●●●●●●●●● 003

10 世纪中期的莫高窟崖面概况 ●●●●●●●●●●●●●●●●●●●●● 016

敦煌遗书莫高窟营建史料浅论 ●●●●●●●●●●●●●●●●●●●●●● 027

莫高窟崖面使用刍议 ●●●●●●●●●●●●●●●●●●●●●●●●●●●●● 044

灵岩问道

9、10 世纪敦煌僧团的社会活动及其意义 ●●●●●●●●●●●●● 057

敦煌佛教文献的再认识 ●●●●●●●●●●●●●●●●●●●●●●●●●●● 069

敦煌版画的背景意义 ●●●●●●●●●●●●●●●●●●●●●●●●●●●●● 086

敦煌石窟社会化佛教浅论 ●●●●●●●●●●●●●●●●●●●●●●●●● 101

旷世稀珍

敦煌刺绣《凉州瑞像图》的年代及相关问题 ●●●●●●●●●●● 121

敦煌所出印沙佛木板略考 ●●●●●●●●●●●●●●●●●●●●●●●●● 128

敦煌纸画《维摩诘经变》 ●●●●●●●●●●●●●●●●●●●●●●●●●● 135

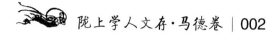
唐蕃共荣

吐蕃占领敦煌前后沙州史事系年 ………………………………… 141

西藏发现的《喇蚌经》为敦煌写经 ………………………………… 152

论敦煌在吐蕃历史发展中的地位 ………………………………… 159

秦陇情怀

中华文字始祖与白水民间信仰 …………………………………… 177

渭河:历史的浩歌 …………………………………………………… 196

敦煌文书所记南诏与吐蕃的关系 ………………………………… 207

史学、使命

论敦煌历史文化的包容精神 ……………………………………… 215

敦煌本《诸经杂辑》刍谈

　　——兼议敦煌草书写本研究的有关问题 …………………… 226

敦煌遗书研究误区检讨 …………………………………………… 244

开拓创新

试论开拓敦煌研究的新领域 ……………………………………… 265

从敦煌看道教对汉传佛教中国化的影响 ………………………… 282

进一步开创敦煌研究的新局面 …………………………………… 301

前辈楷模

神圣的使命　执着的企求

　　——纪念敦煌艺术与学术先辈大师史苇湘、欧阳琳伉俪

………………………………………………………………………… 319

新时期敦煌文献研究的奠基人
　　——纪念唐耕耦先生 ·················· 331
敦煌艺韵
　　——《陇上学人文存·郑汝中卷》编选前言 ·········· 341
实证求是,温故知新
　　——《汉唐佛史探真》增订本感言 ············· 352
附录 马德论著要目 ······················· 356

编选前言

　　马德先生,1955年11月出生于甘肃省会宁县,1978年兰州大学历史系毕业后到敦煌文物研究所(现敦煌研究院),先后在敦煌石窟考古研究所、《敦煌研究》编辑部和敦煌文献研究所从事研究工作,历任敦煌研究院助理研究员、副研究员、研究员。1992—1995年间在中山大学师从著名历史学家姜伯勤先生学习,获历史学博士学位;1998年起担任敦煌研究院学术委员会委员、《敦煌研究》杂志编委、敦煌文献研究所副所长、所长;兼任教育部人文社科重点研究基地兰州大学敦煌学研究所副所长、博士研究生导师,西北师范大学历史文化学院教授、硕士研究生导师;曾任日本国立东京艺术大学美术学部客员研究员、英国伦敦大学东方与非洲研究学院博士后研究员、香港中文大学人间佛教研究中心客座研究员等。1998年入选甘肃省"333科技人才工程"省级学术技术带头人。2015年12月退休,接受敦煌研究院返聘担任研究员,继续从事研究工作。受聘首都师范大学历史学院特聘教授,陕西师范大学人文社会科学高等研究院特聘研究员,河西学院祁连学者特聘教授,兰州交通大学艺术学院、西北师范大学敦煌学院兼职教授等;兼任中国中外关系史学会理事,中国敦煌吐鲁番学会理事,甘肃省敦煌哲学学会副会长,甘肃省人民政府文史研究馆馆员等。

　　马德先生致力于敦煌学研究40余年,成果丰硕,著述等身,其研究领域涉及敦煌历史地理、敦煌石窟、敦煌文献、敦煌石窟与敦煌文献的结合、敦煌佛教文化、敦煌吐蕃文化研究以及历史文化遗产与社会发展关系等诸多领域,基本都属于原创性研究;并提倡在研究中运用多学科方法手段综合运用和多类文献相互印证的"五重证据法",形成了独特的人文科学研究理论方法体系,成为我国敦煌学界具有重要代表性的学者之一,其系列学术论著也成为我国敦煌学界具有代表性的研究成果。迄今,出版专著《敦煌莫高窟史研究》《敦煌古代工匠研究》《中古敦煌佛教社会化论略》等 10 余部,在国内外学术书刊发表论文 160 余篇;主持完成国家社会科学基金西部项目 2 项、教育部人文社科重点基地重大项目 1 项、院级科研项目 3 项,参与完成国家及省部级重大科研项目 5 项;主持完成国家出版基金项目 3 项(其中 2 项为系列丛书)。研究成果多次获国家、省部级奖励。

一、情感与精神

马德先生出生于甘肃省会宁县,父母亲都是普通的农民。从小文理科都学得非常好,因为数学成绩格外突出,曾经一度以为自己将来会从事理科方面的工作。童年时期,先生很爱看历史类书籍,特别是历史故事,尤其是林汉达所著的《中古历史故事集》对先生的影响很深。时至求学若渴的年纪,因特殊的历史时期,先生回乡当了农民,历时四年多。在这期间,先生依然没有放弃对知识的渴求,始终坚持看书学习。那时候,理科类的书籍很难找到,于是农忙之余,先生便阅读了很多历史类和文学类的书籍,这为以后的学习和研究打下了坚实的基础。之后,先生被推荐到兰州大学历史系进行学习。经历了四年的农村劳动,能够进入大学读书深造,这让先生更加充满了对知识的渴望,继续对知识不断汲取。不同于其他的文科生,先生有着非常扎实的理科基础,正因为这样,在学术研究的过程中可以规避文科生的思维模式,让自己的学习和研究更加的充实和全面。先生说:"学历史有一点理科基础很好，能够增强逻辑思维能力，对自己做研究有好处，这让我在研究过程中更加严谨。"

先生从 1978 年到达敦煌，就与这里结下了不解之缘，对这片土地有着发自内心的深厚情感。"1978 年 10 月 11 日早晨，在我省西部边陲的交通枢纽柳园镇，我拨通了莫高窟敦煌文物研究所的电话，接电话的人正是我国老一辈艺术家和敦煌学家常书鸿所长。按照常老的指点，我到设在柳园镇的西藏物资局综合公司的仓库里，找到在那里检点和整理文物的史苇湘、霍熙亮二位先生。在他们的安排下，我搭乘所里拉汽油的解放卡车，当晚就到达了向往已久的莫高窟，见到了长期在敦煌工作的前辈专家学者，从此之后，我就深深扎根在了这块土地上。""到了敦煌就开始了我的研究工作，可以说研究的过程是很艰辛的，甚至很多研究成果在探索的过程中要推翻重来，但是研究的乐趣也在于此，研究为了求真，在求真的过程中开拓了视野，提升了认识，这种满足感是任何快乐所不能代替的。"先生说，"对于做敦煌研究来说，能在敦煌研究所工作无疑是梦寐以求的。但是那个年代做研究的人手非常缺乏，一个人要身兼数职，经常是一边在发掘窟前遗址，一边还要被同事叫去操作油印机、刻蜡版等'技术'活。我一直不觉得自己有多忙，有多苦，这似乎与骨子里的工匠精神有关。"

1982 年，先生负责敦煌文物研究所编辑部工作，编辑了《敦煌研究》试刊第二期，编辑出版《敦煌译丛》，并主持了该刊的创刊工作。1985 年，先生从《敦煌研究》编辑部调入敦煌遗书研究所，被分配专门从事敦煌遗书中石窟史料的搜集、整理和研究。在这里，不仅接触到了记载敦煌古代工匠的文献，被这些古代的工匠们感染。同时也曾亲眼看见，六十多岁的李其琼、欧阳琳两位先生同年轻人一起，不分昼夜地趴在洞窟内冰冷的地面上赶制壁画摹本；六十多岁的孙儒僩先生在二十几米高的加固危崖的脚手架上指导施工；施萍婷先生几十年如一日，在缩微胶卷上一字一句地阅读几万卷敦煌文书，并重新编写目录。先生当年还曾跟随年近八旬的霍熙亮先生攀登甘肃安西东千佛洞的悬崖峭壁，霍先生的敏捷和矫健，让他这个从小在山里跑惯的年轻人都叹为观止。在这些前辈学者的身上，先生看到创造敦煌艺术的古代匠师的身影。所以，先生一直强调自己在敦煌研究上的努力得益于敦煌研究院老一辈专家、学者的言传身教，和导师姜伯勤先生的精心指导，同时与自己身处得天独厚的学术环境，长期致力于敦煌历史文化的研究工作是分不开的。

先生对敦煌的这份执着和炽热的情感，始终伴随和交织着先生不懈坚持与传承发扬的实事求是、精益求精的工匠精神。正是因为这份情感，让先生对"工匠精神"有着更深层次的感悟和解读。他认为："敦煌历史上，因为有了莫高窟，让敦煌全社会各个阶层的人们在精神上有了一种信仰和追求，在生活中有了一份担当和责任，莫高窟的营造和维护在敦煌成为一份社会责任，一种历史担当；同时也给敦煌社会带来稳定和繁荣。敦煌社会力量营造莫高窟及相关文献记载的历史文化价值，如社会背景、文化发展、经济实力、科技进步、综合国力等，就是这种信仰和责任的辉煌成就！敦煌历史上的工匠们，在莫高窟的创建和发展中，留给我们代表和象征人类古代文明的文化艺术，在不断地维护和修缮中又很好地保护了这一文化。""两千多年间一代又一代的敦煌的开拓者、建设者，是一代又一代的敦煌文化艺术的创造者！尽管他们绝大多数并没有把姓名留给我们，他们是那样的平凡，那样的默默无闻，但他们留给我们的财富和精神，却是千秋永存。所以值得我们寻找他们，研究他们，宣传他们。"与此同时，"还有许多值得我们引以为骄傲和自豪的同辈同事，他们像古代的工匠那样，像老一辈敦煌工作者那样，踏踏实实、一丝不苟地从事着各类'匠人'的工作，默默无闻地为敦煌事业奉献着自己的一切。敦煌的工匠精神就是民族精神,不光是奉献精神,还有包容精神和创造精神。"我们从这些字里行间深切地感受到,先生对已经逝去的创造敦煌历史文化的列祖列宗的讴歌、对为敦煌事业终身奋斗的前辈和同仁的讴歌、对传承和发扬敦煌工匠的民族精神的后来者们的倾情讴歌!

二、学术研究成就

(一)敦煌历史地理研究

马德先生通过对敦煌历史地理文献的深入研究,先后发表了《关于 P.2942 写卷的几个问题》《敦煌廿咏》《沙州陷蕃年代再探》《吐蕃占领敦煌前后沙州史事系年》《张淮兴敦煌史事探幽》《尚书曹仁贵史事沟沉》《敦煌的世族与莫高窟》《莫高窟前史新探》等论文 20 余篇,将自己同敦煌的历史人物和历史事件一同置身于敦煌圣境,在千年流沙中探寻历史的踪迹、还原史实原貌,为学界在敦煌历史地理相关研究领域提供了重要的观点和依据。

1. 对沙州陷蕃年代和归义军时期有争议的人物发表新见解。例如,关于沙州(敦煌)陷蕃的年代。吴廷燮最早在《唐方镇年表补正》中根据颜真卿《唐故太尉广平文贞公神道碑侧记》所载提出的大历十二年(777 年)。马德先生通过对唐蕃河西战争历史形势的分析,依据两《唐书》《资治通鉴》《册府元龟》,以及敦煌博物馆藏《大唐都督杨公记德碑》、莫高窟《大唐陇西李府君修功德碑记》等记载,对沙州河西、伊西两镇节度使、沙州都督杨休明,以及沙州刺史、观察使周鼎的事迹做了深入的分析考证,进一步得出关于沙州(敦煌)于大历十二年(777 年)陷蕃的结论。再如,关于张淮兴史事的考证,认为张淮兴可能就是《乾宁碑》上的张淮□;关于曹仁贵的考评,认为曹氏归义军早期尚书曹仁贵可能是曹议金与其夫人天公主李氏所生之子,在议金去世后与其他李氏所生诸子死于非命。

2. 将所有的敦煌文献视作历史记载来分析研究。例如,《敦煌甘咏》的研究,即通过诗歌的描写来求证历史人物和事件,指出《敦煌甘咏》的二十首诗的整个风格、情调是一致的,属于同一作者同一时期之内的作品。作者是开元、天宝之际成长起来的盛唐诗人,非敦煌本地学士,而是外地文人,他来到敦煌已有二十四年左右的时间,与其他许多有建树的盛唐诗人一样,也是怀着为国家、为民族建功立业的雄心和抱负从中原而来。2005 年开始,先生对莫高窟宕泉河流域的汉晋历史文化遗迹进行了集中考察和研究,认定敦煌为汉传大乘佛教的发祥地和中国社会化佛教的奠基地。多年间,发表相关论文十余篇,其中代表作《莫高窟前史新探——宕泉河流域汉晋遗迹的历史意义》一文,确认 P.t.993 所绘风景实为莫高窟以南宕泉河谷中城城湾遗址的一部分,与印度王舍城灵鹫山释迦说法处在地形上有些相近,与建于公元 2 世纪的犍陀罗塔夫提拜山岳寺院的地形环境和建筑格局完全一致;竺法护和他的弟子们最早应该就是在城城湾翻译佛经;且城城湾现存的两座小窟龛,有可能是永和九年县猷法师所建用于修习禅定的石窟,《莫高窟记》所谓"晋司空索靖题壁号仙严寺。自兹以后,镌造不绝"可能就是从县猷凿窟算起的。因此,莫高窟城城湾的敦煌晋代仙岩寺曾经因为有竺法护而成为最早的大乘译场,又因为有县猷而成为最早的禅修基地。这些论断,为探索中国大乘佛教的起源,探寻敦煌石窟的创建渊源等实现了突破性的进展。

(二)敦煌石窟和敦煌文献的结合研究

1. 国内敦煌学界最早全面梳理莫高窟营建史的专家学者

莫高窟营建史一直是先生多年的主攻研究项目。通过参加窟前考古发掘,深入全面地考察石窟和阅读大量敦煌文书,先生将敦煌石窟史料本身、敦煌文书中石窟史资料和相关历史文献进行结合研究,发表了 40 多篇论文,撰写出版了集其大成的博士论文《敦煌莫高窟史研究》。该书在综合国内外前辈学者、专家等丰富研究成果的基础上,充分利用史籍、敦煌文书、莫高窟供养人题记、窟前考古发掘、敦煌及相关地区的佛教和历史遗迹等大量资料,系统地叙述了莫高窟创建、营造、发展的历史过程,重点考证了其中部分洞窟营造的具体年代。同时,就莫高窟营造的各个时代的社会历史背景,各个时期的统治者、贵族阶层和僧侣集团对莫高窟及其营造活动的利用,广大劳动者阶层对莫高窟的贡献,各个时代各个阶层和洞窟营造者们之间的相互关系,莫高窟在敦煌历史上的社会作用等方面,进行了分析和探讨。在佛教石窟建筑的起源、莫高窟"崖面使用"研究方法的应用、曹氏归义军时期主要洞窟个案研究、莫高窟佛事活动的社会性等问题上提出了新的看法。

正如贺世哲先生在《敦煌莫高窟史研究·序》中所言:该书"涉及问题很广,不过主要功绩还在于对莫高窟的492个洞窟的编年史探讨。这是敦煌学研究领域中的一项基础课题,国内外前贤已经以不同的方法,从不同的角度进行了大量探索。综其要者,主要有二:一是美术史家从艺术风格的演变,探索编年,史苇湘先生的《关于敦煌莫高窟内容总录》,堪称这方面的集大成之作。二是考古学家运用标型学的方法,进行排年,樊锦诗、马世长、关友惠三位先生合写的《敦煌莫高窟北朝洞窟的分期》,樊锦诗、关友惠、刘玉权三位先生合写的《莫高窟隋代石窟的分期》,是这方面的代表作。马德同志在前人研究成果的基础上,又辟蹊径,将洞窟崖面排列顺序与窟内供养人题记、藏经洞出土遗书相结合,综合研究,断代排年。尤其是马德同志积年累月,夜以继日,犹如大海捞针,从数万卷敦煌文书中,搜集了大量开窟造像发愿文,对一批洞窟的营建年代及施主,进行了认真考证,作出了突破性贡献。

2. 注重敦煌石窟和敦煌文献的结合研究,特别是在藏经洞文献和石窟的结合研究上贡献十分突出。

在研究工作中，马德先生不仅注重基础、规范与创新的结合，而且将历史文献与历史文物相结合，综合应用各学科的研究方法和手段，已经初步探索出自成体系的新的人文科学途径，形成了独特的敦煌研究方法体系。研究成果被国内外学术界所重视。特别是先生对敦煌工匠资料的整理与研究在学界更是独树一帜。1997年，由甘肃人民出版社出版的《敦煌工匠史料》，就是敦煌石窟与敦煌文献结合研究，艺术史、经济史、科技史等学科手段综合运用研究的成果，同时从新的层面上认识敦煌文物的精神价值，为敦煌的爱国主义和历史主义教育提供了主题内容。

2002年，由台湾新文丰出版公司出版的《敦煌石窟营造史导论》，成为海峡两岸和港澳学者十数年间通力合作推出的"敦煌学导论丛书"的压轴之作。2006年，《敦煌古代工匠研究》被批准为国家社科基金项目（西部项目）。先生不断从文献中搜集和整理出有关敦煌石窟古代环境建设与保护方面的珍贵史料，并为此做了进一步深入细致的研究。在原来《敦煌工匠史料》等已有研究成果的基础上，补充了大量敦煌工匠文献和图像的新资料和中外艺术史论、经济史、科学技术发展史等方面的相关资料，确保资料的准确性和完整性。2018年，《敦煌古代工匠研究》作为国家出版基金项目由文物出版社出版，引起了国内外敦煌学界的广泛关注，获得了一致好评，学术影响深远。

（三）敦煌吐蕃文化研究和敦煌藏文文献的编目出版

马德先生十分关注敦煌吐蕃文化的研究和敦煌藏文文献的编目整理。他深刻地认识到："敦煌地区保存的大量吐蕃时期的历史遗迹遗物和吐蕃古藏文文献资料，在全面性、完整性和系统性等方面都是国内外独一无二的。这些文献详细而完整地记录了吐蕃治理下的敦煌和陇右地区的政治、经济、军事、文化、民族关系。同时，敦煌在吐蕃占领和治理时期留下了大量的汉文文献，也记载了吐蕃治理敦煌时期的历史社会面貌，可以与藏文文献相对照和印证。国内外学者利用敦煌藏经洞出土的藏、汉文文献，进行了百余年深入细致的研究，内容涉及吐蕃文与吐蕃文献、吐蕃敦煌石窟、吐蕃治理敦煌时期的经济、政治、历史、宗教、文化、民俗风情、民族关系等各个领域，使得吐蕃历史文化的面貌更清晰地展示于世人。"

先生凭借着深厚的历史文献学功底、敏锐的史实分析能力，结合数十年学习敦煌藏文的经验和感悟，先后发表《敦煌文书所记南诏与吐蕃的关系》《特蕃考》《西藏发现的〈喇蚌经〉为敦煌写经》《论敦煌在吐蕃历史发展中的地位》《吐蕃治理对敦煌石窟艺术的影响》等论文数篇，合作出版《敦煌藏文吐蕃史文献译注》等著作。基于对敦煌藏文文献重要性的不可忽视，先生主持和带领研究团队，通过对敦煌藏文文献的全面调查和爬梳整理，结合对敦煌吐蕃石窟的考察，策划"敦煌吐蕃文化研究"项目，主持完成教育部人文社会科学重点研究基地2006 年度重大项目"甘肃藏敦煌藏文文献整理研究"，主持编纂和出版了 144 万字的《甘肃藏敦煌藏文文献叙录》（汉藏双语）；同时在研究中提出了"敦煌历史上曾一度作为吐蕃的文化中心"的论断，并得到学界的普遍认可。先生还应邀承担国家民委项目《中国少数民族古籍提要》敦煌藏文文献部分的整理，担任国家宗教局《藏传佛教爱国主义教程》副主编，参与教程的编写、审订等。由先生主持编纂的《甘肃藏敦煌藏文文献》（30 册），2011 年被列入国家古籍出版十年（2011—2020）规划，2016 年开始作为上海古籍出版社申请到的敦煌类图书的第一个国家出版基金项目（第 294 号）、国内第一部全彩印的大型敦煌文献图录出版。

先生始终将敦煌文化作为精神财富来认识其价值意义。2019 年8 月，习近平总书记视察甘肃（敦煌）的重要讲话发表后，先生以其深厚的学术积淀、广博的学术视野,从敦煌吐蕃历史文化与中华民族共同体意识、民族凝聚力的关系与背景等角度入手,集中研究并发表了《民族精神》《论敦煌历史文化的包容精神》等相关学术论文数篇,成为全国哲学社会科学研究领域、国内敦煌学研究领域积极响应习近平总书记对于"研究和弘扬敦煌文化""推动敦煌文化研究服务共建'一带一路'"重要论述而持续发声的敦煌学研究专家之一。

(四)俄藏敦煌文献的整理研究和敦煌文献数据库的建设

马德先生始终将敦煌遗书的调查、整理工作作为历史文献研究人员和敦煌文献研究所负责人的一项基础性工作,数十年持续追踪调查、整理国内外十余家公私所藏敦煌遗书,并编写目录;考订俄藏敦煌写经残片的内容,组织、整理甘肃各地藏敦煌藏文文献目录等。在俄藏敦煌文献整理、研究,以及敦煌文献数据库的建设上贡献卓著。

2019年,《俄藏敦煌文献叙录》作为"十三五"国家重点出版物出版规划项目出版。诚如先生在《俄藏敦煌文献叙录·序》中所言:"经过十多年的不懈努力,《俄藏敦煌文献叙录》(以下简称《叙录》)即将付梓,这是继《敦煌遗书总目索引新编》《甘肃藏敦煌藏文文献叙录》之后,由敦煌研究院文献研究所诸位同仁通力合作,并举荐一位同事作主编。《俄藏敦煌文献叙录》主要成果体现在以下几个方面:第一,完整的俄藏敦煌文献目录,可直观反映文献检索的基本体例。包括:编号、名称、现状、题记、本文、说明、定名依据等项。第二,展示已有的相关研究成果。如部分经卷的缀合等。第三,俄藏独有佛经的揭示。此类佛经不见于敦煌文献其他收藏地,约有130号,极大地丰富了敦煌佛教文献的种类。第四,俄藏敦煌文献与其他收藏地敦煌文献的缀合。敦煌文献大都源出藏经洞,但被人为分割,同一经卷分存多地的情况不少,本《叙录》可将部分散藏于各地的同卷文献实现形式上的合璧。第五,对此前未能定名或定名不准的残片通过新资料、新方法的比对得以准确定名。此类情况有 200 多号。第六,配合国家社科基金重大项目《敦煌遗书数据库建设》(12&ZD141),为其提供详细、准确的元数据信息。"本《叙录》对俄藏品的整理与编辑、研究,被学界认为是敦煌文献基础研究史上重要的成就之一。

作为国家社会科学基金重大招标项目《敦煌遗书数据库建设》的首席专家,自 2012 年始,先生率领研究团队收集、整理来自中国国家图书馆、英国国家图书馆、法国国家图书馆、俄罗斯艾尔米塔什博物馆等,以及包括敦煌研究院在内的甘肃省内所藏敦煌遗书全部基本信息和部分录文,先后完成了"敦煌汉文遗书数据"和"敦煌藏文遗书数据"的录入。截至 2021 年,该项目完成了敦煌藏经洞开启以来,全球各地 7 万余条有关敦煌遗书研究文献的搜集和整理,以及甘肃境内 17 家收藏机构(单位、个人)藏敦煌遗书研究文献著录;还完成内地十余家收藏机构敦煌藏经洞汉、藏文遗书数字图片采编,搜集整理甘肃境内藏 8 万余幅敦煌汉、藏文遗书数字图片。这是第一次在中国国内研发敦煌汉、藏文全文数字化检索平台,是用数字化的形式实现敦煌藏经洞文物的回归,将为全世界研究者和敦煌文化爱好者提供全面、系统、可靠、翔实的共享资料;更是一项集文物回归、保护和研究,造福于子孙的事业。

(五)敦煌佛教社会史研究和新研究领域的拓展

马德先生始终将敦煌石窟佛教和敦煌佛教文献置于中国历史的大背景下进行深入研究,先后就石窟上的佛教活动和其他各项活动、敦煌僧团的社会活动、敦煌写经题记的社会意义、敦煌社会的佛教活动、敦煌的社会化佛教等问题,以及对敦煌写经残片的整理,佛教文献的重新分类和整理研究,出版专著《中古敦煌佛教社会化论略》,提出敦煌的社会化佛教的新概念,探讨佛教在历史上的作用、意义及其对当今社会的借鉴。2012 年,《敦煌佛教社会史研究》被批准为国家社科基金项目（西部项目）。同年，在考察中发现云南大理地区的阿吒力教作为敦煌古代社会化佛教的"活标本"及其传承关系，据此深入研究并发表了《敦煌行城与剑川太子会及其历史传承关系初探》《阿吒力教散议》等，为进一步认识敦煌佛教的性质和价值意义开拓了新的研究层面。

先生勤于钻研、善于探索，不仅在历史学、考古学等领域用功甚勤，而且触类旁通、研究视野延伸到更为广泛的领域。曾主持《敦煌版画研究》项目，将敦煌版画作为与敦煌壁画、敦煌彩塑等相并列的独立的印刷术种类，从艺术史、科学技术史和手工业经济史等各个领域进行深入研究；出版专著《敦煌石窟全集·交通画卷》，提出敦煌交通文化的研究方向和体系；发表相关论文十余篇，特别是在《试论开拓敦煌石窟的新领域》一文中提出开展"敦煌预防医学研究""敦煌艺术人类学""敦煌石窟艺术设计学""敦煌佛教创新研究""敦煌社会生活画研究""中国佛教艺术源流"等重要研究课题，为开拓敦煌学研究的新领域不断贡献着自己的智慧。

（六）历史文化遗产与民族精神研究及社会发展关系研究

作为历史学家，研究历史不仅仅是为了叙述和解释历史，更重要的是要为改造历史和发展历史提供借鉴。马德先生以敦煌为切入点，深入研究文化遗产与社会发展的关系，探讨敦煌文物的价值意义和历史作用，提出了文化遗产作为精神财富的永久价值，不仅说明过去，而且对现在和未来社会发展进步更有意义，在人类社会的进步发展中永远发挥着巨大作用的重要观点。

在《敦煌古代工匠研究》一书中，先生指出："最重要的，也是需要永远继承发扬的，是敦煌历代工匠们的奉献和创造精神。了解敦煌的历史文化，最重要的就是要了解创造敦煌历史文化的先辈。敦煌工匠们在人类社会的创造与发展过程中，不断体现出博大的胸怀和强大的吸收融化能力,绽放着聪明和智慧;他们在创造光辉灿烂的敦煌历史文化的同时,也把自己的精神一起留给了我们。敦煌事业培养和造就了敦煌精神,同敦煌宝库一样是属于中华民族的宝贵财富。保护、研究和宣传敦煌文化、敦煌精神,是历史赋予我们的神圣使命。""敦煌工匠是敦煌历史的创造者,也是敦煌历史的缩影。敦煌历代工匠的研究体现了历史多元化的特点,包含着丰富的人文内容,涉及诸多学科领域,展示了社会生活的方方面面。因此,研究敦煌文化,不能单纯地就事论事,而是要全面、深入地从各个方面进行考察和探讨,真正把事情研究深、研究透,搞清楚它的本来面目,这就需要我们有各方面的基础知识,运用学科交叉的方法和手段,进行综合研究。""敦煌古代的工匠们留给我们取之不尽、用之不竭的精神财富和物质财富;敦煌既是艺术的宫殿,又是学术的海洋。但这一切,都有赖于敦煌中古时期的历代工匠给予我们的奉献和创造。无论从哪个领域、哪个角度,无论用哪种手段、哪种方法,都可以对他们各方面的情况进行研究。""敦煌是我们中华民族的老祖宗留给子孙后代的文化财富,但敦煌首先是一种精神,是两千年间几十代人前仆后继、锲而不舍的创造与奉献精神,和海纳百川的包容精神,这也应该是每一位敦煌工作者所具有的精神。"

在敦煌历史文化研究之外,先生还先后发表了《中华文字始祖与白水民间信仰》《渭河:历史的浩歌》等文章,集中探讨渭河与华夏文明起源、中华民族强盛的自然环境利用与历史发展过程,为深入中华民族文明起源与社会发展的历史地理研究打开了新的视窗。

(七)关于研究方法手段的探索创新

研究方法方面的突破,是先生通过多年敦煌石窟与敦煌文献、敦煌史地相结合,以历史学方法为主的包括艺术学、考古学、宗教学、社会学、人类学等多学科方法手段综合运用的基础上,探索、总结出来的历史学的传世文献、地面遗存、出土文献、考古资料和社会调查的"五重证据法",为专门史学的跨学科研究开辟了新的途径。

关于敦煌历史文化背景的研究。先生通过对敦煌历史文化,包括艺术在内的文化现象和内容的研究,总结了作为人类古代文明中心象征的敦煌文化,其背景本土元素、外来影响的交流融合、社会发展阶段的时代特征(制度制约),从而总结出发展变化的规律。

具体到敦煌佛教文化的特色,先生认为:首先是国际化,外来意识形态能够顺利在中华大地上传播和发展,体现出汉文化根基深厚的敦煌大地的包容情怀,和处于东西方经济文化交流通道上的汉晋民众的宽阔胸襟;其次是民族化和本土化,从开始的接受到慢慢地吸收和整合,让本来的外来文化的佛教石窟一步步地成为自己的文化,而且体现出浓郁的本地特色。再次是宗教的目的——社会化;不仅是向全社会的普及与传播,最重要的是在社会的稳定和发展中发挥作用;不仅是与社会发展相适应,重要的是要有一定的开拓创新,需要有长远的战略眼光,在掌握历史发展的总趋势的前提下,要敢为天下先,服务于中国社会。这就是敦煌佛教文化作为社会化的历史价值和意义,以及给今后的社会进步和发展提供的历史借鉴。

三、责任与使命

习近平总书记强调:"一切有理想、有抱负的哲学社会科学工作者都应该立时代之潮头、通古今之变化、发思想之先声,积极为党和人民述学立论、建言献策,担负起历史赋予的光荣使命。"正是在古代敦煌浩瀚历史文化的熏陶下,在敦煌研究院老一辈专家学者的感召和影响下,马德先生始终担当和践行着一位哲学社会科学工作者的历史使命和社会责任。

先生常说:"作为史学工作者,历史使命就是人生的起点,一定是超越一般的敬业精神、普通的社会责任心的三观；具体到研究工作中，就是把所有的事情当事业来做。"在一篇纪念前辈学者的文章中，先生曾写道："在这个世界上……无论任何事情也就只有生意和事业两种做法：当生意做，就是一切都为了名为了利；当然在不损害他人和社会的前提下，为名利而奔波并不一定都就是坏事；做好了，生意也可以变成事业；而一开始就以事业为重的人，就不会计较个人名利，只是默默无闻地埋头苦干。"先生始终认为，"敦煌是一项事业，是一项崇高而伟大的事业。敦煌事业的进步是历史赋予我们的神圣使命，搞好敦煌的研究和宣传是我们义不容辞的社会责任。""我们完全可以向敦煌事业的前辈学者那样，继承中华民族的光荣传统和优秀精神，为完成我们这一代人所担负的历史的神圣使命而贡献毕生的心血和精力。"有了这样的境界和要求，任何工作也就丝毫不能懈怠，所有的学术研究都是原创性和开拓性的，所有的工作都是有作用、价值和意义的。

同时，只要对研究和宣传敦煌有利的事情，先生都不遗余力地发挥着自己的作用。如参与编写《敦煌遗书行草书法》，参与兰州碑林敦煌写经部分的策划与实施等。2015 年开始，开展敦煌草书写本文献的整理研究工作，这是一项敦煌遗书出土 120 年以来除日本学者做过一点工作之外，包括中国学者在内的敦煌学术界基本没有动过的工作，难度极大，目前已经初见成效。

先生十分崇尚和认可敦煌研究院老一辈专家学者的成就贡献。对老一辈专家学者的学术成就进行了系统的总结和弘扬。如编辑已故史苇湘先生论著《敦煌历史与莫高窟艺术研究》《陇上学人文存·史苇湘卷》等，抢救性地将先辈学者的杰出成果予以整理和公之于世。他曾说："敦煌工匠的民族精神，在我们敦煌研究院的前辈们身上被集中体现了出来。40 年来，我目睹了前辈们为敦煌事业默默无闻地奉献了自己的毕生精力的奋斗历程，是他们让老祖宗留下的敦煌精神得到继承与发扬，并且让这种精神的境界得到升华。"当然，先生对前辈专家的工作也不是没有任何歧义地全盘歌颂。随着研究条件的不断改善和研究手段的进步，前人的研究难免会有一些失误，对这一点一定要做到心中有数；同时，对一些大师、泰斗级的专家的一些欠妥之处，也要尽可能地去挽回不必要的损失和影响。

先生非常重视敦煌的普及、宣传和敦煌文化的应用性研究工作。先后在国内外各地讲学，为各国留学生、研修生授课，主持编辑出版《敦煌石窟知识辞典》。同时，十分重视敦煌研究人才的培养。除了自己作为导师直接培养的博士、硕士研究生 20 余名（包括在读）外，主持和参与多所大专院校的历届博士、硕士研究生学位论文的评审和答辩；同时特别注重本单位、本部门年轻一代的学术研究的基础训练和专业进步，带出了一批勤奋、踏实的研究人员。注重学术交流活动，不断接受新事物，拓展敦煌研究新视野。除参加各种相关的学术会议外，在甘肃各地举办与敦煌历史文化相关的学术会议，创办兰州地区"敦煌读书班"开展学术交流活动等。

青年时代，先生总结出做人的两大基本准则：一不上当，二不害人。不上当，就得需要基本的辨别是非的能力，认清什么事能做、什么事不能做，而不管是谁说的——而不管是谁让做的；不害人，就是为人善良诚实，不能有任何的不仁不义。当然这只是先生对自己个人的要求。参加工作以后，先生通过不断的学习和工作实践，深刻地领悟到为人治学、做道德文章的中华文人意识。先生曾说："我时时刻刻都在认真地审视自己、准确地把握自己，担负起我们应该担负的历史使命，上对列祖列宗，下对子孙后代，在人类社会创造与发展的历史长河中寻找自己的位置、尽到自己的责任和义务。"先生始终坚持：做事先做人，做事的过程就是不断完善人生的过程。

马德先生曾经在纪念敦煌研究院前辈专家史苇湘先生的文章中写道:"史先生之所以在敦煌事业方面取得了无人能及的丰功伟绩,是作为中国共产党人的老敦煌知识分子,他把神圣的历史使命与共产党人的远大理想结合在了一起!"史先生 1984 年入党,马德先生 1975 年入党,作为同样身份的敦煌学人,马德先生对史苇湘先生研究的评价,也正是自己所不懈追求的做人的境界。

买小英

2021.6.30

圣境求真

莫高窟前史新探

一、莫高窟南山沙波墩汉唐烽燧

敦煌莫高窟南约3公里处的沙丘上,有一处最高的山峰,上面屹立着一座唐代烽火台遗址,这块地方在地图上叫大沙坡,故敦煌的相关历史遗迹的记录为沙坡墩烽燧。敦煌研究院和敦煌市博物馆都在那里采集到过与莫高窟洞窟地面所铺的相同的唐代花砖。目前这座残烽燧周围还有唐代的花砖残块。

唐代烽燧位于宕泉河西岸最高处的山巅上,远看犹如鹤立鸡群,十分醒目。而身处这座残燧,便有一种居高临下、一览众山小之感,举目北望,巍峨的三危山和浩瀚的鸣沙山夹着北流而去的宕泉河,仙境般的莫高窟静静地镶嵌于其中,让人心旷神怡;加上千百年的岁月沧桑留在这块大地上的印痕,颇有"前不见古人,后不见来者。念天地之悠悠,独怆然而涕下"的千古情怀,让人们切切实实地体会到当年陈子昂登幽州台的心境。该唐代烽燧处于莫高窟的特殊位置,越野车可以到达山脚,在莫高窟工作的同仁及敦煌本地的许多游客都曾到过那里。

从唐燧去城城湾,需沿山梁向东北方向顺山势而下,至唐燧约100米处为一座汉代烽燧遗址,由沙土、碎石与红柳、芦苇层层压盖、筑垒、夯实而成,虽然只剩底部,但堆积层也有七八米高。这种就地取材,用石块、砂土、芦苇、红柳、芨芨草等一层层筑垒起来的大型烽燧

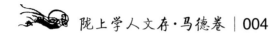
遗迹,是敦煌现存汉代长城与烽火台建筑的典型构筑形式——砂石积薪压盖垒筑的形式。顶部被风沙碎石薄薄地遮盖,有很厚的褐色生活灰层。在此遗迹的东南西三面斜坡上,还可看到大量典型的汉代灰陶残片。经过粗略地丈量,山包上部的人工堆积层直径约 10 米①。从遗迹尺寸看,当时这里是一处颇具规模的军事设施,可驻守一定数量的军士兵卒防戍。

站在莫高窟的任何一个地方向南边眺望,在所见最高的唐代烽燧的旁边,总有一处低于唐燧但又比其他山丘高的小山包,就是这座汉代的烽燧。两座烽燧犹如姊妹,在莫高窟大景区中位置十分突出。

沙坡墩的汉燧虽低于唐燧,但在最高处的唐燧上能看到的地方,在汉燧处同样也是一览无余。在二者前后左右的开阔地带,能看到唐燧就能看到汉燧。无论是从地理位置还是作用方面讲,它们都处在同一个要塞,东西相距不过百米。沙坡墩是唐代或五代时期的遗迹,并不影响汉代就已经在这里筑垒了的烽燧,现存唐代烽燧应该是在汉代遗址上的重建而已。

敦煌南部的阳关,设置于汉代开发河西之初,两千多年来颇负盛名。目前最引人注目的是阳关墩墩山烽燧,已经成为敦煌的名胜。2014 年年初,敦煌市文物局的专业人员新发现一座汉代烽燧遗址。该遗址位于阳关镇墩墩山烽燧遗址东 900 米处的红山口砂砾石山顶,东经 94°04′15.49″,北纬 39°55′44.38″,残损严重,东西长 3.6 米,南北

---

①李并成先生早年就此做过叙述(参见《敦煌研究》1993 年第 2 期,第 71 页),引用他人之说以此处汉代遗址为沙坡墩烽燧,且其中相关的数据,如"覆斗形"、与唐燧相距"半里"等,有失偏颇。沙坡墩烽燧指现存的唐烽;汉烽燧现为废墟,谓烽燧建筑形制"覆斗形"更是无从谈起。

宽 3.2 米,残高 0.30~0.40 米,地面散布着夹砂红陶与汉代灰陶片①。红山口烽燧西侧 900 米处即是早已成为汉阳关的标志和象征的墩墩山烽燧,被认为是汉代阳关的门户。红山口烽燧隔河与墩墩山烽燧遥相呼应,虽然从高度上讲,低于墩墩山烽燧,但两者其实是一组建筑,一高一低,一显一隐;两者虽无通道或屏障连接,但遇到紧急情况时可以相互支援和配合,平时也可以相互照应,低处应该是高处的预备队,这样就使原本作为防御设施的烽燧之间更好地增强了防御功能。同时,红山口烽燧地处野马河谷要道,扼守交通咽喉,在交通管理方面能够发挥巨大作用。因为汉设阳关的具体位置一直未得到学术界确认,所以红山口汉代烽燧的发现对研究敦煌汉代交通具有重要意义。

从遗址残存看,红山口烽燧的建筑结构与莫高窟南山汉燧完全一致。不仅如此,在大环境的结构方面也是如出一辙。两处烽燧的布局,西侧一处筑垒在山顶上,东边一处则位于比较宽阔的平台上,一高一低相辅相成。

其次从两处姊妹烽燧的周边环境看,烽燧与其他人工设施一样,附近都有水源,这是赖以存在的基本条件。红山口的环境比沙坡头的更好一些,山下约 200 米处便是水源富裕、土地肥沃的野马川,早年应该是游牧民族的栖息地,开发后成为农业区。红山口与墩墩山一线地处汉代阳关周围,为交通要道和战略要塞,具有重要的历史作用和意义。莫高窟南山沙坡墩约 500 米处便是宕泉河谷。宕泉河自古可能就是一条涓涓小溪,河谷内水草丰满,上游还有大片比较肥沃的可耕地,在当时是茂密的草滩湿地,加上这里本来就属于祁连山的支脉,有广阔的祁连高原大草场,很可能就是早年游牧民族经常出没的地区。作为新来的开发者,汉代在这里设立烽燧应该在情理之中。当然,

---

①相关资料及图片由敦煌市博物馆杨俊先生提供。

从现存遗迹看,这里从来也不是战略要地,汉燧的规模只是一个哨口,不足以驻扎多人,而且周围寸草不生,交通不便。驻燧兵卒的大部分平时可能生活在距此约500米处的宕泉河谷。两处烽燧的境况不同,红山口下的野马川显得喧嚣和热闹,是理想的农牧区;而沙坡墩下的宕泉河谷则是另一幅幽静、安宁的世外桃源,所以就有了晋代的仙岩寺和莫高窟等佛教圣地。

更重要的可能还是这里作为战略要塞地位,似乎被淡化的军事意义。烽燧沿线应该有长城相连接。沙坡墩两烽燧之间以及周边的广阔地域内没有发现任何长城或其他屏障的痕迹,也可能以周围那叠嶂的山丘作为天然屏障;而红山口与墩墩山烽燧之间也没有长城相连接。这就让我们意识到这样的烽燧是作为交通要道上的设施存在的,是为东来西往的经济、文化交流的使者们服务的,是守望者,也是保护者;它所见证的不是烽火连天、血雨腥风的战争场景,更多的应该是平安祥和环境下的繁荣和宁静。

莫高窟南山沙坡墩烽燧残留下来的汉代遗物,足以将莫高窟的人文历史提早到汉代。换言之,从汉代开发河西、"列四郡、据两关"开始,宕泉河流域的这片土地就得到了人们的精心守护和开发利用。而当年驻守烽燧的士卒们,也可以说是莫高窟历史的开拓者。

二、P.T.993"仙岩寺图"与城城湾遗址

敦煌遗书P.T.993是一幅风景画:山谷中,小河边,在佛塔与树木环绕的台地上,有一处类似佛寺的建筑院落,内有藏文题书。20世纪80年代初,法藏敦煌遗书缩微胶卷即收此图;法国学者拉露目录作"山屋图"①。1996年,日本与法国联合举办的"丝绸之路大美术展"展

---

① 王尧:《法藏敦煌藏文文献解题目录》,民族出版社,1999年,第130页。

出了此图，日本出版展览图录说明作《僧院风景图》，认为系敦煌地方寺院的印象之作；虽然也提到藏文铭文，但未作译解，只是据铭文说明该画受到吐蕃影响云云①。2012年，赵晓星博士发表论文，将此画定名为P.T.993《吐蕃寺庙图》，以探讨莫高窟塔、窟垂直组合形式的源流和风格特征，该文将图中的藏文题记 Shod kyi bshad kang dang dge vdun gyi knas khang 翻译为"下部的讲堂和僧房"②。此译文后经笔者请教西北民族大学的杨本加教授和青海师范大学才项多杰教授而得以确认。这就给笔者从事了三十多年的莫高窟历史的研究打开了新的思路。

根据实地勘察和众多同仁的共识，已经基本确认 P.T.993 所绘风景实为莫高窟以南宕泉河谷中城城湾遗址的一部分，与印度王舍城灵鹫山释迦说法处在地形上有些相近，与建于公元2世纪的犍陀罗塔夫提拜山岳寺院的地形环境和建筑格局完全一致③。所不同者，是僧舍与讲堂周围多出许多佛塔，多为当地僧人灵骨之塔。吐蕃时代上距塔夫提拜山岳寺院有七八百年之久，相隔数千里之遥；建筑方面有些变化也是可以理解的。而 P.T.993 残卷的左上角残存一塔的檐角和基座，与僧舍和讲堂隔河相望。画面中这座塔，从规模上看，比僧舍和讲堂周围的塔都要大很多。根据现在的遗迹，城城湾遗址对岸的山坡上保存有一处直径约10米的圆形塔座遗址，再往西还有十余座小型

①日本东京国立博物馆：《シルクロ蔟ド大美術展》，东京读卖新闻社，1996年，第110页。

②赵晓星：《莫高窟吐蕃时期塔、窟垂直组合形式探析》，《中国藏学》2012年第3期。

③贾应逸：《印度到中国新疆的佛教艺术》，甘肃教育出版社，2002年，第113—114页。

塔座遗迹。看得出这里在古代曾是一处专门埋葬僧人遗骨的"塔林"。就在这里活动过的高僧而言,而且,从地形地貌及建筑格局上看,这里地处城城湾的门户,遂使大塔成为城城湾的标志性建筑之一;从莫高窟周围的各个角度,很远就可以看到这座塔。

吐蕃时代的画师为什么要绘制这幅城城湾的风景图呢?答案只有一个:即城城湾是佛教圣地或先贤圣迹。在敦煌石窟唐代以来的壁画中,描绘佛教在中国传播的历史传说、圣迹、人物的画面比比皆是,其中如凉州瑞像和《五台山图》《峨眉山图》等,都是描绘在中国境内的佛教圣迹,都是用风景画的形式表现山川地貌、展示佛教建筑群的;特别是《五台山图》,从吐蕃时期以来就多次出现,以至后来成为敦煌壁画形象地图之集大成者。而就莫高窟城城湾讲,它可能不仅是画家所处的吐蕃时代的重要活动场所,而且很可能是重要的佛教圣迹。作为历代高僧名僧聚居与活动的场所,而且在画作的当时更是众多僧人聚居、修习和生活之地,它理所当然地成为人们心目中的佛教圣地。

"城城湾"作为地名,是近代敦煌当地百姓随意命名的;如果还其本来面目,应该是敦煌遗书所记的"仙岩寺"(详见后文);再参照壁画《五台山图》《峨眉山图》等,我们可将 P.T.993 命名为《宕泉大圣仙岩寺图》,即《仙岩寺图》。

三、敦煌莫高窟仙岩寺与敦煌菩萨竺法护

目前所见记载莫高窟仙岩寺者为敦煌文献《莫高窟记》:

1. 莫高窟记

2. 右在州东南廿五里三危山上。秦建元之世[年中],有沙

3. 门乐僔仗锡西游至此,巡[遥]礼其山,见金光如千佛

4. 之狀,遂架空鐫岩,大造龕像。次有法良禪師東來,

5. 多諸神異,復于傅師龕側又造一龕。伽藍之建肇于

6. 二僧。晉司空索靖題壁號仙严寺。自兹以后,鐫造不絕,

7. 可有五百余龕。又至延載二年,禪師靈隐共居士陰祖等造北

8. 大像,高一百尺;又开元中乡人马思忠等造南

9. 大像,高一百廿尺。开皇时[年]中僧善喜造讲堂。从初凿窟至大

10. 历三年戊申岁即四百四年;又至今大唐庚午即四百九十六

11. [年]。　　[时]咸通六年正月十五日记。①

《莫高窟记》将索靖题壁仙岩寺、乐傅法良创窟、隋代善喜建讲堂与两大像创建等并列为莫高窟历史上之大事。据贺世哲先生研究,索靖(239—303)字幼安,敦煌人,为西晋时以草书出名的"敦煌五龙"之首。西晋时索靖在朝为官,303年战死,追赠司空。唐代敦煌文献在追述莫高窟早期历史时有云:"虫书记司空之文,像迹有维摩之室。"(《吴僧统碑》)虫书又称鸟虫书,草书之一种,此处即指"晋司空索靖题壁号仙岩寺"之书体。又,10世纪中期的《董保德功德颂》(S.3329)也作了进一步的肯定:"石壁刀削,虫书记仙岩之文;铁岭锥穿,像迹有维摩之室。"这里将"司空"作"仙岩",实际上更明确更具体地说明了晋司空索靖的鸟虫书与仙岩寺的密切关系。所以,就目前所见资料而言,无论是传说还是追忆,答案都是一样的:"索靖题壁仙岩寺"是莫高窟历史上不容怀疑的事实。

---

①原文见莫高窟第156窟前室及敦煌遗书P.3720V,录文分行依窟上墨书。

敦煌研究院前辈专家贺世哲先生曾推测,应该为与其同时代的西晋书法名人索靖所题壁之"仙岩寺",其具体地点应该在莫高窟:

> 索靖时期敦煌佛教盛行,不但集中了一批经竺法护为首的高僧,"立寺延学",翻译佛经,而且"道俗交得"、"村坞相属,多有塔寺"。同时,高僧多喜隐居深山,据《高僧传》,他与弟子竺法乘等均如此。戈壁滩中宕泉河畔鸣沙山麓的绿洲,正是敦煌地区最适于修行的好地方。因此,当时有僧人在此建寺,名人游历至此,题书壁上,也是不足为奇的。①

索靖与竺法护为同一时代活动于敦煌地区的文化人,且活动的地区范围十分有限。贺先生的推断有理有据,为我们进一步的研究奠定了基础。

敦煌遗书 P.2963《净土念佛观诵观行仪卷下》末尾写经题记云:

> 时乾祐四年(五代后周广顺元年,公元 951 年)岁次辛亥逐宾之月(五月)冥雕十三叶(二十八日)于宕泉大圣先(仙)岩寺讲堂后弥勒院写故记②

这则题记显示,仙岩寺一名一直到五代时期还在使用;《莫高窟记》所载隋建讲堂与仙岩寺为一地,它的范围内还有弥勒院等建筑物。

从 20 世纪 80 年代起,笔者在从事敦煌莫高窟历史研究的过程中,将"索靖题壁仙岩寺"一直作为重点问题来探讨。当时主要利用常住莫高窟的便利,对莫高窟及其周围环境作过多次反复详细的考察,一直认为:莫高窟城城湾可能就是竺法护当年"微吟穷谷,枯泉漱水""濯足流沙,领拔玄致"之地;当年法乘"立寺延学,忘身为道"之地;当

---

①贺世哲:《从供养人题记看莫高窟部分洞窟的营建年代》,《敦煌莫高窟供养人题记》,文物出版社,1986 年,第 196 页。

②马德:《〈莫高窟记〉浅议》,《敦煌学辑刊》1987 年第 2 期。

年索靖"题壁仙岩寺"之地;也是后来的讲堂、崇教寺塔和弥勒院所在,其历史在敦煌比较早,至少比莫高窟的创建时间要早;它作为一处综合性的佛教建筑群,在敦煌存在并被使用了很长时间。

P.T.993 所绘之僧舍,证明城城湾遗址为僧人长期居住与修习之地;竺法护和他的弟子们最早应该就是在这里翻译佛经的。《高僧传》在记载竺法护的活动场所环境时云:

> 护以晋武之末。隐居深山。山有清涧。恒取澡漱。后有采薪者。秽其水侧俄顷而燥。护乃徘徊叹曰。人之无德。遂使清泉辍流。水若永竭。真无以自给。正当移去耳。言讫而泉涌满涧。其幽诚所感如此。故支遁为之像赞云。护公澄寂。道德渊美。微吟穷谷。枯泉漱水。邈矣护公。天挺弘懿。濯足流沙。领拔玄致。①

P.T.993 所绘城城湾遗址的环境正好与僧传记载相吻合。其左上角所绘那座城城湾最大的僧塔也应当与法护有关。一般认为,竺法护当年是在躲避战乱途中死于渑池的。李利安教授已经提出质疑。笔者推测法护晚年可能是回到了敦煌,又有竺法乘等弟子们在他死后继续回到敦煌"立寺延学";即使法护殁身异地,法乘他们也会将其灵骨运回敦煌,葬于寺院附近,或建纪念塔,以护持和保佑弟子们继续弘扬传播佛法。

四、城城湾禅龛与昙猷的禅行

城城湾寺院遗址西侧的崖体上,存有一座方型小龛和一座洞口被流沙掩埋得只剩一道缝隙的圆券形龛,龛前部崖体塌毁,但仅就现存窟龛状况看,此龛在敦煌石窟算得上是中型窟;窟顶贴有较厚的草

---

① 《高僧传·竺法护传》,《大正新修大藏经》第 50 册。

泥皮。笔者较早注意到这两座窟龛，并与敦煌高僧昙猷及其在莫高窟的创建联系在一起①。

昙猷是东晋著名高僧，其主要事迹是作为浙江佛教的六大创始人之一，在江南作出了突出贡献并留下了众多遗迹。

> 竺昙猷，或云法猷，敦煌人。少苦行，习禅定……先是世高、法护译出禅经，僧先、昙猷等并依教修心，终成胜业。②

僧传是说，法护译出禅经，是建立理论；而后有了昙猷等人的修习实践，使得习禅（大乘佛教）成就辉煌。这里正好将敦煌早期佛教的历史脉络展示出来：法护译出禅经，昙猷等从事修习实践，使佛教得到了较大的发展。竺法护所译的禅经和昙猷开的禅窟，就是莫高窟和敦煌石窟历史的先声，是大乘佛教的理论和实践在敦煌的创立和发展。那么作为家在敦煌的僧人昙猷，他在什么地方坐禅修行呢？昙猷的出生年代基本上与竺法护的活动年代上下相接，应该属于法乘"立寺延学"时的学僧之一。而魏晋时代的敦煌，莫高窟宕泉河谷应该是比较集中的佛教活动场所。

敦煌遗书 P.2691《沙州城土境》有一处关于东晋永和九年（353 年）建窟的追述：

> 从永和八（九）年癸丑岁初建窟，至今大汉乾佑（祐）二年乙酉岁，算得伍佰玖拾陆年记。③

永和癸丑（九年）为公元 353 年，五代后汉乙酉为公元 949 年，相距正好 596 年。永和九年前后，正是昙猷在敦煌学习和修禅的年代。

———————————

①马德：《莫高窟新发现的窟龛塔墓遗迹》，《敦煌佛教艺术文化论文集》，兰州大学出版社，2002 年。

②《高僧传》第 11 卷《习禅·竺昙猷三》，《大正新修大藏经》第 50 册。

③马德：《敦煌莫高窟史研究》，甘肃教育出版社，1996 年，第 51 页。

因此,按照竺法护"译出禅经"而"依教修行"的昙猷,在仙岩寺周边凿龛坐禅修行,当顺理成章。而昙猷所开凿的修禅窟龛,应该是宕泉河谷最早的佛教石窟,开莫高窟创建之先声。因此,城城湾现存这两座小窟龛,有可能是永和九年昙猷法师所建用于修习禅定的石窟。《莫高窟记》所谓"晋司空索靖题壁号仙严寺。自兹以后,镌造不绝"可能就是从昙猷凿窟算起的。

五、余论:竺法护与昙猷:不仅仅是敦煌

佛教史籍已经为敦煌菩萨竺法护和敦煌高僧昙猷的历史作用与贡献作出了公正的评价和定论,其实也就证明了宕泉河谷城城湾遗址的历史意义。

1."经法所以广流中华者,护之力也"——敦煌菩萨竺法护与中国大乘佛教的奠基

中国的大乘佛教又称"入世"佛教,是外来佛教文化与中国传统文化互相融合后根植于中国大地而成长起来的、适应中国社会进步和发展的意识形态;大乘佛教提倡菩萨行即是为了人世间,为了人类社会的稳定、繁荣、进步和发展。而之所以有这种局面,与敦煌菩萨竺法护密不可分。据研究,竺法护于公元230年前后出生于敦煌,后游历西域诸国,公元286年在长安建敦煌寺,公元310年前后去世,享年78岁。历代佛教史传对竺法护的贡献和历史地位都推崇备至。其中最值得注意的是,竺法护基于其丰富的知识积累和对经典思想内容准确完整的理解认识,以个人之力译出了促进佛教在中国传播和发展的大乘佛典,对中国大乘佛教的传播和发展起到了奠基作用,诚所谓"经法所以广流中华者,护之力也"。

正因为是敦煌人,竺法护就有了一个响亮的名号——敦煌菩萨,让敦煌之名和这位为中国佛教发展作出巨大贡献的高僧紧紧联系在

一起,使敦煌实际上成为大乘佛教的发祥地。而敦煌在竺法护之后的近两千年中又是举世闻名的佛教圣地,所实践的正是大乘佛教。近两千年的历史证明:无论是中国的大乘佛教,还是象征人类古代文明的敦煌文化,是竺法护成就了敦煌,敦煌也为竺法护增光添彩。敦煌后来成为社会化的佛教活动场所和一个以佛教为意识形态主体的社会,与竺法护对大乘佛教的奠基有很大的历史传承因素。

2. "先是世高、法护译出禅经,僧先、昙猷等并依教修心,终成胜业"

昙猷遵循竺法护所译禅经在敦煌从事禅修的实践活动,发生在公元 353 年前后,比佛教史上的"达摩面壁"早近 180 年,应该认定他是中国佛教禅学的奠基人。与达摩稍有不同的是,昙猷是在自己开凿的小龛里修行,而这些小龛作为敦煌石窟创建之先声,成就了敦煌石窟的千年伟业;昙猷后来在浙江天台山等地的佛教活动,也主要以禅修为主。莫高窟的创建也是禅修的产物,公元 366 年来到这里的乐僔也是禅僧,也是因为禅修的需要而创建石窟的,也比达摩早 160 多年。专家们对石窟与禅修方面不乏高、精、深的论述。而贺世哲先生早年对莫高窟早期石窟与禅观的见解①正好印证了佛教禅学的历史情景。

3. 中国大乘佛教祖庭仙岩寺

竺法护和昙猷一前一后,确立大乘佛教的禅学理论并付诸实践,发生在敦煌同一块地域上;昙猷实践竺法护的大乘禅学理论,不仅是竺法护佛事活动场所的延伸,同时又是敦煌莫高窟创建的历史渊源。这一地域就是位于今天的宕泉河谷内莫高窟城城湾的敦煌晋代仙岩寺:它曾经因为有竺法护而成为最早的大乘译场,接着又因为有昙猷而成为最早的禅修基地。

———————————

① 贺世哲:《敦煌莫高窟北朝石窟与禅观》,《兰州大学学报》1980 年第 2 期,第 41—52 页。

仙岩寺在地形上与印度王舍城灵鹫山释迦说法处有极其相近之处。印度王舍城灵鹫山释迦说法处是当年佛祖释迦牟尼宣讲《法华经》的地方,而正是竺法护第一个将大乘主要佛典《法华经》译成汉文在中国传播,这就使得仙岩寺更加神秘,也更加神圣。

作为敦煌最古老的佛教建筑,仙岩寺见证了佛教从印度和中亚传入中国的历史;作为历史上敦煌菩萨竺法护曾经活动过的西晋古刹,它称得上是中国大乘佛教的发祥地;作为中国最早的习禅场所,它是敦煌高僧昙猷在竺法护译出禅经的前提下"依教修心,终成胜业"的历史见证。如果说是祖庭的话,敦煌仙岩寺应该是所有大乘佛教(密教之外)的祖庭,当然也包括了所谓的禅宗祖庭。

竺法护与昙猷在敦煌从事佛事活动的场所,与敦煌石窟为同一地域。敦煌石窟首先作为僧人的禅修基地到后来作为面向大众的佛教活动场所,是竺法护与昙猷创建和奠基的大乘佛教事业的延伸和发展。而以敦煌石窟为中心的敦煌历史文化今天被认作世界人类古代文明的象征和结晶,竺法护和昙猷都居功至伟。竺法护和昙猷对中国佛教发展的贡献,就是敦煌对中国早期佛教发展的贡献,也是敦煌对世界人类古代文明的重大贡献。

(《敦煌研究》2017 年第 2 期,总第 162 期)

10 世纪中期的莫高窟崖面概况

　　敦煌莫高窟从公元 4 世纪创建以来,已经历 1600 多年,人们不断地营建整修,而又不断地遭受自然和人为的破坏,改变着面貌,我们从现在的崖面上很难窥测它过去的全貌,庆幸的是藏经洞为我们保存了这方面的许多资料,其中《辛亥年十二月八日夜□□□社人遍窟燃灯分配窟龛名数》(即《腊八燃灯分配窟龛名数》,以下简称《腊》卷)是最为珍贵的一件。该件由原收藏者吴曼公先生捐献,现存敦煌研究院敦煌遗书研究所,编号为 0322(1)。

　　《腊》卷较系统地记述了莫高窟崖面公元 951 年时的大体面貌、当时的窟龛总数以及部分窟龛的名号。1959 年第 5 期《文物》发表该卷以来,国内外专家学者们曾作过不少研究。在此基础上,笔者就其中有关问题再行探讨,以求正方家。

一

　　《腊》卷是当时敦煌佛教界担任僧政职务的道真和尚于腊八节的前一天向有关人员发布的关于莫高窟腊八之夜遍窟燃灯的区域划分及燃灯数量的榜文,全文如下:

　　　　庚戌年十二月八日夜□□□社人遍窟燃灯分配窟龛名数

　　　　田阇梨南大像以北至司徒窟六十一盏。张都衙窟两盏,大王天公主窟各两盏,大像下层四盏,司徒窟两盏,大像天王四盏。

李禅司徒窟北至灵图寺〔窟〕六十窟。翟家窟两盏,杜家窟两盛,宋家窟两盏,文殊堂两盏。

张僧政崖下独煞神〔祠〕至狼子神堂六十盏。独煞神(祠)五盏;

阴法律第二层阴家窟至文殊堂上层令狐社众窟六十五盏。内三圣小龛各燃一盏。

罗阇梨第三层太保窟至七佛堂八十二窟。内有三圣利各燃一盏。

曹都头吴和尚〔窟〕以南至天老八部窟计八十窟。刹心内龛总在里边。

索幸者第二层至第三层宋家八金光窟八十窟。内龛刹心总在里面。

阴押衙梁僧政第二层普门窟至文殊堂,又至灵图寺窟至陈家窟六十三窟。有三圣龛总在里面。

王行者南头第二层六十二窟。何法师窟两盏,刹心佛堂两盏,大像上层四盏,至法华塔。

安押衙杜押衙吴和尚窟至天王堂卅六窟。吴和尚窟三盏,七佛〔堂〕七盏。天王堂两盏。

喜成郎君阴家窟至南大像卅八龛五十二盏。阴家窟三盏,王家〔窟〕两盏,宋家窟两盏,李家窟三盏,大像四盏,吴家窟四盏,大像天王四盏。

右件社人依其所配,好生精心注炙,不得懈怠触秽。如有阙然(燃)及秽不尽(净)者,近人罚布一匹,充为工廨;近下之人痛决尻杖十五,的无容免。

辛亥年十二月七日释门僧政道真

《腊》卷中出现了两个纪年,即卷首之"庚戌年"与卷末之"辛亥年",当以后者为准。此"辛亥年"应该是 951 年(五代后周广顺元年),其理由是:

(1)据莫高窟有关洞窟题记及敦煌遗书记载,发榜人道真活动于五代、宋之际的 934—985 年间;

(2)莫高窟崖面上 951 年以后营建的一些大窟,如 55、53、25 窟等,在《腊》卷中均未出现;

(3)敦煌遗书中最晚的纪年题记是 1002 年(宋咸平五年),951 年是此之前的最后一个辛亥年。时值曹氏归义军政权的第四任节度使曹元忠统治敦煌时期。

二

《腊》卷把莫高窟崖面划分为 10 个燃灯区域,现按原卷顺序叙述如下:

第一区域是田阇梨承担的南大像以北至司徒窟,即今 130 窟以北至 94 窟的底层洞窟,包括 94—129,210—227 窟等,现存 50 多个,与原窟龛数接近。

第二区域是李禅承担的司徒窟北至灵图寺窟,即今第一层的 94 窟以北至 44 窟一段,包括 44、55、61—93、470—475、478—484 窟等,现存窟龛亦接近原 60 余之数。

第三区域是阴法律承担的第二层阴家窟至文殊堂上层令狐社众窟、即今九层楼北边第二层 231—265 窟一段,今存窟龛 30 多个,比原燃灯 65 盏的窟龛总数可能少 20 多个。

第四区域是罗阇梨承担的第三层太保窟至七佛堂,即今 428—365 窟一段,包括 367—428 窟,今存 60 多个,比原 82 窟亦少 20 个左右。

第五区域是曹都头承担的第一层吴和尚窟以南至天龙八部窟，即今 18—43、321—355 等窟一段，今存 60 多个窟龛，比原 80 窟约少 20 个。

第六区域是索幸者承担的第二层至第三层宋家八金光窟，即今第二、三层的 265—275,258、261、431—461 窟一片，原有窟龛 80 个，今仅存 40 多个，约少一半。

第七区域是阴押衙、梁僧政承担的第二层普门窟至文殊堂，又至灵图寺窟和陈家窟，即今第二层的 56—60,276—320 窟一段，还包括中间 477 窟和 55 窟门顶上的一个未编号的小窟。这一段在崖面上正好是一个"夹层"，现存窟龛与原 63 个基本相符。

第八区域是王行者承担的南头第二层，即今 96 窟与 130 窟之间第二层以上的全部洞窟 156—209 窟，这一片原为 63 个，今存 50 多个。

第九区域是安押衙、杜押衙承担的吴和尚窟至天王堂，即今 16 窟以北一片，包括 4—16、356—366 窟等，今存窟龛 20 多个，比原 36 窟少十余个。

第十区域是喜成郎君承担的阴家窟至南大像，即今 130 窟及其以南一片，应该包括 130—154 窟，今存 20 多个，比原 38 窟少十多个。

《腊》卷还有一个燃灯区域"崖下独煞神至狼子神堂"，这一区域不属崖面窟群之列。据敦煌遗书 S.5448《敦煌录》关于莫高窟"南北两头有天主堂及神祠"的记载推测，这可能是崖面以外的佛教的护法神一类的建筑群。

上述崖面的 10 个燃灯区域连在一起，就是我们今天看到的莫高窟南区石窟群崖面，当时窟龛总数将近 600。这就是 951 年时莫高窟崖面的大概面貌。

这里要说明，在这一范围内，当时窟龛比现在多 100 多个。曾有人推测还有未发现的洞窟。事实证明,这种可能性不大了。

951 年以后,莫高窟崖面上又营建了许多大中型洞窟,如 18、22、25、53、55 窟等,曾不同程度地毁并了一些先代小窟、如 53、55 窟等周围还有一些未被毁坏殆尽的小龛痕迹。但这种情况减少的数目不会很大。

从《腊》卷记载可知,现今少于当时的 100 多个窟龛,分布在除 130—96 窟以外的大部崖面上。大量的减少是由一次性的大规模的崩塌所致,143、454、372 窟等周围,都残存着一些塌毁的窟龛痕迹。这种大前塌的原因可能是一次大地震。

这次崩塌的时间,崖面本身及遗书中的有关记载为我们提供了一些线索:

首先,塌毁的许多洞窟的前室有相当一部分是五代时期新建或重修的洞窟,新建者如 61、98、100、146 窟等,重修者如 36、44、120、288、294 窟等。许多宋初重修的洞(或前室)至今保存完好,如 153、220、94、427、431、444 窟等。

其次,崖面上现存的木构窟檐及露天壁画,是整个崖面大规模崩毁后重新整修和装饰的遗留物。根据有关记载可知,整修装銮活动主要是在 970—1002 年间,其中 427 窟窟檐横梁上的宋乾德八年(即开宝四年、970 年)修建纪年题记为最早。

第三,敦煌遗书中有许多晚唐、五代时期的造窟或重修先代窟龛的铭记文等,966 年(宋乾德四年)曹元忠及其妻凉国夫人浔阳翟氏《重修北大像记》中,讲到北大像前的楼阁"下层两层、柱木损折"。

基于上述三点,笔者认为莫高窟崖面最严重的一次崩塌可能在 966 年前后,这次崩塌使 100 多个窟龛从崖面上消失,大部分洞窟前室被毁、崖面的整体面貌遭到破坏。

崖面崩塌后,在曹氏归义军政权的组织下,用了 30 多年时间,进行了全面整修,从崖面上残存的遗迹看,这次修建了全部洞窟的窟前殿堂(底层洞窟)、窟檐(二层以上洞窟)并绘制了整个崖壁上的露天壁画,使莫高窟崖面辉煌秀丽一新。可以说这是莫高窟发展史上的转折性变迁,崖面上原来那种宏伟浑朴的气势不会再现了。《腊》卷所记载的951年时的崖面,则是这次大转折之前的本来面目。

《腊》卷记载当时莫高窟崖壁上总计600余龛,这是比较可信的,莫高窟156窟前室北壁《莫高窟记》(即敦煌遗书P.3720)记载,865年(唐咸通六年)时总计"有五百余龛",又据P.2762《张淮深功德记》记载,156窟兴建时,崖面已呈饱和状态。这以后修建洞窟,或是在底层深凿,或是在先代窟龛之夹缝中开凿小龛,或是在毁并先代中小型窟龛之基础上兴建大窟,到951年时,崖面上由原来的500余龛增加到近600。966年前后的崩塌,使洞窟又减少到不足500,直到今天。所以,可以断定《腊》卷所记951年时的莫高窟崖面,是历史上最雄伟壮观的时期,窟龛数量也是历史上最多的时期。

三

《腊》卷记述了951年时莫高窟崖壁上30多个大中型窟龛的名号及其燃灯数量,诸先达筚路蓝缕,已经确认了十多个名号所指的窟龛,这些窟龛的名号,有的是以主(功德主)命名的、如司徒窟(94窟)、张都衙窟(108窟)、翟家窟(85窟)、第二层阴家窟(231窟)、吴和尚窟(16,17窟)、何法师窟(196窟)、阴家窟(138、139窟)、李家窟(148窟)等;有的是以洞窟内容主题命名的,如北大像(96窟)、南大像(130窟)、文殊堂(61窟)、七佛堂(365窟)等;还有的是以洞窟形制称呼其名者,如刹心佛堂(205窟)等,另外,五代时期曹氏家族及其幕僚、百姓们重修了莫高窟一些先代窟宇。这些洞窟则以重修者(功德主)或重修内容命名,如由令狐氏百姓重修的北魏263窟就冠以"令狐社众窟"。

关于951年腊八之夜莫高窟每个洞窟燃灯数量的分配,也有一定标准,具体有:

(1)一般洞窟1盏。

(2)大型或较大型洞窟2盏,如61、85、108、196窟等。

上两项系普通窟龛的燃灯标准。

(3)大型涅槃窟(卧佛窟)3盏,如148窟。

(4)部分洞窟按佛塑像多少燃灯,每尊佛像前燃1盏,如365窟(七佛堂)燃7盏。

(5)普通大盏兼有影窟者,主室燃2盏,影室燃1盏,共3盏,如138(主室)和139(影室)窟、16(主室)和17(影室)窟等。

(6)大像(96、130窟)按窟前楼阁分层燃灯,每层2盏。

以上(3)—(6)为特殊窟龛燃灯标准。

据此,我们对《腊》卷中部分窟龛之名号进行了分析探讨,现分述如下:

(1)大王天公主窟

此名号是指大王窟和天公主窟。大王系指曹氏归义军政权的开山鼻祖"托西大王"曹议金。这是因为951年之前,曹氏诸节度使中称大王者仅曹议金一人,既是曹氏时代,不可能尊称别的大王,又是与天公主并称,当非曹议金莫属。据敦煌遗书P.3871、P.3762等卷记载,五代后梁时,曹议金"发胜心而开大窟","广命良工,用膂力而錾凿",后唐初,他主持建成了莫高窟现存最大洞窟之一的98窟,这就是为曹氏后人所尊称的大王窟,966年曹元忠及凉国夫人浔阳翟氏《重修北大像记》云"大王窟内抄写大佛名经"即指此。

曹议金有位回鹘夫人陇西李氏,议金在世时依回鹘俗被尊称为天公主,议金死后其子孙们又尊称其为国母天公主和国母圣天公主。

936—940 年(后晋天福元年至五年)间,她主持建成了今 100 窟,敦煌遗书 S.4245 详细记载了该窟兴建情况,并明言"国母圣天公主……敬造大龛一所",窟内供养人题名又都是以李氏为主称呼的,此窟北面与 98 窟相毗邻,当为天公主窟无疑。

(2)大像天王

这一名号在南北大像所属的田阇梨、王行者区域内两次出现,说明它是与两大像相关的佛教像设。1979 年发掘的 130 窟(南大像)窟前殿堂遗址表明,《腊》卷里的大像天王就是大像窟门两侧的四大天王塑像,殿堂遗址西壁下窟门两侧的土台上,残存天王脚下的地神塑像四组八躯、部分天王像的腿脚。崖壁上还有固定天王塑像的木桩孔。从这些迹象可看出,130 窟窟前原四大天王塑像均高达六米左右,《敦煌录》记载莫高窟"前设楼阁数层,有大像堂殿",可能指的就是大像前的楼阁(二层以上)和底层塑有天王像的殿堂,参照 427 窟的形制和像设可知大像前的天王与窟内的大像是同时代的作品,130 窟前的四大天王塑像和窟内的弥勒佛也应为盛唐原作。北大像比南大像还高七米,951 年时窟前有张淮深时修建的五层楼阁,最底一层也应该是天王殿堂,《腊》卷所记此处大像天王与南大像处大像天王燃灯数量相同,说明北大像(96 窟)前亦原有四大天王巨身塑像。

(3)三圣龛和三圣小龛

这两个名号出现在阴押衙、梁僧政和阴法律承担的区域内,是以洞窟内容命名的,从现存洞窟考察,这里的"三圣"系指同一窟龛内的以佛为主尊的三组塑像,即我们今天所说的三世佛。

"三圣龛"可能指今 282 窟,隋大业九年(613 年)建,窟内西壁塑一佛二弟子二菩萨,南北两壁原各塑一佛二菩萨,现在一佛一菩萨,两铺中靠东面的菩萨塑像均已随窟壁塌毁。

"三圣小龛"可能是指今 244 窟,隋末唐初建,塑像布局与 282 窟基本相同,唯北壁主尊为弥勒菩萨,为典型的三世佛造像窟。

(4)刹心内龛及内龛刹心

此二名号是以洞窟建筑形制而称,刹心即我们今天所说的中心柱。

刹心内龛当指今 332 窟,它是曹都头区域内唯一的中心柱式窟。该窟建成于 698 年(武周圣历元年),窟主为敦煌豪族李克让。窟内原立《李君修莫高窟佛龛碑》即云:"中浮宝刹,匝四面以环通。"

"内龛刹心总在里边"囊括索幸者区域内的全部中心柱式窟,现存有:258、261、431、432、435、437、448 等窟,这些均为隋唐以后重修过的北魏西魏窟龛。

(5)三圣刹心

这是以洞窟内容和形制并称的窟号,当指罗阇梨区域内的 427 窟,该窟系隋代前朝所建,中心柱东向面南北两壁东部各塑一佛二菩萨立像一铺,当为三世佛。

《腊》卷中还有一部分窟龛名号。951 年以后,许多洞窟因经历了宋、回鹘、西夏、元、清及近代的多次重修而面目全非,我们无法依前按其窟主或内容考订所指窟龛,这里仅根据《腊》卷所记的大体位置作些推测:

灵图寺窟 在第一层李禅区域的北终端,又是其上"夹层"区域的中间界线,可能是崖面上两个层位之间的今 44 窟。该窟建于唐代,五代时重修,窟内现存五代供养人像均为僧尼。

杜家窟与宋家窟 属李禅区域,按《腊》卷记述,应位于翟家窟(85 窟)与文殊堂(61 窟)之间,均为燃灯 2 盏之大窟。即今 76、72 窟,皆为唐窟,五代、宋及以后重修。

天龙八部窟 属底层曹都头区域内的南端,应与灵图寺窟相邻,可能在 43 窟至 36 窟一段中,现无任何迹象可证。

宋家八金光窟　窟名不可解，似有误，属索幸者区域内第三层的末端，疑即今 258 窟或北接太保窟的 431 窟，前者为唐窟，后者系唐代重修的魏窟。

普门窟　属阴押衙梁僧政"夹层"区域内、在文殊堂以北、灵图寺窟以南，疑即今 288 窟。该窟原建于西魏，唐以后几次重修，现存前室顶西坡五代重绘的《观音普门品》，可能与窟名有关。

太保窟　为罗阇梨区域内的南端，从崖面洞窟布局看，疑即今 428 窟，该窟为北周宗室建平公于义担任瓜州刺史期间所建，规模庞大，内容丰富，崖面位置十分突出。五代重修过一次，甬道两壁重绘曹氏节度使及其夫人，窟内 1200 多身供养人像全系北周原作。951 年时，曹氏诸节度使中称过太保者是曹议金、曹元深、曹元忠三人。由此可见，重修此窟者是曹氏显宦，故称此窟为太保窟。

陈家窟　为阴押衙梁僧政"夹层"区域的北终点，疑即今 320 窟，盛唐原建，五代及其后多次重修。

王家窟与宋家窟　属喜成郎君区域的南头，位于阴家窟（138 窟）与李家窟（148 窟）之间，均为燃灯两盏之大窟，疑即今 143、146 窟，皆为五代时建造。

吴家窟　亦在喜成郎君区域内，是一个燃灯四盏的大窟。《腊》卷中除大像、涅槃窟等特殊形制的洞窟外，最大的洞窟如大王窟（98窟）、文殊堂（61 窟）等也只燃灯 2 盏。莫高窟再没有比 98、61 窟大的洞窟。吴和尚窟（16、17 窟）、阴家窟（138、139 窟）燃 3 盏，盖因主室之外又多一间禅室。南头区域中除《腊》卷明载的南大像、李家窟外，再无别的特殊形制。所以，从这一片现存洞窟看，吴家窟很可能是南大像南侧的 152 窟及其窟门两侧的 153、154 窟。152 窟是个可燃灯 2盏的大窟。153、154 窟各燃 1 盏，共计燃灯 4 盏，从形制上看，152 及153、154 窟属一组洞窟。153、154 窟均为中唐时建。152 窟内现存壁画塑像是宋以后的作品,窟内有许多先代修建的痕迹,如中心佛坛上的塑像木柱等,从三窟的关系看,152窟也应是中唐时期所建的洞窟。

法华塔 在王行者区域内,即两大像之间第二层以上的南端,可能是161窟崖顶上的残塔,据记载,法华塔是吐蕃时代洪和尚所建,现存残塔内外无任何痕迹可证。

天王堂 是安押衙杜押衙的北头区城的北端,按《敦煌录》"南北两头有天王堂"之记载,此应为北头之天王堂。今北坡上距第1窟约100米处残存八角形土塔,疑即原天王堂,但亦无踪迹可证。

主要参考文献:

[1]金雄诺:《敦煌窟龛名数考》,《文物》1959年第5期,又载《中国美术史论集》,人民美术出版社,1981年。

[2]孙修身:《腊八燃灯分配窟龛名数写作年代考》,《丝路访古》,甘肃人民出版社,1982年。

[3]敦煌研究院:《敦煌莫高窟供养人题记》,文物出版社,1986年。

[4]敦煌文物研究所:《敦煌莫高窟内容总录》,文物出版社,1982年。

[5]潘玉闪、马世长:《莫高窟窟前殿堂遗址》,文物出版社,1985年。

[6][日]藤枝晃:《敦煌千佛洞之中兴》,《东方学报》第35册,1964年。

[7]贺世哲:《从一条新资料看藏经洞的封闭》,《西北史地》1984年第3期。

[8]李永宁:《莫高窟碑文录及有关问题(一)》,《敦煌研究》1982年试刊第1期。

(《1987年敦煌莫高窟研究国际研讨会文集·石窟考古编》,辽宁美术出版社,1990年)

敦煌遗书莫高窟营建史料浅论

一

敦煌遗书中保存有公元 7 至 10 世纪唐、五代、宋时期记载莫高窟历史的文献,大致可分为如下几类:

(一)造窟发愿文、修窟契约等,如《河西节度使尚书造大窟发愿文》(P.2762)、《庚午年福惠等人修窟约》(S.3540)等。

(二)碑文录,即原建窟之"记功德碑"的录文,如《李君莫高窟修佛龛碑》(P.2551,以下简称《圣历碑》)、《大唐龙西李氏修功德碑记》(P.3608V,以下简称《大历碑》)、《吴僧统碑》(P.4640)、《阴处士碑》(P.4638,P.4640)、《张淮深碑》(S.6161+P.3329+S.6973+P.2762)、《翟家碑》(P.4640)、《陇西李氏再修功德碑记》(P.4640,以下简称《乾宁碑》)等。

(三)建窟功德之记、赞、铭文,如《莫高窟塑画功德赞文》(P.2991)、《沙州释门索法律窟铭》(P.4640,S.530)、《张淮深造窟功德记》(P.3720)、《乾宁三年马德胜赞泉创窟记》(S.2113V)、《平咄子等十人造窟记》(P.2991)、《河西都僧统建龛上梁文》(P.3302V)、《河西节度使司空造大窟功德赞》(P.3457)、《莫高窟再修功德记》(P.2641V)等。

(四)关于莫高窟创建、发展历史及崖面状况的综合记录,如《莫高窟记》(P.3720)、《敦煌录》(S.5448)、《沙州城土镜》(P.2691)、《腊八燃灯分配窟龛名数》(Dy.322)。

（五）关于莫高窟洞窟营建者个人的有关资料，如《东阳王元荣写经题记》（P.2143 等）、《张淮深墓志铭》（P.2913）、《李明振墓志铭》（P.4615）、《康通信邈真赞》（P.4660）、《张善才邈真赞》（P.3541）、《诸寺僧尼名簿》（S.2614）等。

80 年来，国内外一些学者、专家对这部分文书先后进行了程度不同的整理和研究：1909 年，罗振玉先生在《敦煌石室遗书》中刊印了录自遗书的造窟碑文，铭文十余种，此部分文书后又多次刊印；1962 年，石璋如先生发表了《敦煌千佛洞遗碑及相关的石窟考》，结合洞窟研究造窟文书；1964 年，日本学者藤枝晃发表了力作《敦煌千佛洞之中兴》，对十多件造窟之碑、铭、记文书结合已发表的洞窟资料作了研究；1986 年，贺世哲先生发表《从供养人题记看莫高窟部分洞窟的营建年代》，文中引用了大量遗书中的洞窟史料。另外，金维诺、史苇湘、李永宁、孙修身诸先生也先后对部分遗书窟史资料作过研究。以上诸先达筚路蓝缕之功，是进一步研究这个项目的良好开端。

从 1986 年下半年开始，笔者专门从事敦煌遗书中的莫高窟营建史料的整理和研究，本文即其中一些体会，不揣冒昧，述以求正。

二

遗书史料形象、生动地描述了莫高窟的地理位置、环境和当时的外貌，这里略举一二：

> 敦煌之东南，有山曰二危，结积阴之气坤为德，成凝质之形地为象。峻嶒山峰，磅礴万里；呀豁中谷，印卪相厥。凿为灵龛，上下云矗；构以飞阁，南北霞连。……檐分雁翅，砌盘龙鳞，云雾生于户牖，雷霆走于阶墀。左豁平陆，目极远山；前流长河，波映重阁。风鸣道树，每韵苦空之声；霤滴禅

池,更澄清净之趣。

——P.3608V《大历碑》

州南有莫高窟,去州廿五里,中过石碛,带山坡,至坡下谷中,其东即三危山,西即鸣沙山,中有自南流水,名之宕泉。古寺僧舍绝多,亦有洪钟,其谷南北两头有天王堂及神祠,壁画吐蕃赞普侍从,其山西壁南北二里,并是锈凿高大沙窟,塑画神像,每窟动计费税百万。前设楼阁数层,有大像堂殿,其像长一百六十尺。其小龛无数,悉有虚栏通连,巡礼游览之景。

——S.5448《敦煌录》

西连九陇阪,鸣沙飞井擅其名;东接三危峰,泫露翔云腾其美。左右形胜,前后显敞,川原丽,物色新。……镌崿开基,植瑞丽而概日;礛山为塔,构层台以篷天,刻石穷阿育之言,雕坛极优阗之妙。……升其栏槛,疑绝累于人间;窥其宫阙,似神游乎天上。……雁塔浮空,蜂台架回,珠箔星缀,墉题月鉴,西连九陇,东接三危,川坻绮错,物产珍奇。花开德水,鸟弄禅枝;十方会合,四辈交驰。雕甍跂凤,镂槛盘龙;锦披石砌,绣点山窗。

——P.2551《圣历碑》

在许多文书中,莫高窟又称为"灵岩""仙岩""灵窟""宕泉金地"。"宕泉灵迹之地"等等。

以上记载,从地理位置、环境角度,描述了莫高窟能成为佛教圣地的必然性,使人们部分地了解"为什么会有莫高窟"这个今天大家都要提出的问题,当然,要彻底弄清这一问题,应该主要从社会历史发展的角度去探讨,而由于各方面的局限性,遗书史料不可能圆满地解释这一历史现象。

我们通过上述描写，可以窥知莫高窟在各个历史发展阶段的面貌变迁，遗书史料对所在时代的莫高窟雄伟壮观、秀丽多姿的外貌描述得淋漓尽致！据敦煌研究院藏 322 号文书《腊八燃灯分配窟龛名数》，公元 10 世纪中期是莫高窟窟龛数量最多，崖面最为壮丽的时代，该卷将莫高窟崖面划分为 10 个燃灯区域，每个区域都有比较明显的时代特点，这对我们了解莫高窟崖面的变迁是至为重要的。

三

据遗书史料记载，莫高窟在创建、形成和发展过程中，主要有如下一些具有历史转折意义的重大事件：

（一）索靖题壁仙岩寺

这是关于莫高窟历史的最早记载，索靖字幼安，西晋时敦煌人，生卒年在公元 238—303 年间，为以书法著称于世的"敦煌五龙"之一；晋武帝时入仕为尚书郎，后官至大将军、荡寇将军，死后追赠司空，索靖与"敦煌菩萨"竺法护为同时代人，当时敦煌地区佛教活动十分频繁，索靖卷入其中亦不可免。

遗书记索靖题壁事有三处：

虫书记司空之文——《吴僧统碑》；

晋司空索靖题壁号仙岩寺——《莫高窟记》；

虫书记仙岩之文——《董保德功德颂》（P.3329）。

以上记载，均为追述往事。P.2693《净土念佛观诵观行仪卷下》尾题："时乾祐四年（951 年）岁次辛亥蕤賔之月蕤彤十三叶（5 月 23 日）于大圣先（仙）岩寺讲堂后弥勒书院写故记。"据《莫高窟记》，莫高窟的讲堂系隋开皇年间（约公元 6 世纪末）由僧人善喜所建，这则题记说明，至少在 10 世纪中期，"仙岩寺"一名还见于莫高窟，因此，"索靖题壁仙岩寺"是莫高窟比较可信的历史事实。

（二）乐僔、法良始建窟

《圣历碑》载："莫高窟者，厥初，秦建元二年，有沙门乐僔，戒行清虚，执心恬静，尝杖锡林野，行至此山，忽见金光，状有千佛，遂架空锈岩，造窟一龛，次有法良禅师，从东届此，又于僔师龛侧，更即营建。伽蓝之起，滥觞于二僧。"

《莫高窟记》云："秦建元之世，有沙门乐僔杖锡西游至此，遥礼其山，见金光如千佛之状，遂架空锈岩，大造佛龛；次有法良禅师东来，多诸神兴，复于传师窟侧，更造一龛。伽蓝之建，肇于二僧。"

前秦建元二年为公元 366 年，乐僔、法良和尚是最早在莫高窟上凿岩造窟的人，现已成为学术界公认的莫高窟营建之始，兹不赘。

另外，《沙州城土镜》有"永和三年（353 年）初建窟"说，但仅此一见，不足为凭。

（三）东阳王、建平公造窟

《圣历碑》记："复有刺使建平公、东阳王各修一大窟，尔后合州黎庶，造作相仍。……乐僔、法良发其踪，建平、东阳弘其迹。"东阳王即北魏宗室元荣，公元 525—542 年任瓜州（敦煌）刺使；建平公于义，北周时人，公元 565—576 年任瓜州刺使。从乐僔创窟到元荣刺瓜前的 160 年间，莫高窟崖面上一共才凿了十来个洞窟（现存），莫高窟大规模的洞窟营建，是从北魏后期开始的，而此前的修造都是零星的，正是由于元荣、于义这些敦煌地区的最高统治者的倡导和表率，使莫高窟的营建事业蓬勃发展。仅西魏、北周、隋各时代的近百年间，莫高窟造窟（不包括重修）一百多座。尽管元荣、于义所建"大窟"尚待考定，但其在莫高窟营建发展史上的作用却是丝毫不能低估的。

（四）唐代两大像的修建

莫高窟营建史上最大的创举，莫过于唐代前期两大像的落成，《莫高窟记》载："延载二年（695 年）禅师灵隐共居士阴祖等造北大像,高一百卅尺,又开元年中僧处谚与乡人马思忠等造南大像,高一百廿尺。北大像(96窟)的建成,确切地证实了莫高窟"自秦创兴,于周转盛"(《圣历碑》)的历史;南大像(今130窟)的营建,曾被五代文人杨洞芊作为敦煌历史上的大事编入《瓜沙史事系年》(P.3721)。两大像的建成又同时从一个方面反映了唐代前期的繁荣昌盛。

(五)李家窟的划时代意义

李家窟即莫高窟148窟,建成时间可能在大历二年(767年)。《莫高窟记》把莫高窟从公元366年至850年前后近五百年的历史,以大历三年(768年)为界划分为两个时期,可能就是以148窟的落成为标志的。因为这以后,吐蕃奴隶主同敦煌汉唐军民进行了长达十多年的争夺战,接着是吐蕃对敦煌70余年的统治,直到848年被驱逐,850年归义军新政权建立。所以,这个莫高窟最大的涅槃窟在莫高窟历史上就有了划时代的意义。《大历碑》就是当时修建148窟的记录。

(六)156窟——里程碑

公元850年,敦煌建立了以张议潮为节度使的河西归义军政权;861年,张议潮率兵攻克凉州,至此吐蕃占领的河西失地全部收复归唐。862—865年,莫高窟营建了今156窟,营建主持人为议潮侄张淮深,建成后尊议潮为窟主。历史文献《莫高窟记》便出现在此窟前室北壁,156窟是归义军新政建立后莫高窟建成的第一个大型洞窟,窟内绘制了巨幅歌颂张议潮历史功绩的《河西节度使张议潮收复河西统军出行图》,使这个洞窟实际上成了张议潮的纪念堂,从而开辟了敦煌地区高级官吏、僧侣为庆祝和纪念自己的升迁或"功绩"而修建大型佛窟的新时期,掀开了莫高窟历史上新的一页。许多大型洞窟如"司徒窟"(94窟)、"吴和尚窟"(16—17窟)、"翟家窟"(85窟)、"索法律窟"(12窟)等,这些显示营建者权力之大和地位之尊的庆祝、纪念型窟,就是在156窟后相继建成的。156窟的营建情况与张氏家族的历史功绩一道,记载在《张淮深碑》中。所以,无论从哪个角度讲,156窟的建成,堪称莫高窟历史上的里程碑。

(七)曹氏大窟的社会背景

比张氏归义军时期更胜一筹的是,接替张氏的曹氏家族,除了显示自己尊贵的权力和地位而从事庆祝、纪念活动外,还用营建佛窟来笼络人心,借以维护其统治。因此,营建大型佛窟成为曹氏历任节度使的例行公事,从曹议金到曹宗寿,无一例外,遗书史料中的《河西节度使尚造大窟发愿文》及《功德赞》(P.3781)、《天公主及司空造大龛功德赞》(S.4245)、《河西节度使司空造大窟功德赞》(P.3457),就分别是曹议金、曹元德、曹元深营建今莫高窟98、100、454三座大窟的记录,这几份文献在记述洞窟营建活动的同时,还反映了曹氏归义军政权前30年由内忧外患逐步稳固、强盛的过程。而《乾德四年(996年)曹元忠、翟氏重修北大像记》(Ch.0207)则更确切地描述了当时瓜沙地区的安定、繁荣景象。所以,曹氏时期大型洞窟的营建,从某种意义上说,应该是当时社会发展背景的缩影。

这里,顺便说一下莫高窟崖面上的洞窟总数问题,由于窟俗称千佛洞,加之一些文献中又有"一千余龛""窟龛千余"等描述,致使得出莫高窟在过去曾经有1000多窟龛的结论。实际上,莫高窟南区窟群崖面上的窟龛总数,《莫高窟记》载865年前后"有五百余龛",《腊八燃灯分配窟龛名数》记951年时的总数亦不足600。从现存近500个窟龛的崖面现状看来,上两个数字比较符合莫高窟的历史发展情况。951年前后,是莫高窟崖面上窟龛最多的时期。

四

敦煌遗书中的洞窟营建史料一般都是以记述某一洞窟的营建

为主要内容的。除前面已提及者外,另外如《圣历碑》为332、331窟营建之"功德"碑记,《吴僧统碑》为365窟营建"功德"碑,《乾宁碑》为重修148窟之"功德"碑记,《阴处士碑》为231窟营建"功德"记等。以上大部头的营建文书与莫高窟现存洞窟之关系,早为学界所熟知。

还有一部分记载藏经洞营建之文书,笔者近年结合洞窟实地考察逐一进行了考证和研究,这里试举数例:

(一)S.2113V《唐沙州龙兴寺上座沙门俗姓马氏香号德胜宕泉并修功德记》是马德胜、法真兄弟等于公元896年建成莫高窟今97窟的记颂文书。97窟现状为宋以后重修所致,虽无铭记可证,但还是为我们提供了一些可以认定的理由,主要是:

1. 97窟位于北大像96窟南侧且相邻,同《功德记》所述"北大像南边"位置相合;

2. 97窟窟形为覆斗形顶,西壁开龛,与《功德记》所记相符;

3. 1908年法人伯希和曾在97窟抄录了几条供养人题记残文,其中有"故兄都头马……""……圆寺侄比丘法兴供养"等内容,同《功德记》之窟主关系颇为接近;

4. 97窟进深较浅,窟外门上两边有对称的梁孔,表明窟前原建木窟檐以代前室,此亦同于《功德记》所载;

5. 乾宁三年前后,正是张氏归义军政权内讧最紧张、激烈之际,敦煌地区社会经济因之受到很大破坏,而97窟作为一个小型窟,它的营建正好反映这一历史背景。

(二)S.3905《唐天复元年辛酉岁□月十八日金光明寺造窟上梁文》是901年敦煌金光明寺僧人修建今莫高窟44窟窟前殿堂的功德赞文。该殿堂早已无存,20世纪60年代曾发掘出其遗址,《上梁文》在讲述修建原因时云:"猃狁狼心犯塞,焚烧香阁摧残,合寺同心再建……"

窟前发掘资料①表明,44窟殿堂遗址即坐落在唐代烧灰层上。又文中所记参与营建的金光明寺僧人庆达,在44窟内绘有供养像并题名曰:

释门法律临坛大德 金光明寺主持 毗尼教主沙门 庆达

参照莫高窟98窟相同的庆达题名,可知此题名出现于五代后唐同光年间(923—925年)。44窟始建于初唐,窟内现留初建及盛唐、中唐、晚唐、五代等各个时代辅修、重修痕迹,庆达在901—925年间参与该窟后两次的营修活动,901年时为普通僧人,20年后升为寺主。

(三)P.2991V《敦煌社人平咄子一十人刱于宕泉建窟一所功德记》是敦煌历史上的西汉金山国时期(约公元910年前后)平咄子等人创建莫高窟今147窟的记录,理由是:

1.147窟位于莫高窟南窟群崖面之南头晚唐区域内,窟内现存壁画均为晚唐风格,与《功德记》之时代相符;

2.147窟窟形为覆斗型顶,西壁开龛,龛内马蹄形佛床上残存有一佛二弟子二菩萨群塑遗迹,龛外两侧分别绘文殊、普赞双相,南北两壁画观无量寿、弥勒、药师、金刚等经变画,与《功德记》之"龛内塑释迦牟尼佛一躯、二上足、二菩萨;连台宝座,拂狮子之金毛,闼牖铃音,彻微风而声振,诸壁上变相,悉相维城,侍从龙天,皆依法制"描述吻合;

3.147窟内西壁龛下现存南北相向的供养人像各八身,当为八对夫妻,其中可辨认的男供养人题识有"社人刘藏藏""社人刘贤德"等,可能是平咄子十人中的同伴,平咄子的题名可能已泯灭,或其供养像原绘于别处已毁;至于女供养人们,虽未参与造窟,但同样笃信佛法,赖其夫君之力,得入窟壁之资,亦属情理;

---

① 潘玉闪、马世长:《莫高窟窟前殿堂遗址》,文物出版社,1985年。

4.《功德记》云:"社众等修建之岁,正遇艰难;造窟之年,兵戎未息,于是资家为国,刱建此龛。"147窟是个中型偏小窟,它的规模、内容及毫无生气的艺术风格,为金山国时代动乱、凋敝的社会历史背景的反映,在莫高窟上当是独一无二的。

(四)P.3979《某氏诸佛事功德记》(拟)残文原为公元919年营建莫高窟今84窟的记录等,原文末两行(其中最末一行抄写于背面)"凡情恳祷,练想虔恭;舍绿清净,有无适通;生住异灭,益损一同;镌龛造〔窟〕,得值莲宫"等句,原墨书题写于84窟前室西壁门上,接着还有"广施诸处,万劫固穷,于时大梁贞明五年〔己卯〕岁十月十五日"题记等内容,知二者原为一件,写本为底本或抄本,窟上题记现已泯灭,只留痕迹,幸有40年代先辈学者们抄录在案。又84窟内现状均为宋以后重修所致,故无法对照《功德记》考述其内容,但其覆斗顶、西壁开龛之窟型,则与《功德记》所载无误,窟文末之"广施诸处"云云,即《功德起》所述写经、放良、施舍田园家产等"功德"事。

(五)P.2641V记"戊申岁末"至"己酉岁中"《推砂、扫窟、重饰功德记》(拟)是公元948—949年间(年代系据该卷正面曹元忠执掌归义军时代之"丁卯年"——947年文书推定,兹不赘)安某一家重修莫高窟今129窟的记录,主要根据是:

1. 129窟位于南大像130窟北侧并相邻,符合《功德记》所载;

2. 129窟为唐代前期所建,到五代末已历二百春秋,《功德记》谓"古窟"则名副其实;

3. 129窟南大像北侧崖面上位置最低之窟,崖顶流沙极易注入,《功德记》云:重饰前需推砂、扫窟者,当舍此莫属;

4. 129窟前室、甬道及主室内四壁下部壁画均为五代作品,与《功德记》之时代相合;

5. 129窟主室内南、北、东诸壁下部现存五代画供养人像男、女、老、少共40余身,从残存题名知,窟主为曹氏节度小吏安某,余有其故父及子、女、媳、婿、孙等,其中有子、婿二人为画匠,实为一大家庭成员之"亮相",正好证明了《功德记》之首关于因岁末阖家团聚之际巡礼佛窟并发愿重修的记述,供养人群像即为"团聚"之写照。

五

遗书中的洞窟营建史料,对洞窟的营建过程都有许多记载和描述。一个洞窟的建成,一般需要整修崖面与凿窟、塑像绘画、修建窟前木构窟檐或殿堂三个大的营造过程。我们从遗书史料的记述中,可以对这些过程作初步了解。

首先是选择、整修崖面及凿窟:

乐僔……架空镌岩,造窟一龛。

——《圣历碑》

千金贸工,百堵兴役,奋锤砻垒,碣石耤山。

——《大历碑》

踌躇瞻眺,余所尽无,唯此一岭,嵯峨可劈。匪限耗广,务取工成,情专穿石之殷,志切移山之重……是用宏开虚洞,三载功充,廓落精华,正当显敞。

——《张淮深碑》

于是鋆锤竟奋,块圠磅礤,硗确耤山,宏开虚洞。

——《翟家碑》

即日工兴,横开山面……铁锤以和石,架鋆鋬以傍通。日往月来,俄成广宇。

——《张淮深功德记》

整修崖面、镌岩凿窟,是整个佛窟营建中最费时力、最耗资财,也最为艰巨的工程,史料中往往把这项工程的完工描述成神的帮助,实际上还是靠人们一锤一钎的劳作。从事这项工程的下层劳动者们才是真正的神仙。

洞窟营建的第二项工程，即窟内装饰、绘画、塑像，遗书史料对此亦有较多记载，如：

> 乃召巧匠，选工师，穷天下之谲诡，尽人间之丽饰。
>
> ——《圣历碑》
>
> 竖四弘之心，凿七佛之堂，䞋金画彩，不可记之。
>
> ——《吴僧统碑》
>
> 装画上层，如同忉利。
>
> ——《河西节度尚书功德赞》
>
> 装绘功毕，如同忉利。
>
> ——《河西节度使司空功德赞》

遗书史料记载最多的，则是洞窟内塑像、壁画内容及其赞颂之词。这里从略。

洞窟营建的最后一项工程，是修建窟前木构窟檐、殿堂或楼阁并施彩绘。窟前木构建筑作用有二：一是装饰洞窟门面，二是加大窟内空间。莫高窟的这项工程，除了两大像前的楼阁及极少数洞窟外，大规模地进行是在晚唐、五代、宋及其以后的时代里。这其中有部分是新建洞窟同时营造窟前建筑，而更多的是为前代洞窟补建窟檐、殿堂。补建檐堂往往与重修洞窟前室同步进行，这在五代、宋时期（曹氏归义军时代）是一项十分频繁的营建活动。

关于窟檐与洞窟时时营建的记载，现存主要有《马德胜功德记》《河西节度使司空功德记》等文献。后者云：

> 云楼架回，以丹露而相连；梁栋袿禋，约明堂而趣样，雕文（纹）铲镂，似鳞凤而争鲜，宝铎永昂，随风声而应响。

重修先代洞窟并补建窟檐的记载较多，如：

于是乃募良工,访其杞梓,贸材运斧,百堵俄成……未及星环,斯构矗立。

——《乾宁碑》

爰命良工,同心再建……外厦单调,新装重样。

——P.3726V《结社修窟记》

施工才经半月,楼成上接天河。

——P.3302V《都僧统上梁文》

所要材木林梁,随办而出。

——《福惠等修窟约》

由于窟前木构建筑的坚固程度有一定的时间限制,所以需要经常维修,如北大像96窟前的楼阁,先后被重修过多次,遗书史料中记载了晚唐、宋初两次重修情况:

(张淮深)乃见宕泉北大像建立多年,栋梁摧毁……于是杍匠治材而朴斸,郇人兴役以施工,先坚四墙,后随缔构,曳其柷檩,凭八股之辚辘;上甃运泥,斡双轮于霞际。旧阁乃重飞四级,靡称金身;新增而横敞五层,高低得所。玉毫扬采,与旭日而连晖;结脊双鸱,对危峰而争耸。

——《张淮深碑》

遂睹北大像弥勒,建立年深,下接两层,材木损折。大王、夫人见斯颓毁,便乃虔告焚香,诱谕都僧统大师,兼及僧俗、官吏、心意一决,更无二三。不经旬时,缔构已毕。……其月(五月)廿一、廿二两日换柱,材木损折较多,不堪安置,至廿三日下手拆……至廿四日拆了……廿五日便缚绷阁。上材木、缔构,至六月二日功毕。

——《曹元忠、翟氏重修北大像记》

在一个洞窟的营建过程中,作为功德主或窟主,一般不会自己亲

自动手参与造作,真正从事营造劳作的是遗书所载之良工、巧匠;也有个别中、下层功德主们自己动手营造者,他们中包括一部分能工巧匠,如安某一家及福惠社众。总之,遗书史料关于洞窟营建过程的记载,实际上就是古代敦煌地区人民辛勤劳动的记录。

六

莫高窟崖面坐西朝东,各个时代所建洞窟一般都是由主室、甬道、前室三部分组成,前室后来又加修成窟檐或殿堂。主室的建筑型制多为覆斗顶,西壁开龛形,也有中心柱形及圆券形、西壁设坛等。关于各类洞窟各部分建筑结榜的名称,遗书史料所记与目前通行之称谓有所差异,现分述如下:

(一)主室部分

1. 刹心(Dy.322),宝刹(P.2251):即今中心柱,或曰中心塔柱,也有称中心佛坛为刹心者(Dy.322)。

2. 帐门(P.4638、4640):帐即佛帐,系指窟内西壁的盝顶帐形佛龛,是我国传统的帐形建筑在佛龛中的妙用,佛龛内一佛二弟子二菩萨二天王加龛外两侧二力士的塑像排列,颇似古代军营统帅部或指挥部的"将军坐帐"或"元帅升帐"形式;另外,古代游牧民族首领之衙帐内也有这种排列形式,帐门即龛门,很明显,此名为俗称。

3. 门内两颊(P.3979):即窟内东壁窟门两侧。

除上述外,主室内窟顶及南北两壁之称谓今同于古。

(二)甬道部分

甬道被称为门,分门仰、门南壁、门北壁(均见 P.2641V)等。"仰"在这里当作仰望或仰视,门仰即门之仰视处,就是今甬道顶;门南壁、门北壁即甬道的南北两壁。

主室东壁与前室两壁有时也被划入"门"的范围之内,前者如门内两颊;后者又分门额(P.2641V)与出门两颊(P.3564),即前室西壁门上及与之南北两侧。

(三)前室部分

前室在遗书中称"窟厂(敞)",分窟敞仰,窟敞四壁。敞在原文中写作"厂",敞开,显敞之意。窟敞即窟之显敞处,也就是洞窟前室。从莫高窟及周围其他一些石窟群现存洞窟形制可看出,洞窟前室原无前壁(东壁),而是整个向外敞开,后来修建窟檐、殿堂后,才有前壁(东壁)和门、窗,但使崖面上失去了"高大沙窟"(S.5448)的本来面目,窟敞仰即前室斜顶;窟敞四壁即前室南北壁及西壁南北侧,后又有称出门两颊;另前室西壁门上又称门额。

(四)窟檐殿堂部分

木构窟檐在遗书中称檐(P.4640、3564)、楼(P.3302v、3457),或曰云楼(P.3457)、凤楼(P.3302V);殿堂称堂殿(S.5448)、阁(S.3905)或厦、外厦(P.3726V);大像前的楼阁则檐、阁并称(P.2762)。檐、殿之建筑部件名称有栋、樑、楹、柱等,以上基本为古今通用之名。

敦煌遗书中关于洞窟建筑结构名称的记载,为我们提供了十分宝贵的石窟建筑艺术史乃至整个建筑史的资料,值得重视和研讨。

七

敦煌遗书中的石窟史料所记载的,不仅仅是洞窟的营建,还包括洞窟营建时代的社会历史背景及人物活动等,对于我们了解古代敦煌、河西乃至整个中国的历史和社会,都有十分重大的意义。

《圣历碑》《大历碑》《乾宁碑》合称敦煌李氏三碑,碑文记录了敦煌李氏家族从北周到唐末近3个半世纪间的世系及其杰出人物的历史活动等。特别是《乾宁碑》关于9世纪末张氏归义军统治集团内部的财产、权力之争的记述,为其他史籍所不载。三碑的史料价值,已为国内外学界普遍重视。

《阴处士碑》《吴僧统碑》《索法律窟铭》等文献、记载了公元 8 世纪下半期以来唐人与吐蕃对敦煌的激烈争夺，吐蕃对敦煌的统治及其一系列治理措施、敦煌世家豪族及高僧在唐蕃"两朝"的活动等历史轨迹，反映了汉人在异族统治下的强烈民族意识。这是十分具体、形象而又生动的史料。

《张淮深碑》《张淮深功德记》详细记载了张议潮从吐蕃统治下收复河西归唐的历史功绩和议潮、淮深叔侄治理下的敦煌地区安定、繁荣的社会环境以及淮深父议谭之事迹，弥补了史籍的缺憾，展示了 9 世纪后期敦煌及河西地区的历史面貌，倍受学界青睐。

《平论子十人建窟记》出自"西汉金山国头厅大宰相张文彻"之手，曲折地反映了遭受战争重创的"西汉金山国"人民艰难困苦的生活环境以及由此而产生的宗教狂热，与同时期史料相比，似乎更真实、更贴切。

曹氏时期大量的洞窟营建文书及其所载之洞窟营建活动，更直接地记录和反映了当时社会的发展和兴衰。研究曹氏归义军历史离不开洞窟，也离不开洞窟营建史料。

至于遗书中有关洞窟营建者个人的传记资料，全面地反映了当时的政治、经济、军事、宗教、民族关系等社会历史各个领域的发展、变迁情况，更是很珍贵的史料。

……

历史活动是群众的事业。公元 4 世纪到 14 世纪间千余年的莫高窟营建事业，就是一项群众性的历史活动，几十代人为此付出了心血和汗水。所以，敦煌遗书中的洞窟营建文书，除了赞颂那些窟主们的功德外，还热情讴歌了那些直接从事石窟营建的劳动者——那些"鋆锤竞奋""碣石聒山"的勇士，那些绘、塑、缔构的良工、巧匠。我们从这些讴歌中看到了他们的智慧和勤劳,看到了他们默默无闻、无私无畏的奉献精神。这就是石窟营建史料中最为珍贵的、最值得我们深入研究、继承和发扬的优秀民族遗产。

(《1990 年敦煌莫高窟研究国际研讨会文集·石窟考古编》,辽宁美术出版社,1995 年)

莫高窟崖面使用刍议

本文所述,系莫高窟南区石窟群之崖面。

所谓崖面使用,指修建石窟时崖面的选择和利用,它属于石窟考古研究的范畴,对石窟的分期、断代、排年有着十分重要的意义。应当指出的是,这个问题在石窟考古学界还没有引起足够的重视。[①]笔者企望通过对莫高窟崖面使用问题的初步探讨,抛砖引玉,愿为石窟考古研究工作进一步全面、深入地开展尽微薄之力。

莫高窟崖面使用概述

莫高窟南区石窟群崖面,坐西朝东,高 10~40 米不等,南北长 960 多米,现存公元 4 世纪到 14 世纪的十六国、北魏、西魏、北周、隋、唐、五代、宋、西夏、元等朝代陆续创建的石窟近 500 个。这些洞窟一般都有比较明显的时代特征,有少数洞窟内还有明确的修建年代题记。所以,各个时代崖面使用的情况还比较清楚。

总的看来,莫高窟崖面使用的千年历史,大体可分为三个阶段。

第一阶段,从公元 366 年初建窟至公元 640 年(唐贞观十四年)之前,为崖面的开创阶段。这一阶段包括了十六国、北魏、西魏、北周、

---

①1983 年,初师宾先生曾发表《石窟外貌与石窟研究之关系》一文,以麦积山石窟为例,对崖面使用及其相关的几个问题提出精辟见解。但截至笔者改定本文前,还未见到第二篇此类研究文章。

隋及唐初等各个历史时代。

　　莫高窟最早开窟是悬空开凿。据记载，公元 366 年乐僔和尚第一个在莫高窟"架空镌岩"[1]。崖面上现存最早的一组洞窟 268、272、276 诸窟就位于第二层。268 窟（包括 267、269、270、271 窟）可能是由乐僔或法良开凿的洞窟，[2]它与 272、276 诸窟连成一片。这一片就是莫高窟最早被利用的崖面，它位于整个莫高窟崖面的最中间地带，南北长 10 米多[3]。这组洞窟被排在北凉时期，就是说，这块石窟崖面的形成，从 366 年到 434 年，经历了近百年时间，即包括前凉、西凉、北凉三个时期在内的十六国时代。

　　接下来便是 268 窟以南的 265、263、260、269、257、254、251 等窟的修建，崖面接十六国区向南扩展近 60 米，这就是北魏前期（435—525 年）的崖面使用情况。

　　莫高窟大规模地修建洞窟，是从东阳王元荣统治敦煌时期（525—551）开始的，这个时期包括北魏晚期及整个西魏时期，南边接 251 窟修建了 250、249、248、247、246 等窟，接北魏区向南扩展 20 多米，北边修建了 437、435、431 及 285、288 等窟，新开辟第三层 20 多米和第二层十余米的崖面。

　　到北周（包括隋统一全国以前即 551—589 年）时期，一是以西魏第三层区为中心向南、北两头扩展，修建了 438、439、440、442（南）和 428（北）等窟，扩展崖面 30 多米；一是接西魏 288 窟向北，修建了 290、292、294、296、297、298、299、301、302、303、304、305 等窟，扩展石窟崖面 50 多米。

---

①《莫高窟记》，P.3720。
②贺世哲：《敦煌莫高窟供养人题识》。
③这里不包括可能被 454 窟毁并了的最早期洞窟崖面。

隋朝时期(包括唐朝初年)分别接上述西魏、北周区向南北两头扩展。南边接 246 窟修建了 244、242 诸窟,北边一片,第三层接 428 窟向北修建了 427、426、425、424、423、422、421、420、419、418、417、416、414、413、412、411、410、408、407、406、405、404、403、402、401、400、399、398、397、396、395、394、393、392、391、390、389、388 诸窟。石窟崖面向北扩展 140 米;第二层以西魏、北周区为中心,接 285 窟向南修建了 284、283、282、281、280、279、278、277、276、56、57、58、59、60、62、63、64 诸窟,接 305 窟向北修建了 306、307、308、309、310、311、312、313、314、315、316、317、318 等窟,两头共扩展石窟崖面 110 多米。同时,隋代还在先代窟区比较宽裕的崖面上"见缝插针",修建了许多窟龛,如北魏区内的 253、255、262、266 等窟,西魏、北周区内的 430、433、434、436、453、455 等窟。

　　整个第一阶段,从十六国到隋唐之际三百多年中,莫高窟开辟了从今 242 窟至 387 窟南北长达 340 米、高 5~10 米的悬空石窟群崖面。今存这片崖面上的隋以前洞窟 120 余个,加上被后代破坏而不复存在者,总计在 160 窟以内。

　　第二阶段,从公元 640 年至 914 年,即唐代至五代初,为莫高窟崖面的发展和形成阶段。

　　从唐贞观十六年(642 年)崖面上建成今 220 窟开始,不仅艺术风格焕然一新,而且在崖面使用上也一反接连先代窟区向前延伸的惯例,先是远离前代窟区单独开辟崖面镌造洞窟,进而使营建活动在崖面上全面铺开,直至崖面达到饱和。有贞观十六年建造题记的 220 窟,是今 242 窟以南 420 米长的崖面上修建的第一个洞窟,它远离隋以前窟区 140 多米,此后,在整个唐代至五代初年的 270 多年时间里,以隋以前的石窟崖面为中心,南至今 131 窟,北至今第 6 窟,包括隋以前崖面的上、下层,整个长 960 多米、高 10~40 米不等的崖面全部得到充分利用,修建了总计 400 左右的洞窟(今存 300 余),包括 33 米高的北大像和 26 米高的南大像。这两个阶段的洞窟,在崖面上纵横交错,前后混杂,左右相间,上下一处,没有初、盛、中晚期之分,只有北面第三层的 387—365 窟一批洞窟愈往北修建时间愈晚。

第三阶段,从 914 年至 14 世纪末,即五代后梁贞明元年至元末明初(包括北元统治敦煌时期),为莫高窟崖面使用的停滞、维持阶段。480 多年间,除了北头 6—1 窟十多米外,没有再扩展崖面,而是在先代石窟群崖面的最底层开凿大、中型窟龛,或在破坏先窟龛的基础上修建大窟。这一时期新修洞窟数量不多,营建活动主要是对先代窟龛的不断重修和崖面的全面整修。(注:元代在北区修建若干洞窟,不属本文所论之列。)

莫高窟崖面使用研究的两个考古问题

一是莫高窟隋末唐初以前所有洞窟的断代、排年问题。

早期开凿石窟,受到崖面上各方面条件的限制,如崖面的整修、洞窟与地面的交通等,一般是在一个时期内集中在一块崖面上,并向一定的方向延伸,形成崖面上的"时代区域"。我们只要能确定某一区域内修建最早的一个洞窟,并认准这一时期洞窟在崖面上的延伸方向,便可排列出这个时期洞窟修建的先后顺序;或者说,在某一时期的崖面上如果有一个或几个有确切修建记年的洞窟,那么其周围其他洞窟修建顺序也可依其方向排列出来。

十六国时期的一组洞窟,目前认定以 268 窟的修建时间为最早,[①]这样,由此向北,它们的修建时间顺序依次是:268、272、275。因为这几个洞窟暴露的层位关系比较复杂,这里说的只是它们最初的修建

①贺世哲:《敦煌莫高窟供养人题识》。

顺序,而不是现存表层的壁画、塑像的绘制时间顺序。

北魏时期修建的洞窟,集中在 268 窟以南与之平行的崖面上,可以看出,它们是接十六国窟区向南延伸,越往南修建时间越晚。所以,它们的修建时间顺序依次是 265、263、260、259、257、254、251。(在 257 与 254 窟之间应该还有这个时期修建的洞窟,可能在五代修建 256 窟时被破坏。)

北魏后期至西魏时期修建的洞窟,分十六国窟区以北的第三层,第二层和北魏窟区以南两片,北头的修建时间顺序依次是 437、435、431(属北魏晚期)、285(有西魏大统四、五年修建题记)、288,南头接北魏 251 窟向南,修建时间顺序依次是 250、249、248①、247、246(越往南越晚)。

北周、隋初的洞窟,除 428 窟外,其余都集中在北魏 437 窟以南和北魏 288 窟以北,它们的修建时间,前者愈往南愈晚,即 438、439、440、442;后者愈往北愈晚,即 290、292、294、296、297、299、301、302、303、304、305,其中 302、305 窟有开皇初年的建造题记。

隋及唐初的洞窟,分别建于先代窟区上下两层的两头,因此,我们这里也只能分四处来排列其修建先后顺序:(一)上层北头接 428 窟向北一段依次是:427、426、425、424、423、422、421、420、419、418、417、416、414、413、412、411、410、409、408、407、406、405、404、403、402、401、400、399、39、397、396、395、394、393、392、391、390、389、388;(二)下层北头接 305 窟向北依次是:206、307、308、309、310、311、312、313、314、315、316、317、318;(三)下层南头接 285 窟向南一段依次是:284、283、282、281、280、279、278、277、276、56、57、58、59、60、62、

---

①过去学术界一直认为 248 窟早于 249 窟,近据本院专家考察发现 248 窟在内容及技法上有许多新内容出现,故应晚于 249 窟,此与本人所论相合。

63、64;(四)南边接北魏 246 窟向南依次是 244、242。这个时期在先代窟区"穿缝插针"修建的一些洞窟,则无法细列其修建先后顺序。

以上关于隋以前部分洞窟修建时间顺序的排列,只是根据崖面使用情况作出的推测,旨在为我们目前进行中的断代、分期、排年研究工作提供参考或起到辅助作用。(当然这里所排列的只是上述洞窟在崖面上开始修建的时间顺序,而不是指其建成的时间顺序。谨此说明。)

二是莫高窟各个时代洞窟的总数量问题。

莫高窟现存窟龛近 500 个。在一千多年的不断修建中,到底一共修建过多少?各个时代又分别有多少?历来资料记载及各家说法各异。《法苑珠林》卷 13 记载唐高宗时(668 年)有"佛像二百八十"[①];武周圣历元年(698 年)《李克让修莫高窟佛龛碑》记"窟室一千余龛";唐咸通六年(865 年)《莫高窟记》云:当时"有五百余龛";951 年《腊八燃灯分配窟龛名数》记载当时崖面上窟龛总数将近六百。笔者认为,这个问题似乎可以从崖面使用的角度作些考察。

从前述崖面使用概况可知,十六国时期开辟的莫高窟崖面,总共只有 50 平方米左右,到隋末唐初,崖面达 340 米长,高 5~10 米,面积 250 平方米左右,这块崖面上现存洞窟 120 多个,如果把后来被毁掉的窟龛估计进去,最多也不会超过 160 个。

到武周圣历年间,崖面上加上正在修建中的北大像,又增加了 40 多个洞窟[②]。这样,莫高窟崖面上此时的窟龛总数不会超过 200 个。但《李克让碑》关于当时"一千余龛"的记载,历来为人们所推崇,

---

①[日]土肥义和认为,此记载为北凉时莫高窟洞室数字,见《敦煌讲座·2·敦煌的历史》,误!应予纠正。

②见《敦煌莫高窟内容总录》。

并成为解释"千佛洞"(莫高窟之俗名)的依据之一。其实,仔细推敲上、下文,就会发现它的说法是靠不住的。原文是在追述了莫高窟秦建元二年(366 年)开窟。"乐僔法良发其踪,建平东阳弘其迹",后说:"推甲子四百他岁,计窟室一千余龛。"首先,前一句就是错误的,从366 年到 698 年根本没有"四百"岁;可见,当时也不会有"一千余龛",碑文所云,纯属虚衍之词。相形之下,《法苑珠林》所记 668 年前后有"佛像二百八十"则较有可信之处。

《莫高窟记》所记唐咸通时有五百余龛,从崖面利用的角度及现存洞窟情况看,是比较符合实际的。当然,这个数字宁高不低。

从唐咸通年到五代后用将近百年时间中,在张、曹归义军政权的大力提倡和扶持下,莫高窟又增添了大大小小近百个窟龛。到 951 年十二月八日遍窟燃灯之时,崖面上已有近 600 窟龛。

莫高窟崖面从小到大,窟龛由少增多,经历了漫长的不断修建的历史过程。但石窟崖面面积最大时也就是今天的范围,洞窟数量最多时也没有超过 600(今存洞窟近 500,少于最多时的一百余,盖因宋初崖面崩塌及后代破坏所致)。所以,历史上各种关于莫高窟"窟龛千余"之说,均不为信。

对莫高窟历史断代的再认识

莫高窟在创建的一千多年中,经历了中国历史上的十六国、北魏、西魏、北周、隋唐、五代、宋、西夏、元等 10 个朝代,艺术上大都有明显的时代特征。因此,用上述朝代名称进行莫高窟艺术断代,无疑是正确的。但每个时代艺术的界线也以中原王朝更替的时间去划分,则不一定科学,也不可能符合实际。这是因为,我们对中国漫长的封建社会发展阶段的认识,并不完全以朝代的界线为准,而主要是看社会性质,即属历史范畴各个领域的质的发展变化。改朝换代只说明谁当皇帝,有的也能给社会带来大的变革,也有很多时候只是更换皇帝其人而已。这一点,在文化艺术领域内表现得尤为明显。当然,这其中还有十分重要的地方性因素。敦煌远离中原,不可能准确地随中原王朝的更替改变一切,甚至有时中原换了几个朝代,敦煌仍是"一家天下"。这些特殊的历史情况,理所当然地影响到莫高窟的修建和莫高窟艺术的创造。至于敦煌历史上常有的一代艺术匠师经历几个朝代的情况,更无法允许把莫高窟艺术断代的时间界线,与中原的改朝换代的时间界线相统一。

具体地说,介于两个朝代之间的洞窟,因无明确记年,便无法确定它到底属于前代还是属于后代,因为它的营建本身就经历了两个朝代。这类洞窟,不论从艺术风格上,还是从崖面布局上,都应属于前代艺术,包括一些有记年的后一个朝代初年建成的洞窟。又如,曹元忠统治敦煌三十多年,经历了五代后晋、后汉、后周与宋初四个朝代,而这一时期修建的石窟就上列四个朝代方面根本无"时代特征"可区分,很难将其划为四个时代。

目前通行的莫高窟艺术断代,基本上是按中原王朝更替的时间划分界线的。[①]这其中也考虑到一些地方性因素,但很不完善。鉴于这种断代方法对系统地、科学地了解敦煌莫高窟艺术的局限性,为此,根据专家们有关莫高窟艺术的风格特点的论述,结合本文关于莫高窟崖面使用的探讨,笔者试将延续千年的莫高窟艺术分为以下12个时代:

一、十六国时代:从公元366年到公元434年北魏占领敦煌,这个时期留在崖面上的洞窟今天只有3个,其中260窟到北凉时已有3个层位。

———————————

①见《敦煌莫高窟内容总录》。

二、北魏时代:从435年到524年,现存7个洞窟,艺术上自为一体。

三、西魏时代(包括北魏时期):即东阳王元荣统治敦煌时代(525—551)。现存这二十多年中修建的十多个洞窟,差不多是先代近二百年修建洞窟的总和,艺术上也有很大的发展变化。

四、北周时代:包括西魏废帝元年(551年)至隋统一全国589年之前,崖面上从南邻西魏区的290窟到有开皇五年(585年)修建题记的305窟,艺术风格比较一致。

五、隋代:即隋统一全国(589年)后至唐平定高昌640年以前。从427窟开始到244、390等窟,艺术风格特点都比较一致,这时期的洞窟在崖面上也比较整齐、集中。

六、唐代前期:从642年建成的220窟到767年建成的148窟,中间包括南、北大像的建成,为莫高窟历史上最辉煌灿烂的唐代艺术。

七、吐蕃时代:768至850年,为吐蕃统治敦煌时代,在敦煌历史上,这是一个全新的时期,但因莫高窟艺术仍是唐代艺术,习惯上称之为莫高窟的中唐时代。

八、张氏归义军时代:(包括张氏建立的西汉金山国时代851年至914年)又称为晚唐时代。

九、曹氏归义军前期:914年至1002年,为曹氏归义军即其发展、繁荣、稳定的早、中期,也是莫高窟历史上营建活动的最盛期。

十、曹氏归义军晚期:1002年至1036年,是曹氏归义军的衰亡期。

十一、西夏时代:1036—1227年,西夏统治敦煌,独特的西夏艺术时期。

十二、元代:1228年—14世纪末,元朝及后来的北元统治敦煌时期,是莫高窟艺术的尾声。

以上断代,隋以前可借鉴崖面使用划分,唐以后主要按历史时代划分,其中吐蕃统治时代始末时间,从《莫高窟记》。谨此说明。

崖面使用与石窟研究的课题

莫高窟首先和最受人们重视的,是她灿烂辉煌的艺术。人们惊叹那些没有留下姓名的艺术家们的伟大、卓绝的创造以及他们聪明才智的发挥。但是我们知道,石窟的营造,不仅仅是绘画、雕塑等艺术劳动,更多更重要的是崖面的选择、整修、劈山凿石、供给、运输等巨量劳动,这些劳动的结果,才为艺术劳动提供条件与场所。修建一个石窟,光开山凿石得用几年、十几年时间,而塑像、绘画一般只需几个月或一二年时间。许多关于莫高窟修建的史料中,主要是记载开山凿石的巨量劳动,如"千金贸工,百堵兴役,奋锤聋击,揭石聒山"[1],"唯此一岭,嵯峨可劈。匪限耗广,务取功成;情专穿石之殷,志切移山之重;[2]"攒铁锤以扣石,架锟凿以傍通。日往月来,俄成广室[3]……"而对塑像、绘画等艺术活动的过程,则很少提及或干脆不予提及。这也说明,巨量劳动在修建石窟中是主要的劳动。

巨量劳动同艺术劳动一样反映着一个时代生产力水平的高下。而且更重要的,它还反映着我们中华民族刻苦耐劳、坚韧不拔的精神,这种精神理所当然地要打上时代的烙印。当然,从这个角度去研究崖面使用的巨量劳动,可能是比当年的祖先们选择利用崖面更艰巨的劳动。

一九八七年八月于莫高窟

(《敦煌学辑刊》1990 年第 1 期,总第 17 期)

---

①《李克让修莫高窟佛龛碑》。

②P.2762《张淮深功德记》。

③P.2729《张淮深功德记》。

灵岩问道

9、10 世纪敦煌僧团的社会活动及其意义

序言

关于敦煌僧团(或称敦煌佛教教团)的研究,国内外前辈学者已做过不少工作,成果累累;特别是在僧团组织和寺院经济等方面,成就斐然。[①]1992 年,业师姜伯勤教授大著《敦煌社会文书导论》出版,其中就敦煌僧团对社会的作用和意义方面提出新的见解。[②]基此启迪,本文就 9、10 世纪敦煌僧团的社会活动及其意义略陈浅见陋识,以求教方家。

僧团是一特殊的宗教团体。由佛教的出家僧尼组成,一般是以寺院为单位,一座寺院的僧众或尼众为一个僧团。中国历代封建王朝为了加强对佛教团体的控制,从中央到地方均设有专门的僧团管理机构。但是,地方上的僧团管理机构和管理人员又通常是由僧尼自己来担任,这实际上就是一个地方寺院联合体,或一方僧尼的统一组织。敦煌地区 9、10 世纪的佛教僧团就是这样一个联合群体。据敦煌文献

---

①(法)谢和耐:耿升译,《中国五至十世纪的寺院经济》,1956 年《法兰西远东学院丛刊》第 39 卷,汉文本,甘肃人民出版社,1987 年。姜伯勤:《唐五代敦煌寺户制度》,中华书局,1987 年。(日)池田温主编:《敦煌讲座 4·敦煌的社会》,大东出版社,1981 年。以及这些著作中所摘的研究成果。

②姜伯勤:《敦煌社会文书导论》第七章《教团》,台北新文丰出版公司,1992 年。

记载,公元9、10世纪,敦煌地区曾经有二十多所大的寺院(其中5所尼寺,其余均为僧寺);7世纪末期的一件僧尼籍,就反映出所有这些寺院的僧尼,虽然被组建成一个"僧尼部落",但名籍还是由都僧统统计和管理;①因都僧统是唐朝建置,所以在吐蕃统治敦煌的后一段时期,统辖全地区寺院僧尼的主事人为都教授及助手副教授;到归义军时期,一切恢复唐朝旧制,都僧统及其助手副僧统们又成为僧团组织的主事人。这些担任地方都僧统或都教授者均为僧人。

乍看起来,这些由清一色出家人组成的敦煌僧团,应该是远离尘世。然而,任何事物都有一个特定的环境,敦煌僧团也不例外。特别是公元9、10世纪,敦煌僧团存在于一个特殊的社会历史发展阶段的一个特殊的社会区域,这就决定了它的性质——社会化的佛教组织:既是佛教团体,又是社会团体,而且是当时一股必不可少的社会力量。我们下面关于敦煌僧团的社会活动的考察,就是试图论证和说明这一问题。

这里还需要补充两点:一是佛教组织本身,佛陀和弟子们的关系,用佛教自己的话讲,是老师与学生的关系,而师生关系本身就是一种社会关系;二是敦煌地区最大的佛教活动场所——敦煌石窟。同时又是重要的社会活动场所。这两方面对敦煌僧团的社会性质、社会活动及社会作用有一定的积极意义。

一、军政活动

敦煌僧团的政治、军事等社会活动主要表现在如下几方面:

---

①敦煌文书S.2729《僧尼部落米净辩牒》,S.2614《敦煌诸寺僧尼名录》等,参见唐耕耦、陆鸿基:《敦煌社会经济文献真迹释录》第四辑,1990年。

1. 僧团对政府的依赖

中国历史上,除西藏外,中央也好,地方也好,都没有出现过政教合一的统治机构。总的来讲,宗教(神职人员个人或宗教组织)与政权的关系一直是一种依赖关系,所有的宗教活动都要受到政府的制约。9、10 世纪的敦煌僧团更不例外。比方说,河西归义军政权统治时期,敦煌僧团由河西都僧统管辖,河西都僧统则由归义军节度使推举、中央政府任命;[①]再如,敦煌僧团要经常参加由归义军衙门组织的各项活动,完成政府交给的各项任务。[②]这一切,敦煌文献中都有明确和详细的记载。

2. 僧兵

文献记载表明,9、10 世纪的敦煌僧团是敦煌地方武装力量的组成部分。

吐蕃占领敦煌以后,在将敦煌地区的唐建 13 个乡改建为 13 个部落之外,还将集中在敦煌的僧尼(包括敦煌当地及敦煌以东逃亡来的僧尼)组建了一个僧尼部落。[③]部落音译东岱,又依其意称千户,是吐蕃军政合一的基层组织。当时还是游牧民族的吐蕃,主要的任务就是对周围扩张的兼并战争;只是因为占领敦煌时与汉人立有"毋徙他境"的城下之盟,在敦煌地区发展农林业经济,建设大后方,才使广大敦煌汉唐民众免受征战之苦。当然,当时敦煌大量的包括僧人在内的青壮年还是被应召入伍,参与战事。僧人中如"大番瓜沙境大行军衙知两国

①敦煌文书 P.3720 洪䛒·悟真告身登,郝春文:《唐后期五代宋初敦煌僧尼的社会生活》,中国社会科学出版社,1998 年,第 393—405 页。

②敦煌文书 CH.00207《乾德四年重修北大像记》等,马德:《敦煌莫高窟史研究》,甘肃教育出版社,1996 年,第 143—144 页。

③敦煌文书 S.2729《僧尼部落米净䛒牒》,S.2614《敦煌诸寺僧尼名录》等,唐耕耦、陆鸿基:《敦煌社会经济文献真迹释录》第四辑,1990 年。

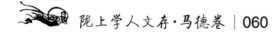

密遣判官智照",在唐蕃争夺敦煌的战争中,来往于已被吐蕃占领的瓜州与尚在唐人手中的沙洲之间,为吐蕃军队服务;再如比丘昙眷在"沙洲军门兰若"写《大乘入道次第章》"毕功",这个"沙洲军门兰若"可能是专门为在军队供职(服役)的僧众及其他佛教信众所设。

公元848年(唐大中二年)以来,张议潮率领的以汉族为主体、由各族民众组成的河西归义军,渐次收复敦煌及其东、西各地由吐蕃占领的唐朝失地。张议潮的义举不仅得到敦煌僧团的大力支持,[1]而且有许多僧人直接加入归义军,成为驱蕃队伍中的兵士;这些僧兵中除汉族外,还有来自西域昭武九姓的粟特僧。[2]僧人以个人身份加入地方军队当兵,也需要得到僧团组织的许可,或者直接由僧团派往军队。从文献记载看,僧兵都被编入普通的将队之中,而没有专门的僧兵将队设置,便于僧兵与其他兵士一同并肩作战。

3. 参政议政

谢和耐先生早年就此作过深入研究。[3]9、10世纪,特别是张曹归义军时期,僧团及高级僧官参与政事并发挥重大作用,敦煌文献有较多记载,其中最突出的就是在张议潮率众推翻吐蕃统治并收复河西的过程中,河西都僧统洪辩及其大弟子悟真的卓越表现,这一点很早就引起学界重视,并有大量的研究成果出现。[4]整个归义军时期,敦煌

①贺世哲:《从供养人题记看莫高窟部分洞窟的营建年代》,《敦煌莫高窟供养人题记》,文物出版社,1986年,第208页。

②冯培红:《P.3249背〈军籍残卷〉与归义军初期的僧兵武装》,《敦煌研究》1998年第2期。

③参见谢和耐前揭书。

④齐陈骏、郑炳林:《河西都僧统悟真作品和见载文献系年》,《敦煌吐鲁番文献研究》,兰州大学出版社,1995年;荣新江:《归义军史研究》,上海古籍出版社,1996年。

僧团始终是一支似乎可以与地方政权平分天下的政治力量,特别是在敦煌地区遭到内忧外患的非常时期,僧团的社会作用就越显突出。例如,在 10 世纪初期曹氏归义军政权初创时代,由节度使曹议金为窟主建造的今莫高窟第 98 窟内,100 多名僧人与 100 多名官吏同时被作为供养人分行并列,①形成南北对峙的军政与佛教两大势力,又体现出共处一室的联合群体集团。

4. 外交活动:出访、出使及迎送官使

敦煌僧团以敦煌社会的稳定、繁荣和发展为己任,参与政府的外交事务。僧团的僧官们常常被当地政府作为出访团或出使团的成员,派往中央朝廷或周边各兄弟民族地区执行军政任务;②敦煌当地迎送的中原及周围的使团中,也有相当数量的僧人。③

敦煌僧团的各个寺院平时还执行由官府交给的迎送朝廷"天使"及兄弟民族使团的任务,这在敦煌寺院的"入破历"类文献中有较多的记载;迎送的使臣有中原朝廷的"天使",也有来自东面的甘州回鹘王子、太子和甘肃州使团,西面的于阗使团、太子和西州使团等,迎送的主要地点在莫高窟、榆林窟、西千佛洞等环境幽雅、风景宜人的社会化佛教圣地。④10 世纪时,敦煌僧团在协助归义军政府在莫高窟、榆林窟等地接待来自周围各民族政权的使臣, 促进了归义军政权同周围各民族政权建立和发展友好关系,与各个民族和睦相处,并不断进行经济、文化方面的交流,不仅使偏安一隅的归义军政权在各民族

---

①《敦煌莫高窟供养人题记》,文物出版社,1986 年。

②史苇湘:《丝绸之路上的敦煌与莫高窟》,《敦煌研究文集》,甘肃人民出版社,1982 年,第 85 页。

③见敦煌文书 P.2049v、P.2032 等有关记载,唐耕耦、陆鸿基:《敦煌社会经济文献真迹释录》第三辑,1990 年。

④马德:《敦煌寺历所记三窟活动》,《敦煌研究》1998 年第 2 期。

政权的包围之中得到生存和发展,以至于繁荣强盛,而且也促进了各民族间共同的团结、进步和繁荣。这是敦煌僧团在古代西北地区各民族之间的友好交流和团结合作过程中,所起到过的重大历史作用,意义非凡。

5. 寺院保存的官文书

莫高窟藏经洞出土的写本文书,从内容及印鉴上看,在入藏经洞之前都由敦煌僧团下属的各个寺院保存。众所周知,这些文书除了佛教文献之外,还有大量的官文书,包括军政、文教、经济类文书。当然,藏经洞的官文书只是敦煌官府文书的一小部分。但是它被保存在寺院里,这本身就说明了僧团与官府的特殊关系。从某种程度上讲,官府将个别寺院看作是自己办公机构的一部分。因此,这些替官府保存文书档案的寺院有意无意地扮演了军政机构或社会团体的角色。

二、经济活动

9、10 世纪敦煌僧团所属各个寺院,都有自己的经济组织,包括农业、手工业、商业等各个方面,从事出租土地、农具、粮食加工机械等,借贷农作物、农产品等,出售人们衣食住行等生活所需要的各种物资等;一座寺院就是一座大的地主庄园。这一方面,国内外前辈专家已有过大量详尽、系统的研究。[①]但有一点应该在此强调的是:敦煌僧团在 9、10 世纪的 200 年间,也经历了经济发展的重大变革,这主要就是最初由寺院控制的、世世代代为寺院从事经济生产活动的"寺户",后来变为"常住百姓",再后来就基本脱离寺院而成为农民或自由民类的生产劳动者。这是敦煌僧团顺应历史潮流,促进社会发展的重大举措。

---

① 见前注引谢和耐、姜伯勤书等。

在敦煌文献中,有一些僧团组织僧人从事农业生产的记载,主要是关于敦煌西千佛洞及南湖店一带的修堰、上水等农作事宜,[①]这是敦煌僧团从事农业生产、自食其力的证明,也是中国僧人提倡的"农禅并重"思想的具体体现。

关于敦煌古代民间的结社活动,敦煌文献中留下丰富记载,国内外专家也作过整理和研究,成果累累。[②]敦煌民间的社团多以居住地域为单位组织,也有个别是按专业性质组建。僧人以个人身份加入的民间社团,一般都是以居住区域或家族为单位组织的社团,参与该社团内部在经济方面的互助活动,诸如赈济、丧葬等,以及造窟、定期的局席等文化娱乐活动。僧尼们在这一系列的社团活动中,不仅与一般的普通人一样,没有出家人的任何特权,而且通常比其他社人付出更多。

在敦煌历代的手工业劳动者队伍中,还有一批从事佛教艺术劳动的僧匠,包括画匠、塑匠等,[③]他们是直接参与社会经济文化建设的僧人。这一事实说明,僧人同世俗人一样,也从事各行各业的劳动,比如前文所及农业、商业等,此其一;而宗教信仰与艺术劳动作为一种精神追求,可以抹杀人们之间职业与等级的界限,此其二。

敦煌僧团及其僧尼们的社会经济活动,同样有进步与发展的意义。

三、文教活动

1. 寺学:僧团开办基础教育及意义

9、10 世纪的敦煌僧团所属各大寺院,都办有启蒙教育活动。敦

---

①马德:《敦煌寺历所记三窟活动》,《敦煌研究》1998 年第 2 期。

②宁可、郝春文:《敦煌社邑文书辑校》,江苏古籍出版社,1997 年;唐耕耦、陆鸿基:《敦煌社会经济文献真迹释录》第一辑,1986 年。

③马德:《敦煌工匠史料》,甘肃人民出版社,1997 年。

煌文献所保存下来的编于寺院的教材和写于寺院的作业中，基本上都是非佛教内容的启蒙读物，或称童蒙读物：如四书五经、《太公家教》《开门要训》《百行章》《孝经》等，以及各种诗、文、歌、赋等；学员均称某某寺院之"学郎""学仕郎"等，他们都用自己的俗家姓名。①

业师姜伯勤教授在对敦煌寺学作过系统详尽的考察后指出："敦煌文献中保存的寺学资料……是探讨中国教育史上的一大转折的绝佳史料。""由于大乘佛教的基本原则是僧俗共同实行救度，因此，打破世袭垄断和活动，往往率先出现于寺院。……寺学的意义在于，通过这种形式，使一部分庶民有可能受到私学的教育，从而使寺学有助于打破贵族对学校和教育的垄断。"②就是说，僧团开办教育活动，不仅是一般的社会活动，而且是带有历史变革意义的社会活动。

2. 石窟管理

石窟是佛教活动场所，但同时又是社会活动场所。因为佛教活动本身是一种文化活动，而石窟上又有许多与佛教无关的社会活动。石窟上所有这些活动，在9、10世纪，都是由僧团管理和安排的。僧团有专门设在窟上的寺院，并从其他寺院定期抽调僧人上窟。石窟管理活动包括对所有佛窟的日常修缮事宜，而佛窟的窟主大多为俗家，管理佛窟的僧团有时候要承担修缮某一俗家佛窟的全部人力财力和物力。③

3. 各类佛教节日庆典活动

9、10世纪敦煌地区的佛教节日庆典活动十分频繁，从正月十五日岁首燃灯开始，有二月八日佛出家、四月八日佛诞、七月十五日盂

①姜伯勤：《敦煌社会文书导论》第三章《学校与礼生》。
②姜伯勤：《敦煌社会文书导论》第三章《学校与礼生》。
③马德：《敦煌寺历所记三窟活动》，《敦煌研究》1998年第2期。

兰盆会、十二月八日佛成道等,一年四季节日不断。敦煌文献中保存了大量有关这类活动的各种斋文、愿文,前贤已作过研究。①这些活动通常都是由官府和僧团联合举办,僧团具体承办。这些打着佛教仪式旗号的活动,实际上是一种综合性的服务于社会的文化活动,又是一种政治活动。我们从有关这些活动的斋、愿文,如《燃灯文》《二月八日文》(《二月八日逾城文》《行城文》)之中,可以看到对当时社会现状的描述和对美好前景的祈愿:"国昌人泰,寿等乾坤"(P.2237)、"妖风肃清,保宁宗社"(P.2058)、"国泰人安, 永无征战"(P.2854、S.4506)、"三边永静,人歌永泰之祥;四寇休片,共贺兴宁之岁。灾随旧岁,雾散云飞,福建新春,萌芽齐凑"(S.5957)、"龙天八部,拥护敦煌;梵释四王,恒除灾孽。……四方开泰,风雨顺时;五稼丰登,万人乐业"(P.2058)、"四时运泰,保稼穑而丰盈;八节调和,定戒烟而永息"(S.4625)等。②追求社会的稳定和繁荣就是这类活动的最大目的。它完全体现了大乘佛教的思想和原则。

4. 不定期的各类佛教活动

敦煌古代的佛教活动,除了定期的"佛教行事"外,还有一些名目繁多的其他随时随地举办的各种活动,如敦煌文献中保存的《印沙佛文》《庆阳文》《庆寺文》《竖幢伞文》《庆幡文》《庆经文》《开经文》《转经文》,各种造窟发愿文、回向发愿文等等,就是这类活动的记录。在这些文献中,表现的主题思想仍然是对社会的关注:"兴念苍生,匡兹教法……鱼水同心,君臣全运;然后四方晏静,五稼丰登,疫疠消除,普天安乐"(P.2854)、"天成地平,河清海晏,五稼丰稔,千厢美盈"(S.4537)、

---

①湛如:《敦煌斋文与佛教行事》,《敦煌学辑刊》1997 年第 2 辑。
②黄征、吴伟:《敦煌愿文集》,岳麓书社,1995 年,第 443—449,509—537 页。

"施主即体,唯愿崇班日进,方延五鼎之尊;峻洽时迁,坐列万钟之乐。子孙昌盛,眷属芬芳……合宅长幼,并沐清贞"(S.6417)、"使干戈永息,寇盗不兴,天扫攙枪,地清氛雾;国家万岁,天下太平;两国通和,三边永静;四时顺序,五稼丰登,灾障不生,万人安乐"(P.2337)等。①这类佛教活动的主体仍然是敦煌僧团的僧尼二众,但它同样也是有益于社会繁荣、稳定的文化活动。

四、服务于民间的佛教活动

1. 僧尼个人加入民间社团并参与各项活动

僧尼们在自己所加入的民间社团中,除了日常的经济活动如赈济、救助外,还要社团内部发挥个人特长,开展带有社会公益性质的佛教活动。敦煌文献中有许多《社斋文》,是民间各社团利用佛教仪式,祈愿社内平安与富足等内容的程式文书,这些文书一般都是由社内僧人依据社内三官的旨意所撰写,并在社邑或社团的斋会上宣读,其主题多为希望得到"三宝护待",而使"国主千秋,万年丰岁"(S.5573)、"灾殃殄灭,万福咸臻"(P.2058 等)、"风调雨顺,四塞清平"(S.6932、S.5953)、"出忠于国,入孝于家"(S.6932)、"尊亲长宿,万寿无疆;妻室子孙,千秋永茂"、"灵童易育……母子平安"(S.6114)等;同时,这些社文或社斋文上明确写着"为合邑人保祚平安之所会"(P.4966 等);还有一些有主题标题,如《纲社平善》,宣扬社内"尊卑人美,门栏尽清,人人皆鹤寿龟龄,个个尽松贞桂茂,然后风调雨顺,庶黎普安"(P.2820)②。这些社邑佛教活动文书,反映了佛教的平等思想在敦煌

---

① 黄征、吴伟:《敦煌愿文集》,岳麓书社,1995 年,第 466—479,539—594 页。

② 宁可、郝春文:《敦煌社邑文书辑校》,江苏古籍出版社,1997 年,第 522—608 页。

古代民间的具体体现。

在同一社团内部，僧人还要为普通百姓身份的社人的丧葬仪式组织或主持法会，有些社邑斋愿文就与"亡文""忌文"等写在一起，如P.3722v即是一份社邑内为亡故已久或亡故在外的社人所写的斋文文样，其中有云"今此斋意者，一为亡姒远忌之辰设斋追功，又为邑愿功德"，提倡"履仁履义，唯笑唯忠"，"合邑诸信士登，愿……无穷之命，永固嵩辛，莫限之财，顷盈仓库……正气傍流，灵津有润，体无三障，身免千灾，宅舍安谧，衰殃殄灭，男贞女孝，夫穆妻邕，学官高迁，财货盈楼"①。

2. 服务于民众的佛教活动

敦煌文献保存的相当数量的"斋文"及其样本（范本），是敦煌僧团利用佛教活动直接造福于民众的记录。这些活动涉及各个阶层、各类职业的人，和人们所有衣食住行、生老病死等各个方面，有难月、生日、满月、教学、祈雨、升迁、出家、患文、功德文、庆宅文、亡文（祭文、临圹文）等②；同时还有关于家禽、牲畜等一切生灵"众生"死后的赞叹。从事这类活动的主体是敦煌僧团及其所属僧尼，活动方式一般是由"斋主"们"请僧设供"，敦煌文献中也有这类记载。③这类文献记录的这些活动，特别是用于人们生产、生活方面的，实际上就是一种社会活动，是古代敦煌民间社会生活不可缺少的内容之一。这类活动已经深入社会的最底层、最具体的环节，从精神上解除人们日常生活中的各种痛苦和忧愁。

①宁可、郝春文：《敦煌社邑文书辑校》，江苏古籍出版社，1997年，第593—594页。
②录文参见《敦煌愿文集》。
③唐耕耦、陆鸿基：《敦煌社会经济文献真迹释录》第四辑，1990年，第171—193页。

后论

1. 9、10 世纪的敦煌僧团是当时敦煌社会的组成部分,而且是对社会的发展和进步起重大作用的社会集团。同其他创造、发展、进步的社会力量一样,敦煌僧团顺应历史潮流,无论是在物质还是精神方面,都能够适应不断发展的社会需求,为促进敦煌社会的稳定、繁荣、进步和发展,以至推动社会变革,发挥了有一定历史意义的作用。

2. 9、10 世纪的敦煌僧尼们,绝大多数都是具有强烈社会责任心的社会成员,而不是游离于尘世之外。在敦煌僧尼们的身上,体现着大乘佛教"以出世的精神做入世的事业"这一闪光的宗旨;他们每一个人,都在人类社会创造与发展的历史长河中找到了自己的位置。

3. 敦煌 9、10 世纪的大乘佛教,就是僧俗共建的社会化佛教。佛教活动是整个社会活动的一部分,特别是文化生活和日常的社会生活所不可缺少的部分。

4. 敦煌石窟显示了 9、10 世纪时敦煌僧团为维护这座历史文化遗产所作出的贡献。

5. 9、10 世纪敦煌僧团的社会活动,为我们如何发挥宗教和宗教团体对社会稳定、繁荣、进步方面的作用,提供了历史的借鉴。

(《中国佛学院学报(法源)》1999 年总第 17 期)

敦煌佛教文献的再认识

序:敦煌佛教文献的概念

敦煌佛教文献,狭义地讲,指敦煌莫高窟藏经洞出土的佛教文献;广义地讲,则包括敦煌石窟和敦煌藏经洞文献在内的全部敦煌佛教文化历史的遗迹遗物。但因为人们一般都将敦煌石窟和敦煌文献分别开来,所以我们这里也约定俗成,只限于敦煌莫高窟藏经洞出土的写本和印本文献,少量涉及石窟中的文献(实际上石窟也是另一种形式的文献)。

敦煌莫高窟藏经洞出土的文献,百分之九十五以上的是佛教文献。自1900年敦煌文献问世以来,国内外学者进行了百余年的研究。佛教文献虽然没有像对其他的社会文书、经济文书、历史文献、文学文献等那样受重视,但所取得的研究成果并不亚于其他方面。这是因为,佛教文献不仅数量大,内容丰富,而且有大量的珍本孤本,有各个时代各个阶层的各类人物佛教活动的真实记载,它反映的也是敦煌乃至整个中国古代社会。

同敦煌其他各类文献的整理研究一样,百余年来敦煌佛教文献的研究成果,主要也是关于佛教文献本身的整理。近年来,也有一些专题研究成果不断问世。今天,为适应包括佛教文化在内的文化事业发展的要求,对敦煌佛教文献进行重新认识之必要,笔者不揣班门弄斧,草就此文,抛砖引玉,希望促进研究工作的深入。

笔者以为,敦煌藏经洞出土的所有佛教类文献(仅限汉文部分),主要可分两大类:

第一类是佛教经籍类文献有的经、律、论三藏与经疏、经释等,这部分不是敦煌独有的,而是普遍的佛教文献,除敦煌外不仅有传世本,而且在其他地方也可以看到,它基本上不反映敦煌佛教的地域特点,只是在敦煌出现的时间和数量可以说明当时敦煌地区佛教信仰的一些流行性倾向。但在这类文献中,有一部分是孤本,也就是说,只有在敦煌文献中才保存下来的佛经。这些佛经本身虽然没有敦煌特点,但由于因敦煌而存在而填补了佛教史上的空白;同时,有许多在敦煌保存下来的佛经,被中国佛教史上称之为疑伪经。

第二类是敦煌特有的佛教文献,即真正准确意义上的敦煌佛教文献,它反映了敦煌地区的佛教活动及佛教事业的发展历史。这部分佛教文献亦可称为"敦煌人间佛教文献""敦煌通俗佛教文献""敦煌佛教社会史文献""敦煌佛教史料""佛教在敦煌""敦煌大众佛教文献"等。

从内容上看,上述两类敦煌佛教文献,即"敦煌佛教典籍"与"敦煌佛教史料",是性质完全不同的两类文献;前者为理论著作,后者为实践记录。但需要说明的是,在以往的研究中,并没有将这两类文献加以区别,而基本是按照传统的模式,对第一类先将这些文献划入各宗各派,寻找这些文献的派系源头;对第二类则按照体裁类别,分类如"佛教文学""释门杂文"等。当然,这些研究成果,对我们今天从社会历史的角度全方位地研究敦煌佛教文献,奠定了一定的基础。

上篇:敦煌佛教经论

一、正藏部分

正藏指中国古代佛教大藏经收纳的由域外传入华土的翻译经

典,严格地说,敦煌出土的佛教经正藏部分,与同时期及以后全国各地的正藏并无区别。但由于历史原因,在这些佛经中,有些翻译于敦煌及其以西地区,一直未能流传至中原,只在敦煌保存了下来;而且,唐《开元释教录》所收译于唐开元之前的一些佛经,唐以后陆续亡佚,但因古代敦煌地区社会相对稳定,战乱较少,加之千年之前就已封存于密室,所以保存了许多已经失传的正藏佛经,因在敦煌而得以保存。即使是有传世本保存到今天的一些佛教经籍,敦煌写本以它特有的抄写时代和年代,展示了这些经籍的比较原始的形态。

据中外学者的研究,敦煌保存下来的孤本佛经有:《诸经佛名》(北海 64)、《众经别录》(P.3747)、《金刚坛广大清净陀罗尼经》《入无分别总持经》《大乘无量寿宗要经》《般若波罗蜜多心经》《诸星母陀罗尼经》等。还有一些是历代经录均未著录的,如《善信菩萨二十四戒经》等。

这些佛经当时在敦煌的流传,反映了敦煌社会佛教信仰的趋势;加之许多写经末尾都有题记,反映了当时人们的社会生活、思想感情、风俗习惯以及社会地位等等,所以也具有一定的社会意义。

敦煌所出佛经里最受世人注重的,大概要数《六祖坛经》了。《坛经》是世界佛教发展史上里程碑式的经典,虽然它出自中国僧人之口之手,但没有哪一个人说它是"疑经"或"伪经";同时《坛经》也是中国思想史上里程碑式的经典,是佛教中国化、社会化的旗帜。虽然敦煌之外也有经文流传,但一是在境外(高丽),二是时代比较晚。敦煌本《坛经》问世以后,立刻受到人们的推崇,周绍良先生认为敦煌市博物馆所藏《六祖坛经》为原本。

现在通用的日本编辑出版《大正新修大藏经》第 85 卷,取名"古逸部",集中收录了敦煌所出各种佛经;同时在该书的其他各卷中,也根据内容插入相应的敦煌所出佛经。限于篇幅,恕不一一列举。

二、华经部分

即所谓"疑伪经",本身是根据中国社会的需要而由中国佛教信士们编纂的"佛经"。敦煌文献中的"疑伪经"分两类,一类是大部头的经典,如《报恩经》等由中国僧人从其他佛教经典中辑录重新编纂的,另一类如《新菩萨经》《劝善经》《延寿经》《续命经》《祝毒经》等小篇幅的由中国佛教信士撰写的。这些"疑伪经"实际上是佛教中国化的产物,特别注重于中国社会和广大民众中的适用性。

在中国佛教史上,"真"和"伪"以及"疑",是发生在历代高僧之间的正统与非正统之争,这样的争论一般都没有比较明确的结果;但人们在观念上自然是取"真"舍"伪"存"疑";约定俗成,"疑伪经"就成为部分佛教历史文献的特定概念。在当时,因为真与伪的争论者基本都是先入为主,持固定的立场和观点,这就难免一孔之见;一千多年以后,如果我们从社会发展的角度进行客观分析,就不难看出,这些所谓的"疑伪经"尚有一定的积极意义:大乘佛教讲的是入世,而这些由中国僧人们编写的佛经,就是适应了中国社会的需要,一部分还反映出了民众心声,对统治阶级构成一定的威胁,有一部分还因此受到禁绝和毁灭。敦煌文献中的这类经文写本,大多是在别处都没有保存下来的孤本,它向我们展现了中国佛教发展史上的一些本来面目。因此应该得到应有的重视。当然,对这部分佛教文献的研究,前人已经做了大量的工作,成果颇丰;但纵观这些成果,大部分还是把它们作为"疑伪经"来论述;就是说,这些研究大多还是没有摆脱"正统佛教"的一孔之见。我们的研究都是用今天的眼光,今天的方法和手段,去科学地、客观地认识和分析古代的历史文化,就不应该再受之以制,画地为牢。笔者以为,今天再以"疑伪经"的眼光去看待这些佛教文献,虽然也可以从某些方面对其作出实事求是的判断,但总给人感觉不是很公正,也不客观。所以笔者提出"华经"这一概念,希望教界和学界的师友们批评指正。

三、疏释部分

这类佛教文献包括了各类佛经疏释、义记等，如传世的《华严经疏》《法华玄赞》《维摩义记》《大乘起信论》《楞伽师资记》等等。其中《萨婆多宗五事论》《菩萨律仪十二颂》《八声传颂》《释迦牟尼如来像法灭尽之记》《大乘四法经》《大乘稻秆经》《六门陀罗尼经》《因缘心论颂》《阿毗达摩俱舍论实义疏》等为敦煌独有。

天津艺术博物馆收藏有一件《大智度论》的写本残卷，从字体上看为北朝时期写本，与鸠摩罗什译此经时代相隔不久；有趣的是，这个写本的一些专用名词，都与罗什译本不同，如"世尊"作"大德"、"德女"作"有德女"、"凡夫"作"小人"，还有部分地方文意为概括之语。此件不仅仅反映了《大智度论》的早期形态，更为重要者，我们怀疑在罗什之前，可能已经有了《大智度论》的译本在流传。因为这显然不是抄写者所改动（抄经人无权对经文作任何改动）。只是由于残片所存文字较少，有许多问题我们还无法作出确切的结论。

在这部分文献中，应该包括被日本学者称之为《佛教纲要书》（佛经概要）的写本，如《大乘义章》等；这些文献是对佛经经文要义的简明解释，也属于疏释类文献。

四、史传及相关部分

这部分主要是指有关佛教历史、佛教人物传记等各类文献，如《佛法东流传》《圣僧传》，以及"亡僧尼文"、祭僧文等。在敦煌文献中，这部分的数量不是很大。但其中有一些关于僧人佛教活动的记录，如《慧超往五天竺国传》等，是十分珍贵的佛教发展史文献。

此类文献还包括一部分有关佛教圣迹的志书、记行、赞颂等文献，如《诸山圣迹志》《五台山圣境赞》等。

五、经录部分

敦煌文献中保存的佛经目录类文书,从内容上也大致分两类:一是传世本目录的抄本,如众经别录、大周录、开元录等;一种是仅存敦煌的经目,当然这些自己编纂的目录,有一些也是根据正规目录简编而成,一部分是自撰的目录,但不论属哪种情况,第二类目录都是传世经目中未曾收录者。方广锠先生《敦煌佛教经录集校》中收录了敦煌写本经录中的几乎所有写本,为研究者提供了翔实的资料。

经录类写本反映了佛教经文在社会上的流传情况,即一个时期内一定地域范围内的佛教信仰流行趋势。有一些经录的题记直接反映了收集编纂佛经目录的社会目的,如敦煌研究院藏 349 号、北新 329 号五代后唐长兴五年(934 年)《见一切入藏经目录》题记云:"长兴五年岁次甲午六月十五日,弟子三界寺比丘道真,乃见当寺藏内经论部帙不全,遂乃启颗虔诚,誓发弘愿,谨于诸家函藏寻访古坏经文,收入寺中,修补头尾,流传于世,光饰玄门,万代千秋,永充供养。愿使龙天八部,护卫神沙;梵释四王,永安莲塞;城隍泰乐,社稷延昌;府主大王,常臻宝位;先亡姻眷,超腾会于龙华;见在宗枝,宠长禄于亲族。应有所得经论,见为目录,具数于后。"反映出明显的社会适用性。

六、佛经故事部分

选取佛经经文段落和一些高僧传记所改编的各类故事,如感应故事、因缘故事、灵验故事等。其中数量最多者为因缘故事和因缘记。如《悉达太子修道因缘》《金刚丑妇因缘》《难陀出家缘起》《欢喜国王缘》《四兽因缘》《祇园因由记》《佛图澄和尚因缘记》《刘萨诃和尚因缘记》《慧远和尚因缘记》《白草院史和尚因缘记》等;主题强调佛教的因果报应关系,内容短小精悍,情节传奇制胜,形式上灵活多样,一经讲颂,广为流布,有较强的生命力和较好的宣传效果。

七、讲颂文献部分

各类讲经文、变文、押座文、解座文、诗、词、赋、话本、佛曲、赞、偈颂等文献——即所谓"敦煌佛教文学文献""敦煌文学文献"。

讲经文：有《阿弥陀讲经文》《法华经讲经文》《金刚经讲经文》《弥勒经讲经文》《父母恩重讲经文》等，是对佛经经文的通俗性讲解，通常将经文演绎成故事，形式上说唱结合，生动活泼，趣味横生，引人入胜，为广大僧俗信众所喜闻乐见。

变文是敦煌文献中最著名的文学体裁，其形式与讲经文类似。佛教内容的有《佛本行集经变文》《降魔变文》《地狱变文》《目连变文》等。至于敦煌变文中的历史人物故事类的变文，如《张议潮变文》《张淮深变文》，甚至包括《捉季布变文》《秋胡变文》等，实际上已经完全失去了佛教的意义，不属于佛教文献之列。

押座文：有《八相押座文》《八关斋戒押座文》《三身押座文》《左街僧录大师押座文》等；押座之义为弹压四座，押座文为讲经的开场白，形式是唱词，用表演和娱乐的方法招徕听众，吸引其注意力。讲经终场的结束致语则为"解座文"，形式为本言词，内容为索取布施或调侃。

佛教内容的其他文学文献如诗、词、赋、话本、佛曲、赞、偈颂等，亦是供讲经诵经用，只是作为文学作品的体裁和形式各有所异，兹不赘。

八、榜书部分

榜书、榜文也属敦煌佛教文献的组成部分，它们大量出现在石窟壁画、绢画等绘画作品上，其内容多为佛经经文的移录或摘要；由于受到画面整体布局及榜书文框面积的限制，许多情况下，为了在十分有限的榜书框中将面画的内容表述完整，就不得不对佛经经文作一些适当的省略和浓缩，这就出现榜书原文与佛经经文原文不太相符的现象，一般都是榜文字数少于经文。在敦煌石窟里，从北魏到宋初，从千佛壁画的《佛名经》榜书，到后来大幅经变画中的经品说明，榜书内容十分丰富，而且很多榜书墨迹均可辨识。目前只有少量经变画的榜书得到记录和整理，但这部分工作量非常大，任务还相当繁重。

同时，在敦煌文献中，保存有一批壁画榜文的抄本，它们有榜文的底稿，也有榜文的记录稿，具体情况则与上所述相同。但有一些榜书底稿似乎是专门为绘画而编写或改写的，如S.2113V《华严九会》稿等。学者们已经注意到这些文献并作了初步整理和研究。

以上各部分敦煌的佛教经籍类文献，流传于敦煌地区的各个时期，反映了这些不同时代敦煌地区的信仰内容和形式，具有一定的地域特征。而且，由敦煌僧人自己编纂的佛经目录，在这方面尤为突出。

下篇：敦煌佛教活动文献

一、入门类

敦煌保存有各类佛教常识读物、佛教普及读物、佛教启蒙知识读物等，主要有《法门名义集》《世间宗见》《八婆罗夷》《三乘五性》《五乘三性》《三宝四谛》《三科》等。日本学者中有人将这类文书的一部分称之为"佛教纲要书"，但实际上，这类文书与叙述佛教经文要义的佛教概要书，如《大乘义章》等完全是性质不同的两类文献；同时，概要书之类的文书是出自著名的高僧大德之手、从外地流传至敦煌的经籍类文献，而入门读物类则是根据敦煌当地佛教宣传普及的需要应运而生的民间实用性文献。但这类文献的研究成果极少，作为专门的佛教入门读物的研究，仅日本人芳村修基氏早年发表过一篇《佛教初学入门书残卷考书》，而且仅限于很小的范围。

二、修行类

指僧团内部活动的各类文献，如请佛、叹佛、开经、礼拜、忏悔、劝请、回向、发愿等。根据汪娟教授的研究，这类文献大体可分为礼佛与礼忏两大类。实际上,礼佛也好,礼忏发愿也好,目的主要还是为了求得社会的安定繁荣,这就是修行类佛教文献的社会意义。我们从礼佛文和发愿文的描述中随处可见,兹不赘言。

敦煌僧团组织和管理下的礼佛、礼忏活动,实际上是由统治者集团掌握的,例如在敦煌的西汉金山国时期,敦煌地方统治集团还专门发布文告,对所有佛教活动(包括活动内容的行文格式)进行了格式化、规范化管理,P.3405号文书的全部内容就是这一历史现象的反映。僧团的很多活动,都由都僧统根据地方军政统治集团的旨意颁布实施,如P.6005V《贴诸寺纲管》,就是令僧人坐夏安居、住寺修行通告。

总的来讲,敦煌佛教僧团的修行活动,因为受到社会制度的制约,特别是敦煌地方社会制度的制约,而丝毫没有脱离与社会的联系。

三、仪轨类

敦煌自公元2世纪以来,就有来自西域和生长于本土的僧人从事佛教活动,有了僧团组织。敦煌文献中也为我们保存了5世纪以来,特别是8至10世纪时有关佛教组织制度和佛教仪轨类文献。这些文献包括僧团管理、僧官任免、僧尼剃度和受戒等。这些文献反映了历史上中国佛教僧团组织发展的历史轨迹,也展示出佛教组织的敦煌地方特色,历来受到学界和教界的重视,研究成果甚丰。当然,许多问题还有待于进一步的探讨。

一部分关于僧团组织机构的记录,比如寺院的中下层寺职,专门的任免文件并不多见,而是散见于寺院的管理与各类活动的文献中,记录担当某一职务的僧人的职责履行、收支账目等。我们从这里可以窥见敦煌寺院最基层的组织机构和职责。

四、行事类

在古代敦煌,一年之中,从正月十五有上元燃灯,二月八日佛陀出家行城行像,四月八日佛圣诞、七月十五盂兰盆,到腊月八日佛成道,以及其他诸佛菩萨出家成道节日庆典等,固定的佛事活动连续不断,留下了丰富多彩的记载,有燃灯文、二月八日文、行像文、行城文、布萨文、竖伞幢文、斋琬文等,它全面反映了这些佛教活动的内容、形式与动机、目的;这类活动一般都由僧团组织,广大僧俗信众参与;但也有由官府组织和主持的,特别是由敦煌地方的最高统治机构组织、最高军政首领亲自主持进行的,如一部分正月十五上元节燃灯。因此所有这些活动,实际上都是打着佛教旗号的社会活动。

五、功德类

敦煌文献中保存有比较丰富的各类佛教功德活动的文献,如布施、庆经、印沙、造像、营窟、设斋、结坛、建寺、造塔等,这些活动都是作为佛教的功德出现。这类文献有相当的数量,同时也具有极高的史料价值。石窟营造也属于佛教的功德。功德活动实际上也是社会活动。笔者曾对石窟营造类文献作过专门的整理和研究。其他的功德类文献还有待于按活动类别进行整理和研究。

六、济世(经忏)类

敦煌文献中记录的这类佛教活动,涉及广大民众的生老病死、衣食住行等诸多现实问题,是直接造福于民众与社会的利群、济世活动;同时,也反映了佛教支配下的敦煌民众的社会生活风俗与民族风情。主要有如下一些:

放良文:有官府、贵族及寺院三种类型,这里主要是后者,即僧团分期分批的将世袭服务于寺院的奴隶身份给以解脱,使之成为平民而书写之文书。这类文书带有契约性质,但同时又作为佛教的一种功德,与官府及贵族的放良有所不同。

难月文:难月即产妇分娩之月,在此期间,产妇家人要到寺院请僧人设道场并行念诵之文称《难月文》,其内容为祈愿诸佛神灵保佑母子平安、婴儿健康等;并叙述产妇家人为此"割舍珍财"向寺院舍施事。

贺文:僧团或僧人所写祝贺吉祥喜庆时事之文书,涉及人们社会生活的诸多方面,内容广泛,形式各异。

庆宅文:又称庆新宅文、入宅文等,为庆祝新宅落成或乔迁入住时,宅主于新宅内设道场请僧念诵之贺文,内容为宅主及其家族答谢诸神、祈愿平安富贵之意,当然也少不了讲述宅主"割舍珍财"之类的颂语,和赏赐工匠衣食(实为工钱)等事。由于僧团或僧人的参与,使这一活动带上佛教的印迹,庆宅文也就成为佛教性质的文献。入住以后,还要经常举行于住宅内安放神符以镇妖避邪之仪式,并念诵安宅文与镇宅文,不过这些仪式和文书与佛教的关系不是很大。

患文:是为祈祷疾病患者早日痊愈、恢复健康的念诵文。

亡文:请僧人撰写并诵读的为亡故亲人(亡父、母、兄、弟、姐、妹、妻、子及僧尼等)的荐福文。

临圹文:僧人在埋葬亡人时念诵之追福文。这类文书反映了佛教追求来世的主旨,也包含着祈愿亡灵们对现在世亲属的护佑。

黄征、吴伟先生《敦煌愿文集》收录了大量行事、济世和功德类文献,为这类文献的整理研究做了一些基础性的工作。

七、传播类

印刷术出现以后,很快就运用到了佛经和佛画的制作方面。敦煌就保存了相当数量的印制的佛经和佛画,形成独具特色的佛教文献。现存世界上最早的印刷品就是大乘佛典《金刚经》,制于公元 868 年。而有一些小木揲佛像的雕印时间更早一些。印刷佛经和佛画为佛教文化的传播发挥了重要作用;而敦煌的佛教印刷品,利用了当时最先进的技术和最快捷的传播速度,最大限度地满足了广大民众各方面的需求,在人类传播史上具有重要的价值意义。

特别需要指出的是,敦煌莫高窟藏经洞出土的近 30 种木雕板印画,大部分为公元 10 世纪时,出自敦煌当地的作品。敦煌版画中数量最多的内容是木捺小千佛像;最有特色的是观世音菩萨像:除圣观自在菩萨外,还有曹元忠雕刻的观音菩萨像、某氏雕刻的单体观音菩萨像,以及木捺小观音菩萨像(千体观音)等。版画的题材内容还有文殊师利菩萨、普贤菩萨、地藏菩萨(特别是千体地藏)、毗沙门天王、陀罗尼等。所有这些内容,都是敦煌地区(主要是敦煌石窟)唐代以来广泛流行的内容和题材。版画中还有一类是需要随身"带持"的陀罗尼,其咒语均用梵文雕刻,而发愿文中用汉文雕刻。这些迹象表明,敦煌的佛教信仰已经完全民众化和社会化了。人们根据社会和自己个人精神生活方面的需求,选取佛教诸佛菩萨中最为广泛地受到人们敬仰的几尊,雕板印刷并广为流布。敦煌版画作为佛教的宣传品,在一定程度上,从内容和形式上,都适应了当时敦煌人及其敦煌社会的需要。同时,版画本身还作为敦煌当地的统治者利用佛教信仰来安邦治国的新举措,如曹元忠造观音菩萨像题记云:

> 弟子归义军节度、瓜沙等州观察处置、管内营田押蕃落等使、特进检校太傅、谯郡开国侯曹元忠雕此印板。奉为城隍安泰、阖郡康宁、东西之道路开通、南北之凶渠顺化、励(疠)疾消散、刁斗藏音、随喜见闻,俱沾福佑。于时大晋开运四年丁未岁七月十五日记。

又同氏造大圣毗沙门天王像题记云:

> 弟子归义军节度使　特进检校太傅　谯郡曹元忠　请匠人雕此印板　惟愿国安人泰　社稷恒昌　道路和平　普天安乐　于时大晋开运四年丁未岁七月十五日纪(记)

这些题记明确反映了作为敦煌地区最高统治者的曹元忠的政治目的。

八、题记类

题记类佛教文献,指敦煌文献中的历代写经题记、绢画题记、造窟题记等,多为敦煌当地人当时从事各类佛教活动的记录。

写经题记一般都是附于经文之后。写经主要分宫廷写经和民间写经两大类,其中民间写经又分为敦煌本地写经和外地写经两类;写经题记因此也依此分类。宫廷写经题记一般只述写经、校经人姓名、法号、职务等,内容不是很多;而民间写经题记则多叙述其写经的目的和动机,牵扯到十分广泛的社会问题。我们这里所讲的写经题记,主要是民间写经题记;民间写经题记中侧重于敦煌本地的写经题记。

目前所见写经以外的题记,主要是敦煌石窟造窟题记与敦煌绘画题记,其中又包括供养人题记与发愿文、功德记题榜。造窟、绘画作为一种"功德",我们在前面功德类文献中已有涉及。但由于这部分文献直接记录了敦煌佛教活动的社会历史,故专门作为敦煌佛教文献的一类,特别是敦煌佛教社会史的重要文献。

石窟供养人及造窟题记,敦煌研究院编《敦煌莫高窟供养人题记》等书已刊布了大量资料。这些资料反映了敦煌各个时代各个阶层的人们从事石窟营造的目的、动机、心态以及营造过程,记录了作为石窟营造者的各类人物的身份、地位、职业等。本书前文关于石窟营造的论述中已经涉及。

敦煌莫高窟藏经洞出土的佛教绘画,可分为绢画、麻布画、纸画、雕板印画几类;这些绘画(或印画)作品上也书有大量供养人及绘画发愿文题榜,限于条件,这部分资料一直未能系统地搜集和整理。但我们从已经刊布的绘画图录等处可知其大概。它的内容、性质以及价值,可与石窟上的题记资料同日而语。

另外,同一些石窟营造者将佛窟造成自己个人纪念堂及家族祠堂一样,有些作品实际上是借佛教绘画来为自己绘制"邈真",绘画发愿文被书写成功德主的"邈真赞",即绘画者个人一生事迹及品行的颂记文书,完全成为社会历史文献,这就成为我们下文讨论的内容。

九、人物类

敦煌文献中的人物传记资料,大体有名族名人传、邈真赞、墓志铭、祭文等几类。因为敦煌一直是个佛教的"善国神乡",所以敦煌文献中所载人物除专门的佛教人物外,其他非佛教人物也大多与佛教有关,如名士、名人传中的佛教人物。在邈真赞中,佛教人物以外的世俗人物不仅都与佛教有关,而且邈真赞这种体裁本身即来源于佛教。

祭文(亡僧尼文)中有一部分也是敦煌本地的佛教人物传记资料。

敦煌文献中的佛教人物传记资料,一般都是赞颂的语言多,实际内容少;我们在研究中需要通过这些颂词来考察他的事迹,更要有敦煌文献和其他相关文献的史料作印证。

十、寺院文书

敦煌古代寺院管理制度及经济类文献,是很重要的经济史、社会制度史文献,在别的学科已有研究,成果累累。但这类文献,首先也是佛教文献,因为它本身就是敦煌佛教发展历史的记录,特别是佛教最基层的活动最具体的记录。郝春文先生《唐后期五代宋初敦煌僧尼的社会生活》,即是从新有视角对寺院经济文书的研究,为我们把这类文献作为佛教文献而进一步研究开了先河。

在这里我要强调的是,上述十类敦煌佛教文献所展示的性质和特点,主要有:一是地域性,即产生于敦煌本地的佛教文献,和虽然产生于外地但只有在敦煌保存下来的佛教文献;二是普及性,面向广大佛教信众;三是实践性,它的内容主要是佛教实践活动的记录和记述;四是多元性,它是以佛教名义出现,但包含了多种思想、文化成分,特别是中国传统思想文化的内容,以及多民族的文化融合;五是社会性,它基本上完全是服务于社会的佛教活动文献,体现了中国大乘佛教的特点。

后论:敦煌佛教文献的进一步研究之我见

一、更科学的分类研究

百余年来,敦煌佛教文献的研究取得了丰硕成果,也为我们进一步的研究奠定了良好的基础。但是,以往对敦煌佛教文献的分类研究,经籍类文献主要是按原始佛教部派和中国佛教的宗派来进行;而有关佛教实践活动的文献,分类研究的成果不多,甚至有一些没有纳入佛教文献的范畴之内进行研究。这就提示我们:敦煌佛教文献的研究还有许多工作要做。

敦煌佛教文献的分类问题,是对文献的性质进行再认识。就经籍类文献来讲,敦煌写经基本上不反映佛教宗派问题。因为敦煌远离中原,敦煌佛教史上没有形成专门的佛教学派。敦煌地区所藏佛经,一部分是由中原朝廷赐给的,一部分是敦煌当地经生们写的;这些经文大部分翻译和抄写于中原佛教宗派形成之前,在它们里面并没有多少宗派的烙印。至于佛教活动类文献,以往的研究多是从文学体裁方面做过一些,内容方面也才是近年有少量的成果问世。因此,全面系统地整理和研究刻不容缓。

佛教文献的研究中还有一个十分重要的问题,就是学界与教界的合作。以往的研究很少注意这方面,因此有些成果纰漏较多,甚至往往出现一些在双方看来都是常识性的错误。许多单位已经在这方面作出有益的尝试,学界教界珠联璧合,取长补短,互相促进。

二、综合研究

佛教文献也好,其他历史文献也好,每一份文献所体现的并不是单一的某件事情,而是包涵丰富的人文内容,涉及宗教学、社会学、民俗学、历史学、经济学,以及自然科学的天文、地理、环境、农业、牧业、手工业等各个学科领域,展示着社会生活的方方面面,体现出多元化

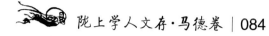

的特点。因此,研究每一份敦煌的佛教文献,不能单纯地就事论事,而是全面、深入地从各个方面进行考察和探讨,真正把文献研究深、研究透,搞清楚它的本来面目。这就需要我们有各方面的基础知识,运用学科交叉的方法手段,综合研究。这也是当今人文科学的潮流。

三、把敦煌佛教文献置于敦煌及中国古代社会历史的大背景中深入研究

敦煌佛教文献是敦煌乃至整个中国古代社会的产物,它们的价值意义早已经远远超出了作为佛教文献本身的范围。它展示的不仅是佛教发展的历史,也是社会发展的历史。佛教中国化与中国社会,佛教社会化与社会制度对佛教的制约,佛教对社会发展的作用与反作用等等一系列重大历史问题,都需要我们做进一步的努力。

主要参考文献:

[1]《大正新修大藏经》第85卷。

[2]《敦煌学大辞典》,上海辞书出版社,1998年。

[3]向达、王重民等:《敦煌变文集》,人民文学出版社,1957年。

[4]周绍良:《敦煌写本坛经原本》,文物出版社,1997年。

[5]黄征、吴伟:《敦煌愿文集》,岳麓书社,1995年。

[6]姜伯勤:《敦煌艺术宗教与礼乐文明》,中国社会科学出版社,1996年。

[7]郝春文:《唐后期五代宋初敦煌僧尼的社会生活》,中国社会科学出版社,1998年。

[8]方广锠:《敦煌大藏经史(8—10世纪),中国社会科学出版社,1991年。

[9]方广锠:《藏外佛教文献》1—7卷,宗教文化出版社,1995—2000年。

[10]方广锠:《敦煌佛教经录集校》(上、下),江苏古籍出版社,1997年。

[11]马德:《敦煌莫高窟史研究》,甘肃教育出版社,1996年。

[12]汪娟:《敦煌礼忏文研究》,法鼓文化事业公司(台北),1998年。

[13]湛如:《敦煌佛教制度史研究》,中华书局,2003年。

[14]平井宥庆:《敦煌本佛教纲要书之研究》,《大正大学综合佛教研究所年报》,1979年。

[15]牧田谛亮:《疑经研究》,临川书店(京都),1976年。

[16]芳村修基:《佛教初学入门书残卷考》,《西域文化研究》(一),1958年,第220—228页。

[17]牧田谛亮、福井文雅:《敦煌讲座·7·敦煌与中国佛教》,大东出版社,1984年。

(《中国佛学院学报(法源)》2004年总第22期)

敦煌版画的背景意义

一百多年前,敦煌藏经洞随文献出土了30多个种类、约200件的木雕板印画,目前分别收藏于北京中国国家图书馆、伦敦英国国家博物馆、巴黎法国吉美博物馆、圣彼得堡俄罗斯艾尔米塔什博物馆等地。一百年来,国内外对这批文物文献的研究情况,除了收藏地编辑出版的图录作过介绍外,日本人菊竹淳一发表过一篇《敦煌的佛教版画——以大英博物馆藏品为中心》①,也只是比较简单的介绍;我国出版的版画史、印刷科技史类著作和论文,只涉及极少几件雕版印刷品;而作为版画全面、系统的研究,国内国外一直未曾进行过。

2000年敦煌藏经洞开启一百周年之际,笔者曾提出关于敦煌佛教版画系统研究与雕板复制的设想。2002年,敦煌研究院将"敦煌版画研究"正式立项,笔者有幸作为本项目的负责人,并承担部分研究任务。本文拟就敦煌版画的背景、意义等谈几点自己学习的体会,以求教于学界的专家及同仁。

一、敦煌版画所见敦煌佛教信仰的新形式

敦煌现存版画,大部分为公元10世纪出自敦煌当地的作品。10世纪时,属中国历史上的五代、宋初,而敦煌则是由曹氏归义军节度

①菊竹淳一:《敦煌的佛教版画——以大英博物馆藏品为中心》,《佛教美术》1975年第4期。

使政权统治着。当时,佛教已经在敦煌地区传播了近 800 年之久,特别是民间佛教信仰活动的盛行,各类佛事活动已深入到百姓家中。新兴佛教内容的流布与社会需要——敦煌版画的内容,反映了佛教在敦煌社会流行与演变的情况,表达了敦煌地区僧俗、官吏及民众的信仰方式与信仰目的。当时,敦煌石窟也已经有六百多年的历史,石窟群崖面窟龛总计达六百多个,已趋饱和,也可能是崖壁上已无处建窟,故而促使版画作为一种新方式的功德兴起。

从佛教本身来讲,当时是所谓的末法时代,佛教主张与之相应的净土教,强调忏悔、念佛等实践生活为其信仰重点。敦煌的佛教版画就是这种历史背景下的产物。

敦煌版画中数量最多的题材是千佛像,现存 6 个种类。这些千佛像是用一块小小的木板刻制后,一个挨一个地按捺到纸上的。千佛也可称千体佛,虽然这些千佛版画上没有任何文字说明,也没有榜书,但同壁画等形式一样,表现的应该是佛的千万种化身,以适应人们各种各样的信仰需要和精神追求。

敦煌版画中最流行的几个题材的画面,都有相应的发愿文,讲述了版画所制诸佛、菩萨的信仰形式及意义。这里选录数则:

(一)四十八愿阿弥陀佛(S.P.232)

四十八愿阿弥陀佛

普劝受持供养

1. 夫欲念佛修行、求生净国者,先于净

2. 处置此尊像,随分香花,以为供养。

3. 每至尊前,冥心合掌,离诸散动,专注

4. 一缘,称名礼敬:

5. 南无极乐世界四十八愿大慈大悲

6. 阿弥陀佛,愿共诸众生一心归命,礼十拜;

7. 南无极乐世界大慈大悲诸尊菩萨,

8. 一切贤圣,一拜,

9. 然后正坐,一心专注念阿弥陀佛或万或千,

10. 观世音、大势至至诸尊菩萨各一百八（念三称五）。

11. 以此称扬念佛功德,资益法界一切

12. 含生,愿承是菩萨同得正念,往生无

13. 量寿国。更礼三拜,即出道场。

(二)圣观自在(观世音)菩萨(上博007)

圣观自在菩萨

普施受持供养

1. 圣观自在菩萨真言念诵略仪

2. 夫欲念诵,请圣加被者,先于净处置此

3. 尊像,随分供养。先应礼敬,然后念诵。

4. 一心归命,礼一切如来离染性同体大悲

5. 圣观自在菩萨摩诃萨(愿共诸众生,一心头/面礼,十礼)。

6. 次正坐冥心专注,念诵

7. 圣观自在菩萨莲花部心真言:

8. 唵引阿引路引力迦半音呼娑缚二合引贺引

9. 此心真言威德广大,灭罪除灾,延寿增

10. 福。若能诵满三十万遍,极重罪业皆得

11. 除灭,一切灾难不能侵害,聪明辩才随愿

12. 皆得。若能诵满一千万遍,一切众生见

13. 者,皆发无上大菩提心,当来定生极

14. 乐世界。广如本经所说。

（三）大圣文殊师利菩萨（S.P.237）

大圣文殊师利菩萨

普劝至心供养受持

1. 此五台山中文殊师利大圣真仪，变

2. 现多般，威灵叵测，久成正觉，不

3. 舍大悲。隐法界身，示天人相，与万

4. 菩萨住清凉山，摄化有缘，利益弘

5. 广。思惟忆念，增长吉祥，礼敬称扬，

6. 能满诸愿。普劝四众供养归依，当

7. 来同证菩提妙果。

8. 文殊师利童真菩萨五字心真言：

9. "阿上啰跛左曩。"

10. 文殊师利大威德法宝藏心陀罗尼：

11. "唵引阿味啰咩引佉左路。"

12. 对此像前随分供养，冥心一境，专

13. 注课持，回施有情，同归常乐。

（四）地藏菩萨（P.4514、5）

大圣地藏菩萨

普劝受持供养

1. 地藏略仪

2. 一心归命，礼一切如来平等性同体

3. 大悲圣地藏菩萨摩诃萨。

4. 愿共众生咸归命，回愿往生安乐国。十礼。

5. 次冥心一境，专注念诵

6. 地藏菩萨法身灭决定业障真言：

7. "唵引钵啰二合沫弹舌他上颔娑缚二合引贺引。"

8. 此真言明有大威力,能灭决定重罪业

9. 障,能除灾患,延寿护身。普劝四众志

10. 心念持,回愿同生无量寿国。

以上4种版画的发愿文,直接说明了该画的意义、作用、制作目的和信仰方式。

有关观世音菩萨的敦煌版画,除前述之外,还有曹元忠雕刻的观音菩萨像、某氏雕刻的单体观音菩萨像以及木捺小观音菩萨像(千体观音)等。某氏雕刻的单体观音菩萨像榜书云(S.P.240):

大慈大悲救苦观世音菩萨清净心每早/奉念一千□。

这则榜书反映的也是民间佛教活动的具体实践。

千体观音菩萨像为木捺小像,构图与前述千佛相同。这是敦煌版画表现变化观音的一种形式。观音菩萨化现诸身救诸苦难,一直是人们喜爱的内容。隋唐以来,受密教盛行之影响,遂有十一面、千手千眼、如意轮、不空绢索、准提等诸种观音像,又基于笃信者之感应,复现蛤蜊、马郎妇、水月、鱼篮等像。因为版画不可能像一般的大幅经变画那样表现观音感应和化身的具体故事情节,所以采用千佛的方式来展示这一内容。佛有千佛,观音也有千观音,这就是社会的需要。

版画的题材内容,除上述之外还有普贤菩萨、地藏菩萨、毗沙门天王、陀罗尼等。所有这些内容都是敦煌地区(主要是敦煌石窟)唐代以来广泛流行的内容和题材,而版画中最具特色的可能还是地藏菩萨像。

地藏,俗意为埋藏在地中之宝藏,即受释尊之付嘱,于释尊圆寂后至弥勒菩萨成道间之无佛时代,自誓度尽六道众生始愿成佛之菩萨,“安忍不动,犹如大地;静虑深密,犹如秘藏”,故称地藏,也称如来藏。我国民间信仰中,视地藏菩萨为地狱之最高主宰,称之为幽冥教主,其下管辖十殿阎王,具有无量数不可思议之殊胜功德。至心称念

地藏菩萨之名号，或礼拜供养地藏菩萨之画像、雕像等，必能离诸忧苦，不堕恶道，并能获得十种或二十八种利益。我国自隋唐之后，崇尚地藏菩萨之信仰极为兴盛。由于地藏菩萨常变现无数化身济度众生，故又称之为千体地藏；敦煌版画中除前及《大圣地藏菩萨》外，还有木捺地藏菩萨小像，同千佛一样为千体地藏。这正好反映了敦煌社会对地藏菩萨的钟爱。

从信仰方式上讲，敦煌版画还有一类是需要随身"持带"的陀罗尼，其咒语均用梵文雕刻，而发愿文用汉文雕刻：

（一）无量寿陀罗尼轮（S.P.247）

　　1.此无量寿，大誓弘广随求心，所愿必从。佛眼母殊

　　2.胜吉祥，灌顶光能灭恶趣。嗢丘□摩密白，置之

　　3.处龙鬼护持；法舍利之伽他，佩之者身同诸佛。普

　　4.劝四众，持带结缘，并愿同登真常妙果。

（二）圣观自在菩萨千转灭罪陀罗尼轮（S.P.248）

　　1.此圣观自在菩萨千转灭罪陀罗尼，有

　　2.大威力，能灭众罪，转现六根，成功德体。

　　3.若带持者，罪灭福生，当得作佛。

这是以陀罗尼咒的形式造出的无量寿佛与观音菩萨。

另外，还有3种版本的《大随求陀罗尼》，画面有所不同，但发愿文的主要内容却是相同的。这里选录有年代题记的第二版本的发愿文如下（S.P.249）：

　　施主李知顺

　　王文沼雕板

　　1.大随求陀罗尼

　　2.若有受持此神咒者，所

　　3.在得胜；若有能书写、带

4. 在头者,若在臂者,是人

5. 能成一切善事,最胜清

6. 净,常为诸天龙王之所

7. 拥护,又为诸佛、菩萨之

8. 所忆念,此神咒能与众

9. 生最胜安乐,不为夜叉

10. 罗刹诸鬼等作诸恼

11. 害,亦不为寒热等病之

12. 所侵损,厌虫咒咀不能

13. 为害,先业之罪受持消

14. 灭;持此咒者,常得安乐,

15. 无诸疾病,色相炽盛,圆

16. 满吉祥,福得增长,一切

17. 咒法,皆悉成就。

18. 有人受持供养,切

19. 宜护净。太平兴国五

20. 年六月二十五日雕

21. 板毕手记。

大随求陀罗尼为密教咒名,又称随求即得大自在陀罗尼、大随求无能胜陀罗尼、随求即得真言,略称随求陀罗尼。此陀罗尼能灭一切罪障,破除恶趣,随所求即时得福德,故名大随求陀罗尼。依不空译《普遍光明清净炽盛如意宝印心无能胜大明王大随求陀罗尼经》载,此陀罗尼是随求菩萨八印言的第一咒,全咒计 290 句,是陀罗尼中少见的长咒。其内容分为三段:首先叙述归命诸佛菩萨及三宝之理;其次叙说随求菩萨拔除一切众生罪障、烦恼、苦难、恐怖及疾病,令众生身心安乐、所求圆满、诸行成就趣向菩提;最后揭示受持此陀罗尼者,可得天龙、夜叉、乾闼婆、阿修罗迦楼罗鬼神随从守护,与一切如来之所护念。据经文所载,此咒可攘除天灾地变的苦厄,有火不能烧、毒不能侵、降伏邻敌、破无间狱、除龙鱼难等诸种功德,以及招福德、灭罪障、坚固身心、求子得子、五谷丰穰、调顺天候等利益。而这些灵验的内容,与现实生活中广大民众的利益息息相关,所以自古在印度、西域、中国等地颇受道俗喜爱。敦煌版画利用了当时最先进的技术和最快捷的传播速度,最大限度地满足了广大民众各方面的需求。

二、敦煌版画适应了当时敦煌社会的需要

从前述版画的内容看,敦煌的佛教信仰已经完全民众化和社会化了。人们根据社会和自己个人精神生活方面的需求,选取佛教诸佛菩萨中最为广泛地受到人们敬仰的几尊,雕板印刷并广为流布。敦煌版画作为佛教的宣传品,从内容和形式上,都适应了当时敦煌人及其敦煌社会的需要。

版画题记显示,敦煌版画多为曹元忠时期的产物;而这一时期正是曹氏归义军政权的盛期,社会安定,经济繁荣,文化发达,与周边各民族政权和睦相处。这就是敦煌版画出现和流行的社会历史背景。由于佛教信仰的社会化,作为佛教宣传品的敦煌版画,成为敦煌统治者用以安邦治国的新方法和手段。五代后晋开运四年(945年),新上任不久的节度使曹元忠,在同一天里请匠人雕刻了《大慈大悲救苦观世音菩萨》(S.P.241)和《大圣毗沙门天王》(S.P.245)印版:

大慈大悲救苦观世音菩萨

归义军节度使检校太傅曹元忠造

1. 子归义军节度、瓜

2. 等州观察处置、管

3. 内营田押蕃落等使、

4. 特进检校太傅、谯

5. 郡开国侯曹元忠

6. 雕此印板(版)。奉为城隍安

7. 泰、阖郡康宁、东西之道

8. 路开通、南北之凶渠顺

9. 化、励(疠)疾消散、刀斗藏

10. 音、随喜见闻,俱沾福

11. 佑。于时大晋开运四

12. 年丁未岁七月十五

13. 日纪。匠人雷延美。

  曹元忠在这里雕刻的是一身圣观音像。这身观音像与下面的发愿文分为两块印板,这身观音像常常在拓印稿的基础上添施色彩,因此现存的这身拓印观音像就有一部分是彩色的。观音信仰是敦煌自北朝以来佛教活动的主要内容之一,不仅石窟壁画中大量出现,而且也是敦煌写经中主要内容。晚唐以后,《妙法莲华经·观世音菩萨普门品》被直接单独抄写成《观音经》,突出了观音信仰。而且《观音经》被制作成图文并茂的册子本,便于信仰者随身携带并随时念诵。曹元忠所雕刻此圣观音像的广为散发,一方面满足了广大信众的需求,另一方面主要还是为达到他在愿文中所表达的目的:

  又如《大圣毗沙门天王》发愿文:

  大圣毗沙门天王

  1. 北方大圣毗沙门天王

  2. 主领天下一切杂类鬼

  3. 神,若能发意求愿,

  4. 悉得称心,虔敬之徒,

  5. 尽获福佑。弟子归义

6. 军节度使、特进检校

7. 太傅、谯郡曹元忠，

8. 请匠人雕此印板(版)，

9. 惟愿国安人泰，社

10. 稷恒昌，道路和平，

11. 普天安乐。

12. 于时大晋开运四

13. 年丁未岁七月

14. 十五日纪(记)

毗沙门天王为佛教所说的阎浮提北方的守护神，是一尊恒护如来道场而多闻佛法的良善天神；因福德之名闻四方，又名多闻天。此外，他亦被一般佛教徒视为财神或福神。印度、西域、中国与日本，此天王都颇受崇拜。相传唐玄宗天宝元年(742年)，西蕃、康居等国来寇扰唐边境。当时，唐玄宗请不空三藏祈求毗沙门天王护持。不空三藏作法之后，果然感得天王神兵在西方边境的云雾间鼓角喧鸣地出现，终使蕃兵溃走。毗沙门天王的形象，通常都作披甲胄、着冠相，右手持宝棒，左手仰擎宝塔。所以世俗称他为托塔天王。他和哪吒太子的故事，是《封神榜》等古典小说与戏曲的素材。

曹元忠的真正目的和动机，在这两份愿文里反映得十分清楚："奉为城隍安泰、阖郡康宁、东西之道路开通、南北之凶渠顺化、励(疠)疾消散、刁斗藏音、随喜见闻，俱沾福佑。""伏愿国安人泰，社稷恒昌，道和平，普天安乐。"

与曹元忠相比，归义军节度小吏杨洞芊雕刻的《大圣普贤菩萨》(S.P.246)所表达的意愿更直截了当：

大圣普贤菩萨

普劝至心供养

1. 弟子归义军节度押衙

2. 杨洞芊,敬发诚志,雕此真

3. 容,三十二相俱全,八十之仪

4. 显赫。伏愿三边无事,四塞

5. 一家,高烽常保于平安,海内

6. 咸称于无事;

7. 府主太保延龄鹤,算谐

8. 不死之神,丹桂□□□

9. 育长生之□□□缁徒

10. 兴盛,佛□□□社稷

11. 恒昌,万人乐泰。是芊心愿也

这段愿文只字未提普贤菩萨的神通和威力,而是直接道出了施主本人的目的,反映了敦煌中下层官吏和广大民众的心声。

三、敦煌版画与敦煌石窟的关系

从一定意义上讲,敦煌版画是500年佛教石窟艺术的聚焦,又是敦煌石窟艺术发展的必然结果。

(一)内容与艺术方面的关系

敦煌版画艺术与敦煌石窟艺术在敦煌佛教发展史上是一脉相承的,是佛教艺术发展的必然产物。同石窟和绢画相比,版画的形式则更趋向于民间化和大众化。敦煌石窟不仅为敦煌版画的出现和流行提供了强大的艺术后盾,也为敦煌版画的保存和流传创造了良好的环境和条件——这就是敦煌佛教文化与和整个敦煌社会的基础。

敦煌版画的题材内容,多为敦煌石窟中大众喜闻乐见的内容,例如:

千佛,是敦煌石窟最早出现、绵延始终、内容最多、面积最大的壁画题材。

西方三圣,佛说法图,为敦煌石窟自 6 世纪前期的北魏末以来的主要题材内容,早期常常画在千佛中间,

阿弥陀佛是敦煌石窟最广泛流行的题材内容之一。版画结跏趺坐、禅定印,是敦煌说法图主尊、千佛等最常见的形式。但版画中的四十八愿阿弥陀佛却是敦煌石窟壁画中没有出现过的,是用以悬挂张贴的,并雕印有咒语。

观音是石窟壁画与绢画中比较广泛的题材,分为圣观音和变化观音两类:圣观音即单体观音尊像和以观音为本尊的普门品变相;变化观音即各类十一面、千手、如意轮、不空绢索、水月等观音像。版画中的观音像为圣观音和千体观音。圣观音用以悬挂张贴和念诵咒语,故像下雕印着咒语;千体观音就是浓缩和集中了的变化观音,是敦煌佛教艺术的创举。

骑狮文殊菩萨和骑象普贤菩萨,敦煌石窟彩塑中常作为释迦牟尼佛胁侍菩萨出现,又是敦煌石窟佛龛左右两边壁画的主要内容之一,被称为文殊变和普贤变。文殊显智、慧、证,普贤显理、定、行,共诠本尊如来理智、定慧、行证之完备圆满。文殊、普贤共为一切菩萨之上首。雕版画中的骑狮文殊和骑象普贤,都是用以张贴悬挂和念诵咒语的。其中文殊像更接近于敦煌石窟壁画中的《新样文殊》,版面上雕刻有咒语的内容。

地藏菩萨,地藏与十王厅是晚唐以来敦煌石窟壁画的重要内容。版画中也有圣地藏和千体地藏两种形式,千体地藏也是敦煌雕版画的创举,是表现地藏菩萨的千种变化和千种神力。

陀罗尼是佛教的咒语,或有理解为记忆的。敦煌版画中的陀罗尼是石窟壁画中没有的题材。但版画《大随求陀罗尼》构图方面有许多与石窟壁画相同或相似之处。例如,表现显正摧魔的金刚杵,壁画中

最早作为边饰是在吐蕃统治时期；到张氏归义军时代则绘在窟顶藻井的井心。金刚杵在版画《大随求陀罗尼》中均作为边饰。

敦煌版画艺术在制作方法、手段方面的创新，就在于把印刷科学技术与佛教艺术成功地结合起来，在敦煌佛教艺术发展史上具有划时代的意义。

(二)人际关系方面的变革

石窟中一直有窟主、施主的供养像及题名，而极少出现营造洞窟的工匠供养像及题名。晚唐以来，有一部分工匠的供养像在石窟中陆续出现，但基本上都是作为窟主或以施主身份出现的，而不是作为营造该窟的工匠与窟主、施主并列出现的，特别是官窟中无任何工匠的蛛丝马迹。而同代的敦煌版画上，施主与工匠是并列出现的；包括地方最高军政长官与其官府所管辖的工匠并列于版画上，如曹元忠所雕观音菩萨像之发愿文：

　　归义军节度使检校太傅曹元忠造……匠人雷延美

敦煌文书 P.4515 中有一件雕板印《金刚经》，末尾有题记云：

　　弟子归义军节度使、特进检校太傅、兼御史大夫谯郡开国侯曹元忠普施受持。天福十五年己酉岁五月十五日记。雕板(版)押衙雷延美。

在这里，身为节度使的曹元忠与他的工匠雷延美是并列出现的。至于一般百姓施主则更为明显。如《大随求陀罗尼》(S.P.249)

　　施主李知顺

　　王文沼雕板(版)

如果说工匠与官吏的题名还有个先后或上下顺序的话，这里的施主和工匠是一左一右平行并列的，显示出施主与工匠地位在一定程度上的平等。

P.4515 中之雕板印《金刚经》末尾题记的形式可能是来自于敦煌

写经。因为在写经中，写经生的名字可与施主同时并列，这是从敦煌北魏时期就有的现象，当然这里不包括宫廷内专为帝王和天下人写经的专职经生。但这里有一个问题：版画既有写经的性质，又作为艺术品具有佛教艺术的性质和作用。所以只参照写经题记的形式来解释版画题记的形式，还不能够完全服人，它在人与人的关系方面有更深刻的社会内涵。我们知道，印刷术的发明和印刷品的普及，增加了社会不同阶级、不同阶层之间的交流机会，部分地打破了封建等级制度下社会交往和交流的界限。特别是对一贯倡导众生平等的佛教来讲，作为印刷品的敦煌版画更是因适应了这种需要而大显其能。我们从这里可以去探讨佛教在改善人与人关系方面的社会作用、印刷术在当时作为先进生产力对经济基础和上层建筑的制约、科学技术的进步对人际关系的改善、施主与工匠的新型关系所展示的社会变革等一系列有重大历史意义的社会问题。

四、敦煌版画的历史与社会意义

第一，敦煌版画作为敦煌艺术的一个独特的艺术类别（画种），与敦煌建筑、敦煌彩塑、敦煌壁画具有同等的地位。它是敦煌艺术的组成部分之一——敦煌艺术的品种之一，也是敦煌美术品中最富有特色的画种；是敦煌佛教艺术发展到一定阶段的产物，它与敦煌石窟建筑、敦煌彩塑、敦煌壁画、敦煌绢画并列为敦煌艺术的独立艺术系列，而且具有其他画种所不具备的某些科学技术方面的意义。

第二，敦煌版画是中国古代的版画珍品，在中国艺术史上具有重要的价值意义；它填补了中国版画史的部分空白，并可以为当代美术事业提供历史的借鉴。

第三，敦煌版画对研究中国印刷科学技术的起源及发展有重要的史料价值，是中国科技发展史上的珍贵文献。虽然它作为艺术品在

敦煌出现较晚,但是作为印刷品,却是中华民族对世界的重大贡献——中国古代四大发明之一——印刷术的现存最早实物,填补了中国印刷科学技术史的部分空白,并可以为当代印刷事业提供历史借鉴。

第四,敦煌版画在中国传播史上具有划时代的意义。此问题另有专论,兹不赘。

第五,敦煌版画将中国套色版画提前了七八百年,中国套色版画是日本浮世绘的直接起源,日本浮世绘对西方美术影响巨大。由此可见,敦煌版画所代表的中国古代版画在世界美术史上的地位非同寻常。

第六,敦煌版画展示了中华民族先民们的智慧及其创造精神,敦煌版画的时代风格体现出其制作者们的创造才能和奉献精神;敦煌版画作为中华民族先民们留给我们的一笔精神财富,它将激励我们为建设社会主义精神文明、为中华民族的伟大复兴发挥一定的作用。

(《敦煌研究》2005 年第 2 期)

敦煌石窟社会化佛教浅论

敦煌石窟是敦煌社会的必然产物,敦煌石窟在敦煌一直是社会化的佛教活动场所,敦煌石窟记录了敦煌及中国社会的千年历史面貌,敦煌石窟历史上对敦煌社会的稳定和发展起到过一定的作用,敦煌石窟是它的创造者们留给我们的一笔巨大的精神财富。本文即从如上几个方面探讨敦煌石窟与敦煌社会的关系和敦煌石窟佛教的社会化问题。

一

敦煌的地域范围,即是指汉代敦煌郡的范围,在这个范围内的石窟称之为敦煌石窟。敦煌自汉代开发以来,一直是中原通往西域的门户。敦煌地区有了中原汉族地区先进的生产方式和发达的封建文化,成为中世纪敦煌经济文化发展的基础。敦煌在中原和西方各国和民族的各个阶层、各种职业的人们频繁地来往和交流中,不断吸收和融合外来文化的合理部分,形成敦煌地区独特的地方文化。汉晋时期,敦煌地区涌现出一大批自己的文化人物,奠定了敦煌地区本土文化的根基。

大抵与西汉开发河西同时开始,佛教逐渐传进敦煌和中原,特别是佛教建筑和佛教造像随着佛教传入敦煌和中原。早期的佛教建筑与造像有阿育王塔、犍陀罗造像等。从公元前二世纪开始,在佛教发源地印度以及中亚的广大地区,先后出现了巴雅、纳西克、阿旃陀、贝德萨、卡尔拉、巴米扬、捷尔梅兹等佛教石窟群;以及我国新疆天山南北的石窟群。通过敦煌来往于中原和西域的各类人物中就有很多是佛教的僧人,他们当中有的人还长期住在敦煌从事佛经翻译和佛教教育事业。例如,著名的"敦煌菩萨"竺法护和他的弟子们,以及法秀、于道邃、单道开、竺昙猷、道法、法颖、超辩、法丰、法相(尼)等一大批活跃于中国大江南北的敦煌高僧。汉晋时代敦煌佛教之传播,成为本地一大文化特色。另外,从事商业贸易的西域商人中也有很多是佛教的信士。敦煌石窟就是在这样的中外历史文化背景下出现的,是集石窟建筑本身、佛教雕塑、佛教壁画为一体的佛教建筑,是从犍陀罗为起点的中亚佛教建筑和佛教艺术的东延。

从公元 4 世纪到 14 世纪,敦煌石窟艺术历经千年经久不衰,它在敦煌的历史上确实起到了稳定社会、使人们安居乐业的作用;在一定程度上适应和满足了各个历史时期、各阶层人们的各种社会需要;当然首先是满足了统治阶层的需要。同时,敦煌佛教石窟艺术作为一种民族的意识形态,它有强大的号召力和凝聚力,通过艺术的形式提倡佛教信仰,其目的是让人们关心社会、献身社会。因此可以说,敦煌石窟艺术的社会需要与作用及其历史证明,宗教信仰是人与社会的需要,而宗教艺术是历史上人们对宗教的利用。

公元 5 世纪前期,北凉王沮渠蒙逊在所占领的地区大造佛像,敦煌石窟现存的他统治时期所建一组洞窟,也被佛教史籍记为他"敬佛"的事迹之一。沮渠氏所谓的"敬佛",完全是为了自己个人和家族的需要和目的,因此留下许多贻笑千古的丑闻;但他又是一方君主,他的行为影响到整个社会。

莫高窟第 285 窟被认定为当时东阳王元荣所建大窟,其中理由之一,是该窟南壁所绘《五百强盗成佛故事》,反映了这样一个历史事件:当时河西一带曾发生农民武装暴动,并一度截断了敦煌与中原的通道,元荣在他的写经题记中多次提及此事;而《五百强盗成佛故事》在壁画中出现,正是元荣个人的意图。而莫高窟第428窟内绘制了河西全境僧人供养人1200多名,则显示了窟主瓜州刺史于义与其兄凉州刺史于实以及于氏家族在河西的势力。北周和隋初中国北方出现了倡导社会公益事业的三阶教,当时敦煌石窟壁画中绘制的《福田经变》,就是反映与社会公益事业有关的内容。

唐代初年建成的莫高窟第220窟以全新的壁画风格,向世人展示了一个新时代的开始。武周时代,敦煌石窟的营造活动出现高潮:莫高窟最大最高的弥勒大佛就是武周延载二年开始营造的。女皇帝武则天说自己是弥勒降生,敦煌石窟就创建了弥勒大像。莫高窟第148窟壁画《天请问经变》《报恩经变》等,是为激励敦煌汉唐军民抗击吐蕃入侵而绘,在战争中曾起到过振奋民族精神的作用。

公元8世纪后期,吐蕃人占领敦煌时,敦煌集中了大量的唐人,为了保存唐朝汉民族文化,利用吐蕃占领者们对佛教的信仰而大量建造佛窟。在整个吐蕃统治敦煌的70多年间,敦煌石窟的营造活动十分盛行。不仅如此,从这一时期石窟的题材、内容上,发生了历史转折性的变革,一窟之内绘制十几幅、二十几幅经变画,大有包揽天下一切佛教之势;之后的归义军时代更盛。佛窟中的内容反映人们各种各样的需要,固然有佛教自身改革与发展的历史原因,但当时的社会环境所决定的人们的精神追求,也是不可忽视的社会基因。

公元9世纪后期的张氏归义军时代,从公元865年建成莫高窟156窟开始,佛窟名为崇敬佛法的"功德窟",实际上成为表现个人历史功绩或其家族荣耀的纪念堂,之后有莫高窟第94、98、100、454、61等大窟步其后尘。第156窟内绘制了巨幅历史名作《张议潮出行图》,以此来庆祝和纪念张议潮收复河西的功绩及升迁高位的荣耀,这在当时也是一种社会需要,使营造佛窟在这里成为社会政治活动。之后几十年间,敦煌地区社会安定,经济繁荣,莫高窟营造了许多大窟,包括第96窟北大像的重修。

公元914年,世居敦煌的豪强大族曹氏从张氏手中接管了瓜沙归义军政权,营造佛窟更成为曹氏维护统治、巩固政权的重要措施之一。首任节度使曹议金营造了莫高窟最大的在面洞窟之一的第98窟,窟内绘僚属及高僧供养人像计200多身,而这些人都是张氏时期的前朝元老,曹议金利用自己营造的佛窟成功地将他们笼络在一起,完成了从张氏家族到曹氏集团政权交接的平稳过渡;到曹议金的回鹘夫人陇西李氏营造的莫高窟第100窟,分别长达10余米的《曹议金出行图》和《李氏出行图》,向世人展示了曹氏势力的强大和敦煌地区稳定繁荣景象,而第98窟的那些老臣及高僧的供养像,在第100窟以后的曹氏大窟,如第454、61、55等窟中再未出现过;这些曹氏诸节度使的"纪念堂",实际上是向我们叙述着曹氏政权由初建时的内忧外患逐步强盛的过程。另一方面,敦煌石窟起到了曹氏归义军联系周围各民族政权的桥梁和纽带作用,使曹氏政权在夹缝中生存,而且敦煌地区社会稳定繁荣。曹氏诸大窟中的各族王公贵族的供养群像就是这一社会作用的历史见证。

敦煌石窟的"家窟"是佛教社会化最具体、最深刻的历史见证。唐代初年开始,敦煌石窟出现了"家窟"之名,即贞观十六年(642年)由敦煌大族翟通建成的莫高窟第220窟,题名"翟家窟"。此后,敦煌石窟的佛窟,不论是重修先代所建还是当代新建,也无论是官宦窟、高僧窟还是贵族窟,多被冠以"家窟"名号。比较有名的家窟,有张家窟、李家窟、王家窟、翟家窟、宋家窟、陈家窟、阴家窟等。每一座"家窟"都有一段属于自己的历史。由于这些家窟中绘有原建窟主及建窟以来的历代先祖们的供养像及题名,使佛窟具有祠堂的性质和功能,而且还是由佛祖和弟子、菩萨们"看守"的家族祠堂,历代先祖的供养人像及题榜即祖宗碑位,佛窟便成为家族财富的一部分。家族是中国古代社会的基本构成单位,一个官宦或贵族家庭就是一个社会的缩写,敦煌也不例外;而敦煌石窟的创建和发展历史,更是受到这种社会制度的制约;作为家窟的佛教石窟也是这个社会的一部分;反过来,这种社会结构又是敦煌石窟形成和发展并延续千年的社会历史原因。这里试举几例:

敦煌阴氏从西魏时期就参与建造莫高窟第 285 窟,和当时敦煌的最高统治者东阳王元荣攀上了"佛缘",此后造窟不止。从今天莫高窟崖面上现存的洞窟来看,敦煌阴氏是所有敦煌历史上大族中在莫高窟留下的大窟最多、洞窟规模也最大的家族。阴家诸窟跨越了敦煌公元 6 至 9 世纪的历史,为我们提供了较高的社会和人文研究价值。但同时,阴稠的子孙们在唐代各个历史阶段的表演令人瞠目结舌。武周时期建造弥勒大像,莫高窟第 321 窟和宝雨经变、"发现"敦煌的祥瑞等,都是为武则天当女皇大唱赞歌,而吐蕃占领敦煌时期,又在记载营造莫高窟 231 窟的《阴处士碑》中,并挖空心思地寻找溢美之词,为自己背叛祖宗的行为作开脱和辩解。象征佛国天堂的佛窟成为阴氏家族为满足自己各种需要的工具。

敦煌地区的另一个大家族——敦煌李氏,也大肆进行佛窟营造,我们也就是通过他们留下的造窟"功德碑"文中了解其历史的。在这些碑文的记载中,我们看到了敦煌李氏一族,在唐代,是如何一步一步地篡改族谱、背离祖宗、投靠皇族:敦煌李氏本为汉李陵之后,属代北李,是中原的旧门大姓。北周时期有李穆一支,其子李操于隋初因谪贬而迁居敦煌,子孙繁衍,仍保持大姓雄威。《圣历碑》先拉上李广和李固,到《大历碑》时系上李暠再到《乾宁碑》与李唐皇室攀为宗亲,进一步抬高了李氏在归义军政权和敦煌地区的声望,掌握敦煌地区的军政大权。从李氏诸"功德碑"看,佛窟确实在提高和保持家族声望中起到了作用。

翟家窟是敦煌石窟历史上最早出现的家窟，即莫高窟第220窟，建于唐贞观十六年（642年）。第220窟不仅开敦煌石窟家窟之先河，而且以它全新的艺术风格，成为敦煌石窟艺术史上里程碑式的佛窟之一。当然，敦煌石窟的翟家窟中，甚至在整个敦煌石窟的家窟群中，最有代表性的还是建于唐咸通年间（862—867）的莫高窟第85窟，它突出了这样几个特点：1. 初建时家族窟主与施主的协作关系；2. 家族窟主与施主关系的演变；3. 不同时期出现在该窟甬道首席供养人位置上的官宦施主；4. 僧窟以家窟名义的历史。

家族观念也是敦煌佛教石窟的中国特色之一，敦煌的大族、敦煌石窟的"家窟"，为我们进一步表明了佛窟的社会性质。同时在一座座"家窟"的营造过程中，同属这一家族的窟主与施主间的相互协作关系也体现了当时这种社会化特征。敦煌石窟的"家窟"中，不仅装载着其家族的历史，也装载着古代敦煌乃至整个中国的社会。我们今天就可以通过敦煌石窟的"家窟"去了解敦煌的家族，进而去认识敦煌及中国古代社会，认识敦煌的社会化佛教。

二

敦煌石窟的营造活动是一项社会活动。敦煌石窟上的各项佛教活动也大都是为现实服务的社会活动。

敦煌石窟创建于公元4世纪，最初只是部分僧侣修行的场所。北凉占领敦煌的公元421—433年间，北凉王沮渠蒙逊统治时代，有计划、有组织地一次性建成了在内容和形式上都成体系的莫高窟一组洞窟；公元525—576年间，先后坐镇敦煌的北魏宗室东阳王元荣和北周宗室建平公于义各建造一大窟；从元荣、于义等倡导并身体力行开始，"尔后合州黎庶，造作相仍"，诚所谓"君臣缔构而兴隆，道俗镌妆而信仰"。一千年间,上至王公贵族,下至平民百姓,都投身于敦煌石窟群的营造。所以,莫高窟的佛窟营造活动,自始至终都是一项社会活动,是中古敦煌人民社会生活的一个组成部分。公元910至914年的西汉金山国时代,实施佛教治国的方略,由小朝廷对当时包括石窟营造在内的各项佛教活动进行了一系列规范化措施,发布《营窟稿》等范文。另外,公元10世纪时,莫高窟崖面上的几乎所有的洞窟都由曹氏归义军政权组织和号召全体民众进行重修和维修,这项工程历时数十年,在一个只两万多人口的地区,所耗人、财、物力是可以想见的。从洞窟和敦煌文书中的造窟、绘画的《发愿文》看,无一不是为了各处现世的利益:为了帝王万岁,为了国泰民安;为了笼络郡僚,为了和睦周边;为了先代亡灵,为了健在亲族……巨窟、巨幅大画如此,小龛、小幅或一二身佛菩萨像不例外。人们在这里寻找安宁,寻找慰藉。

石窟的主要功能之一是向世人宣传佛教。给石窟所处时代的广大善男信女们提供了一个表达自己信仰的场所。来自敦煌各个阶层的人们,统治者、地主贵族、平民百姓;来自敦煌之外的东西方广大地区的各类人物,商旅、士卒、使臣等等,都要在这里朝山拜佛,根据自己的需要进行祈求。另一方面,还有一个在这里接受佛教教育的问题,他们通过石窟了解佛教的内容和教义。而敦煌石窟作为佛教活动场所,又有极其特殊的一面,这就是打着佛教大旗的社会活动,与社会现实密切相关。

敦煌文献中,有一批公元9、10世纪时敦煌官府和寺院的"入破历"类文书,所记为官府及寺院各项活动中有关食品、纺织品、纸品等的收入和支出情况。在石窟上的活动,也是这些文书所记支出项目之一。文书将敦煌石窟群诸石窟记作"三窟":"窟上""东窟"和"西窟",即今天敦煌莫高窟(窟上)、安西榆林窟(东窟)和敦煌西千佛洞(西窟)。

　　文书所记石窟上活动各项目所支出的,主要是食品和饮品:食品有面、粟及由其所加工之熟食品以及油、麻等副食品;饮品则主要是酒。同时也有少量的纺织品和纸、麻等。这些物品(文书中称诸色)在石窟的用途主要分三大类:一是用于石窟营造、修缮、管理以及相关的劳作饮食和少量非饮食用品,二是用于在石窟上进行各种佛教行事的食品与用品,三是用于石窟上迎来送往之宴席。

　　文书所记敦煌石窟的日常管理和维修活动,主要有修缮、下棚(缚棚阁)、画窟、易沙(移沙,即清除窟前积沙)、安装窟檐、上梁、脱墼(模制建筑材料)及垒墙、上仰泥(窟顶上泥)、调灰泥(壁画地仗材料)、上赤白、安窟门,以及后勤交通运输等,同时还有伐木和植树等。这些属于农业和手工业的生产劳动,都是最基本的社会活动。其中西窟的修堰上水一事颇有意义:敦煌西千佛洞崖前,有被党河水冲刷而成的比较宽阔的台地,可供耕种和植树。加上与其相邻的南湖店(公元5世纪的北朝时期已在此修建石窟),两处共有100多亩可耕地,可引党河水浇灌,因此修堰和上水便是经常性的工作。那一带一直不住居民,这些农作任务只能由僧团承担,僧团将每一次上水的任务分配和落实到具体僧人。又因西窟离州城也有一段距离,去那里修堰和上水的僧人们,回来时也要受到设宴欢迎。另外,从后两则记载看,西窟还有敦煌僧团的粮食仓库等设施。西窟的修堰、上水,是敦煌僧团"农禅并重"的证明。同时还有关于支西窟交通运输情况的记载。所用粟、查当是驴驼等牲畜的雇价。另外,西窟也有僧团自己饲养的牲畜。与莫高窟一样,需要使用的牲畜,僧团自己饲养的一部分不能满足,必须另外雇一部分才可解决问题。

　　石窟上的佛事活动,除了营造活动、日常的维修与管理及其相关活动外,还有一些固定的佛事活动,或曰佛教行事。其中,每年正月十五日由敦煌地方的最高统治者举办的"岁首窟上燃灯"仪式,是一项颇有社会意义的活动,有专为此仪式所撰写的《燃灯文》。

作为民间佛教一大节日,正月十五日燃灯活动除了节日本身的欢乐和喜庆意义以外,还应该有它更广泛的社会意义,特别是曹氏归义军时期包括燃灯在内的所有佛教活动。《燃灯文》本身透露了它所处时代的一些社会背景:敦煌的瓜沙曹氏归义军政权从公元914年建立起,经历了从内忧外患到稳固繁荣,而又逐渐衰落的过程。描述曹氏诸节度使每年正月十五日在莫高窟主持举办燃灯活动的上列几件"燃灯文",从一个方面讲,就是这一历史过程的记录:P.3263《令公窟上燃灯文》所记录的,是曹议金时期的内忧外患;P.3461《河西节度使厶官灵窟燃灯文》所反映的,是曹元德新替父执政时期的担忧;曹氏政权初期和前期一些佛教活动的祈愿文中,都是关于希望消除内忧外患方面的词语,其中包括对僚属们的"输忠""尽节"方面的企盼。这同上述诸《燃灯文》所述是一致的。曹元忠执政的公元944到974年30年间,是曹氏归义军最辉煌的时期,社会稳定,经济繁荣,奉中原王朝为正朔并保持密切联系,与周围各民族政权和睦相处。另外,窟上燃灯文还有一个明显的特点,就是没有出现对亡过祖宗和已故亲族的悼念、追福之词语。这正是《燃灯文》更注重现世社会的表现。反映了作为佛教活动的窟上燃灯更深层的人文内涵。

除燃灯外,正月十五日在窟上还有其他活动,如堆园、竖幡、行像等,可能是配合燃灯所进行的一些相关仪式。东窟(榆林窟)在每年正月十五日,也由敦煌僧团派遣僧官,举办燃灯活动及相关的祀奉仪式,而且一般都提前准备好,并在前一天就分发给所用材料。西窟(西千佛洞)的岁首燃灯活动更有意义:岁首燃灯与春耕准备(上水)同步进行,所燃佛灯又可为修堰、上水作照明,说明僧人们的尽职尽责和劳动效率的提高。

七月十五日是佛教的盂兰盆节,在莫高窟和榆林窟都有佛事活动;其中榆林窟的供品中有产自瓜州当地的美瓜。

敦煌石窟群的诸处石窟,作为佛教圣地和胜境佳景,也被作为迎来送往的场所。被迎送者大致可分为两类:一是本地的军政官吏和敦煌僧团的僧官等,二是外地的僧俗官吏和使臣。上窟的本地官吏,主要是曹氏归义军政权的节度使,即敦煌地区的最高统治者,以及他们的夫人等。他们在莫高窟拥有自己为窟主的大窟,他们要经常主办或参加窟上的大型佛教仪式,他们也有在炎夏酷热之季来莫高窟避暑者。同时,东窟也是一处迎来送往的圣地,同莫高窟一样,经常有节度使、都僧统等高级官吏和大德在那里受到接待。外地的使臣,有来自中原王朝的大使,有附近各州地方和周围各民族政权的使臣。曹氏时期,归义军政权十分注意同周围各民族政权建立和发展友好关系,与各个民族和睦相处,并不断进行经济、文化方面的交流,所以才能在各民族政权的包围之中得到生存和发展,以至于繁荣强盛。而选择莫高窟和榆林窟作为接待各地使臣的地点,主要是因为佛教在当时是这些民族共同信仰的宗教,加上莫高窟和榆林窟宁静而优美的环境,使得这些来自各地的使臣们流连忘返。所以,敦煌石窟群的莫高窟和榆林窟,在古代西北地区各民族之间的友好交流和团结合作过程中起到了重大的历史作用。

三

敦煌石窟艺术是中国古代千年历史与社会的记录,佛窟中全面反映了它创建时代的社会面貌,记录了人们和各种社会活动,全方位地向我们展示了敦煌乃至整个中国古代的社会历史背景,表现了中华民族的精神和传统,集中地反映了佛教社会化的变革历史。

首先就石窟群本身讲,佛教艺术是佛教理论的一种表现形式,但它同时又是一笔文化财产,它的创造则需要一定的经济基础作后盾。

敦煌佛教石窟艺术是一种综合性的文化,她的规模和水平似乎并不能反映敦煌历史上人们对佛教的信仰程度,我们从前面的分析中可以看出,它更多的是比较明确地反映了包括经济发展在内的敦煌的历史与社会。反映人与社会需要的程度,反映社会经济发展的程度。社会动荡、经济萧条时,人们想的和做的更多的是如何生存、如何尽快地安定和繁荣,石窟营造和艺术创造自然不会太景气;当社会安定、经济繁荣时,人们想的和做的更多的是精神上的追求。敦煌石窟的营造规模及艺术水平反映了当时社会的经济背景。如莫高窟第一大佛建于武周时期,莫高窟第二大佛和榆林窟唯一的大佛都建造于盛唐开元时期,当时整个中国社会安定,经济繁荣,国力强盛,佛教作为一种文化也十分普及。敦煌石窟之外,著名的乐山大佛——中国和世界最大的佛像也造于唐开元时期。所以敦煌石窟大像的营造,也是顺应了这种社会潮流。公元 9 世纪末期,由于张氏归义军政权的内讧,敦煌地区的社会经济发展也受到影响,这一点明确反映到佛窟营造方面。这一时期所造石窟,不仅规模较小,水平也欠佳。到公元10世纪初年,社会情况一有好转,佛窟规模又大起来,如公元 905 年前后建成的莫高窟第 138 窟。但好景不长,过了几年,张议潮之孙张承奉在敦煌建立割据小王朝"西汉金山国"不久,在征服甘州回鹘的战争上遭惨败,战争耗尽了人、财、物力,使敦煌地区经济一蹶不振,这一时期留下的唯一的佛窟,是由百姓们联合营造的莫高窟第 147 窟,规模很小,艺术水准平平,而且在它的《造窟功德记》中直言不讳地道出当时因连年战乱造成的社会凋敝。

其次,敦煌石窟是古代敦煌人表达佛教的信仰、从事佛教活动的场所。佛教这一关于社会和人生哲学理论,一直建立在人们精神需求的基础上,并且随着历史与社会的进步不断发展和完善。敦煌石窟艺术在敦煌的历史上适应和满足了各个历史时期、各阶层人们的各种社会需要:各类净土变相,表现出人们所追求的理想世界;维摩诘的形象为中国士大夫所钟爱;描写一种七收场景的壁画,是现实的写真,也可能是人们对美好事物的向往。在一个洞窟内绘了十几幅大幅经变画,即所谓"方丈室内,化尽十方;一窟之中,宛然三界",则全面反映了人们各种各样的需求。

再次,我们可以从石窟中的人物形象及其社会生产、生活场面进一步认识和理解这一问题。石窟中的人物大致可分为两类,一是佛教人物,即菩萨、弟子、天王、力士等;二是世俗人物,上至帝王将相,下至平民百姓;当然,佛教人物的大部分也是按照现实中的世俗人物为蓝本的。至于石窟壁画中所反映的社会生产生活场景,内容十分丰富和具体。

敦煌古代属农牧业区,石窟壁画中保存有各个时期所绘农业、牧业生产及劳动工具等,如耕种、锄地、收割、打碾,犁、耧、镰、磨、碓、连枷、木锨、簸箕、臼、铡、农用车等;饲养、放牧、狩猎、兽医、钉马掌、灌驼、马厩、铡草喂马等。

敦煌古代的手工业比较发达,文献中记载的手工业有30多种,这在北朝到元代的石窟壁画中都有描绘,如建筑修造、农具和家具制作、粮食加工、纺线、织布、制衣、制鞋靴、金银玉器加工、锻造、酿造等,以及相应的各种手工业生产设备和生产工具等,如炉、纺车、织机等。莫高窟蒙古时期第465窟集中绘制了大量富有时代气息的百工乐艺等社会生活画面,它所反映的不仅是古代藏族的手工业生产活动、经济发展及精神生活,而且几乎所有的画面都与敦煌藏经洞文献中所记载的工匠活动相吻合;榆林窟第3窟的千手千眼观音变中也比较集中地绘制了各类手工业劳动工具。

石窟壁画中保存有丰富的反映古代社会生活的衣食住行、生老病死、婚嫁丧葬、娱乐等画面,如服饰、洗、炊事、汲水、宴饮、屠宰、挤奶、宫城、村落、民居、草屋、庭院、园囿、坟茔、洒扫、家具陈设、乘骑、马车、牛车、羊车、鹿车、皮筏、独木舟和各类船只、育儿、学堂、诊病、迎亲、婚礼、出殡送葬、枷锁、监牢、博弈、游戏……这些生活场面也反映了古代的民俗民风。

敦煌地处象征古代中西交通的"丝绸之路"要冲。敦煌石窟壁画为我们保存了从西汉时代张骞出使西域,开拓丝绸之路开始,到北朝至隋唐时期,即公元 6 至 10 世纪 500 年间,各个时代丝绸之路上的道路、桥梁、运输、来往商旅、交通管理、商品贸易等内容。从中可知,古代通过敦煌的丝绸之路的道路大体有两种类型:一是比较平坦的道路,在这一类道路上,沿途有管理机构,有可供来往商旅人畜饮食、住宿的驿站,客舍和其他相应的服务设施;第二类道路是比较崎岖和险峻的山路,在这类道路上来往的商旅,不仅经常遭受风雨的袭击,经常滑落山崖沟涧,将一切葬送在途中,而且还经常遭遇到强盗的抢劫,将自己历尽千辛万苦得到的钱财拱手奉送给半路的匪霸们,有时甚至也要搭上性命。如莫高窟第 420 窟的"商人遇盗"图,商队在翻山越岭之后遭遇到浑身甲胄、全副武装的"强盗"队伍,一番厮杀后,商人们全部被俘,被迫将钱财交于"强盗"。壁画和绢画中,还为我们保存有长城、关隘、烽火台画面,以及军旅、练兵、作战、边塞战争、邮政驿站等场景,生动地反映了历代王朝为建设、管理和保卫这条象征中国人民和世界各国人民之间友好交往历史的交通大道所作的努力;如有人对"商人遇盗"图的另一种理解是:由于画面上的"强盗"实际上是官兵形象,故可将这些画面理解为商队在通过边关口岸时在接受检查,属于丝路管理的内容;而这些担负戍边任务的官兵们不是在州城军镇,而是平常驻扎在荒无人烟的深山峻岭的驿站上。再如莫高窟第 321 窟的长城、关隘及戍边军兵图,描绘了驻守在长城沿线的军兵。公元 9、10 世纪的莫高窟第 156、100 窟的历史人物出行图中,描绘有驿夫乘驿马,来往穿梭于人群之间,从事邮政传递的场面。

敦煌石窟壁画北朝洞窟所绘商业贸易类图像中显示,来往于丝绸之路上的商旅,基本上全是"胡商",而从事丝路管理者都是中原王朝的军政机构和人员。这一点同汉代开发以来的敦煌历史情景是一致的,同历代史书及敦煌文献的记载也是一致的。居住在中国西面中亚地区的粟特人,两千多年来一直是这条丝绸之路上商贸队伍的主体。另外,从壁画上看,丝绸之路商贸的交通运输方式主要是驮运,运载牲畜有马、象、驼、骡、驴等。

敦煌石窟艺术反映了佛教的中国化,即中国人对外来佛教文化的吸收和改造。这一点是大家公认的,不光是从艺术作品的表象,如佛教的尊神及各类人物中国风貌,佛教建筑及人物服饰各方面的中国形式等;但更主要的,也是更能说明问题的是佛窟中通过这些形式所表现的中国人的民族气质与民族精神。这里仅从如下两方面作一分析:

第一方面,历史上,中国以孝治国,孝为立国之本。佛教是不讲孝的,但在中国的佛经中出现了孝经,即报恩经、报父母恩重经之类,系中国僧人从其他佛经中选辑而来,因此被称为伪经。而这些表现孝道思想的伪经,同其他真经一样被制作为巨幅经变并列于敦煌石窟的壁画上,而且是较早出现的经变画。

《报恩经变》最早出现在莫高窟第 31 窟,由于该窟没有保存下确切的营造记载,我们只能从它在崖面上的位置、窟型、塑画的风格特点等作出分析,它应建成于开元、天宝时期。我们目前也无法得知这幅最早在莫高窟出现的《报恩经变》的历史背景,但此上距南朝辑成《报恩经》已有 300 余年,而距显庆元年玄奘为唐高宗太子佛光王满月献《报恩经变》则相去不远;此后唐玄宗李隆基又"御注《孝经》"颁行天下。所以,敦煌石窟《报恩经变》的出现,与唐代社会的大背景是一致的。而建于唐与吐蕃争夺敦煌战争之际的莫高窟第 148 窟绘制《报恩经变》,旨在激励唐人抗蕃,表现中国"战场无勇非孝也"的古训。敦煌石窟现存唐代所绘《报恩经变》近 30 幅(包括几幅内容及主题相近的《报父母恩重经变》),而且在许多大窟中处于第一、二幅的位置;还有许多因各种原因没有能够保存到今天。但现有的这个数字也足以证明它在石窟中的重要地位。不仅如此,据唐代文献记载,一些人将自己所造佛窟明确冠以"报恩吉祥窟""报恩君亲窟"等窟名,则更是借佛教活动来体现中国古代孝道,借佛教建筑来展示和证明中国封建社会的礼法制度。

第二方面,敦煌石窟艺术在制作方面,从石窟的建筑形制,如帐形窟、龛,到塑像的排列、经变画的构图等,都受到中国古代礼法制度的制约。这里以唐窟为例:

首先从佛窟本身的建筑形制上看,大多数的佛窟,无论是高达三十多米的大像窟,还是一般的大众化洞窟,都是中国特有的覆斗帐形窟顶。唐代中期以来,普通佛窟又在佛龛上大作文章,将先前之平顶敞口佛龛改造为帐形龛,并明确宣称佛龛为帐;这种覆斗帐形窟顶而正壁又为帐形佛龛的"帐中帐"型佛窟,实际上就是中国古代帝王宫殿的再现。

其次,唐代石窟佛龛或佛坛上塑像的排列、布局,不论是一佛、二弟子、二菩萨、二或四供养菩萨的排列,还是一佛、二弟子、二菩萨、二天王、二金刚力士的排列,等级层次十分明晰,有如中国帝王金銮殿的君臣之礼,以君主为核心,文臣武将依次序分列两边。这种形式显然是中国封建君主制度下的产物。

再次,大幅经变壁画的构图,也是以佛祖为中心,听法的弟子、菩萨们依等第高低分列两厢,而其他的供养菩萨或芸芸众生则忙碌于四周。就笔者所见,佛教发源地印度保存下来的最早的浮雕佛教说法

图也好,敦煌唐代以前的说法图也好,都没有像敦煌唐代经变画这样细腻和排列有序。所以,敦煌唐代后期大量经变画的程序化的构图形式,同样打上了唐代社会制度的烙印。

四

历史上敦煌社会稳定的佛教因素——石窟给人们提供了一处精神追求与文化活动的场所,它满足了人们各种各样的精神追求,促进了社会的稳定和发展;敦煌石窟在自身创造与发展的过程中,又不断启迪人的智慧,激发人的力量,使人的智慧和力量都采取了超人间的形式;石窟佛教所表现的人与人之间表面形式上的平等也有一定的进步意义。

文化艺术的发达是社会发展进步的标志之一,敦煌石窟正是向我们展示了它所处各个时代文化艺术的发达。不仅如此,在敦煌石窟及其他佛教文化艺术的创造过程中,运用了当时最先进的科学技术,向我们展示了历史的进步和发展。比如印刷术,在石窟壁画的制作中,很早就使用了粉本印刷技术;发展到后来的雕版印刷,直接印制佛画。敦煌印刷术的出现和运用,不仅有美术史的意义,还有科技史、经济史(手工业)以及新闻传播史上的划时代意义。

人类最先进的技术常常最早运用于军事,其次才运用于生产和生活。但在古代敦煌,许多先进的科学技术往往最先运用于石窟营造和佛教活动,佛教活动本身的需要也促使了某些发明创造。如印刷术在敦煌的流行,敦煌保存下来的雕版印佛画就是历史的证据。

敦煌石窟留下了包括艺术品和文献在内的让子孙后代取之不尽、用之不竭的文化财富,并且还将继续为人类社会的发展和进步发挥巨大作用。几乎是每一个看到或了解敦煌石窟艺术的人,都会对创造它的这些艺术家们产生无比的崇敬和怀念。但又有多少人会知道,历史上那些创造敦煌石窟的人,都是处在社会最底层的手工业劳动者呢?

在中国封建社会里,手工业的存在与发展,代表当时社会生产力发展和进步的水平,敦煌地区也不例外。中国很早就有百工艺伎。早在先秦时代,《文子》就将人分为二十五等,劳动者阶层被划为第十六至二十等(其中工人是第十七等),为"次五等人",实际上就是最下层的劳苦大众。根据文献记载,古代敦煌的工匠有三十多个种类。从事石窟营造的工匠主要有石匠、画匠、塑匠、木匠、泥匠、纸匠、笔匠等。但在古代敦煌,工匠们不仅同属于一个手工业劳动者群体,而且从事石窟营造的工匠们也从事人们日常生活和生产劳动所需要的各种手工业劳动,如棉毛纺织、器物加工、房屋建筑、运输工具制作,以及各类生产劳动工具和武器的制造等。在敦煌石窟各个时代的壁画中,有大量反映古代工匠们劳作的画面,如房屋(塔、庙)建造、钉马掌、凿石磨、制陶、酿酒、打铁、纺线、织布、制皮、做靴等,这些都生动地表现了敦煌地方古代手工业劳动的具体情景。敦煌工匠从事的手工业劳动同时又反映科学技术的进步和文化的发展,如木匠行业又从事雕版印刷业。敦煌的振兴和辉煌千年的石窟营造业,造就了一代又一代的工种齐全、技术高超的石窟营造队伍,这是古代敦煌工匠最大的地方特色。公元9、10世纪,工匠还有自己行会的组织,虽然它并没有冲出封建制度和土地的羁绊,而是严格受封建官府和寺院控制,没有出现社会变革意义上的改观,但工匠个人的身份、地位不断有所变化,这更是敦煌社会发展进步的标志。

许多看过敦煌彩塑和壁画的人,包括一些专家都说,敦煌的艺术品不像是出自民间工匠之手,而应该都是出自大师之手。因为这些作品与他们同时代大师的作品相比毫不逊色。可以肯定的是,敦煌的壁画和彩塑基本全部出各时代的民间匠工之手!在这些默默无闻的工匠中并不乏伟大的艺术家,但他们都没有机会扬名后世。塑匠、画匠也属古代的手工业之一类,他们与其他手工行业一样,也必然受到手工业管理制度的制约,使一般塑匠、画工的水平,作品的时代风格都必须达到那个时代所要求的标准,这就形成一个时期内大师的作品与工匠的作品在艺术水平方面没有多大差距的现象。这样看来,决定一个艺人能成为大师或成为一般工匠的因素并不完全在艺术水平方面,而在于他的身份、地位、所处的环境、所遇到的机会等方面。所以,从敦煌石窟看,不论是建筑、彩塑还是壁画,都应该是出自伟大的艺术家们之手!虽然他们默默无闻,但他们是巨匠大师群体。他们用自己的勤劳、勇敢、联盟和智慧,用自己的心血和汗水,创造了敦煌石窟文化,创造了敦煌的历史。他们的精神与他们的创造一样万古长青!我们今天保护、研究和宣传敦煌石窟文化,就是想让敦煌精神,特别是敦煌工匠的创造与奉献精神不断得到继承和发扬,为社会的发展进步服务。

主要参考文献:

[1]敦煌研究院编:《敦煌莫高窟供养人题记》,文物出版社,1986年。

[2]贺世哲:《从供养人题记看莫高窟部分洞窟的营建年代》,《敦煌莫高窟供养人题记》。

[3]史苇湘:《敦煌历史与莫高窟艺术研究》,甘肃教育出版社,2002年。

[4]马德:《敦煌莫高窟史研究》,甘肃教育出版社,1996年。

[5]马德:《敦煌石窟营造史导论》,台湾新文丰出版公司,2003年。

[6]马德:《敦煌遗书岁首窟上燃灯文辑识》,《敦煌研究》1997年第3期。

[7]马德:《敦煌寺历所记三窟活动》,《敦煌研究》1998年第2期。

[8]马德:《9、10世纪敦煌僧团的社会活动及其意义》,《法源》1999年总第17辑。

(《中国佛学院学报(法源)》2005年总第23期)

旷世稀珍

敦煌刺绣《凉州瑞像图》的年代及相关问题

英籍匈牙利人斯坦因 1907 年从敦煌掠走的敦煌藏经洞文物中,有一件高 241 厘米、宽 160 厘米的巨幅刺绣,编号 MAS,0.1129(斯坦因编号 Ch.00260),这是目前所见中国古代刺绣中最大的一幅。1921年,斯坦因在其所著《塞林底亚》一书中刊布此刺绣的图片并作简单说明。[①]1983 年,史苇湘先生发表《敦煌石窟中的瑞像图》时就谈到这幅刺绣的名称;[②]1984 年,英国国家图书馆与日本平凡社合作出版了由英、日两国专家合著的《西域美术·大英博物馆斯坦搜集品》,在第三卷刊出了这刺绣的彩图全图及细部特写,定名为《灵鹫山佛说法图》,又以相当的篇幅对该刺绣品的内容、风格、技法、制作的大致时代作了详细介绍,并与相关的敦煌石窟壁画、日本奈良国立博物馆相关的藏品进行了对照研究,指出其制作时间大致在公元 8 世纪。[③]

遗憾的是,这幅刺绣作品的底部为男女供养人像及题名榜、发愿文榜。发愿文榜框居中,左边为男供养人五身,其中僧装一身、官吏俗装四身(包括侍从一身),供养人题记榜牌四条;右边为女供养人像六

---

① Aurel Stein:Serindia.Detailed RepoRt of Exploratipns in Central Asia and Westernmost China.5 vols.Oxford,1921.

② 史苇湘:《刘萨诃与敦煌莫高窟》,《文物》1983 年第 6 期。

③《西域美术·大英博物馆斯坦搜集品》第三卷,(日)讲谈社,1984 年,图版 1 及第 277—280 页图版说明。

身,其中俗装五身(含侍女一身)、小比丘尼装一身,供养人题记牌榜四条。发愿文榜框及女供养人题名榜牌均无任何字迹。但男供养僧人及身后着官服的一位供养人题名牌里都绣有字。而几乎所有对此刺绣的研究和介绍,都只字不提供养人题记的内容——这正是考证这幅刺绣年代的最重要的内容。

1997年9至12月间,笔者受伦敦大学东方与非洲研究学院韦陀教授的邀请赴英访学,有幸在英国国家博物馆考察了斯坦因掠走的全部敦煌美术品资料。其间在台湾同仁严智宏博士的帮助下,先后三次对这幅刺绣上的题记进行了仔细的识读。供养人题名榜上所绣文字确实很难辨认,这可能就是以往的研究者们没能对此作出说明的原因吧。尽管如此,我们一起初步辨认出那位僧装供养人及官吏装男供养人题榜上的部分文字:

崇教寺维那义明供养

……王□□一心供养

首先要说的是,这幅刺绣的内容不是《灵鹫山佛说法图》,应该是《凉州瑞像》。

据众多时期的中国佛教史籍记载,《凉州瑞像》是北魏时代的著名高僧刘萨诃发现于凉州地区的倚山石佛像,又依其地名为《凉州御容山瑞像》,这身石佛像的阅历能够预测社会兴衰、人世治乱和民众生活福祸,极具灵验;其遗迹位于今甘肃永昌县境。敦煌遗书中也有大量相关的记载。从武周时期开始,河西地区出现了大量《凉州瑞像》造像碑石和石窟,敦煌石窟也营造了大量以《凉州瑞像》为主题的洞窟,和绘制巨幅《凉州瑞像》壁画。所以在这样的大背景下,出现《凉州瑞像》刺绣也并不意外。

关于刘萨诃和《凉州瑞像》,国内外学者已经进行过大量研究,成果丰硕。已有数度总结性的综述和研究文献目录发表。兹不赘。

凉州瑞像有固定的造像模式:佛陀着右袒袈裟,左手握衣襟于胸前,右手下垂,掌心向内或向外,施与愿印,跣足立于莲台上;造像风格方面,释迦双肩浑圆,束腰,袈裟紧贴佛身,如同曹衣出水,充分体现了一种人体美,保留了浓郁的印度余韵。当然也有一些造像与此相比存在细微的不同,比如中唐第231窟西壁龛顶东披中央的图像。瑞像呈立姿,左手握衣襟,但是所着却是通肩式袈裟,右手不是下垂,而是置于胸前,结印契。从永昌凉州瑞像遗迹,到河西和敦煌诸石窟的造像,如张掖马蹄寺第6窟、瓜州榆林窟第17、28窟和第39窟,莫高窟第203、300窟等一批初唐时期的石窟,再到同时期如莫高窟第332窟中心柱西向面的巨幅壁画,以及中唐以后的单幅瑞像图,特别是莫高窟五代第72窟、榆林窟第32窟的瑞像故事壁画,主尊凉州瑞像均是这一造型,数百年间没有变化。我们现在看到的这幅刺绣上的主尊形象,也正是传统的凉州瑞像造型。

关于崇教寺,据中国佛教典籍《广弘明集》等文献记载,隋文帝仁寿元年,赐送佛舍利至天下三十州,并派出沙门三十人,于当年十月十五日同时起塔供养。派往瓜州(隋代敦煌)的沙门智嶷,起塔的地点即是崇教寺;据莫高窟武周时期(698年)《李君莫高窟修佛龛碑》(简称《圣历碑》)记:

莫高窟者……爰自秦建元之世,迄大周圣历之辰,乐僔法良发其踪,建平东阳弘其迹。推甲子四百他岁,建窟室一千余龛,今见置僧徒,即为崇教寺也。①

这里明示,莫高窟与崇教寺为一地。

维那系僧职,主司寺中事务者,与上座、寺主同为寺中三纲之一,又称为纲维、次第、授事、知事、悦众、寺护等,源自西域。我国僧官制

①马德:《敦煌莫高窟史研究》,甘肃教育出版社,1997年,第76页。

中设维那,始于姚秦时中央僧官制中所设悦众。北魏亦设僧官以统理全国有关佛教之诸般事物,于中央设昭玄曹,以沙门统为最高僧官,维那为副官;在地方设僧曹,以僧统为长官,亦立维那为副官。隋代开始"寺立三纲,上座维那典座也。"①刺绣《凉州瑞像图》中的崇教寺维那义明,任职时间的上限当在隋开皇至武周圣历年间。

正如《西域美术·大英博物馆斯坦搜集品》第三卷作者所说,敦煌莫高窟第 332 窟的壁画《灵鹫山说法图》(应为《凉州瑞像》),与刺绣《灵鹫山说法图》(应为《凉州瑞像》)在各个方面有许多共同之处,证明刺绣与洞窟之间、两幅作品之间都有比较密切的关系。而《圣历碑》正是记载莫高窟第 332 窟创建的"功德碑"。而《圣历碑》记载的"崇教寺"也就是刺绣《凉州瑞像》题记中的崇教寺,这里进一步展示了莫高窟第 332 窟及其壁画《凉州瑞像》与刺绣《凉州瑞像》的渊源关系。

由此可以推定,刺绣《凉州瑞像图》与莫高窟第 332 窟及其壁画《凉州瑞像图》为同时期作品,其年代为圣历前后,即公元 7 世纪末。

刺绣是中国传统的著名工艺品,刺绣技术也是中国传统的工艺技术,在中国工艺美术史上占有重要的地位。中国刺绣历史源远流长。数千年来大体上是沿着这样一条线发展的:先是刺绣衣裳,又扩展到刺绣起居的日用品,以后才上升到刺绣观赏品。

刺绣用于佛像,在中国的出现是东晋、十六国时期。那是一个"像教(即佛教)弥增"的时代,因而兴盛了绣制佛像之风。《高僧传》卷五记:"苻坚遣使送外国金倚像高七尺,又金坐像,结珠弥勒像,金缕绣像,织成像各一张,每讲会法聚。辄罗列尊像。布置幢幡。珠佩迭晖。烟华乱发。使夫升阶履闼者。莫不肃焉尽敬矣。"②梁沈约《绣像题赞·

①《翻译名义集》,《大正新修大藏经》第 54 卷,第 1705 页。
②《大正藏》第 50 卷,第 352 页。

序言》云："造绣无量寿尊像一躯。"元魏婆罗门瞿昙般若流支译《正法念处经》卷五记："谓出家人，或白象牙所作佛像，或刺绣像，或甄等上画作佛像。或刻木像。或铜等像。"①唐时绣佛亦很盛行，《法苑珠林》载："（唐）显庆之际，于西京造二十余寺，爰束力内宫式模遗形，造绣像一格，高举十有二丈，惊目骇听，绝后光前，此为绣像之最巨者。"②诗圣杜甫《饮中八仙歌》中有一句"苏晋长斋绣佛前，醉后往往爱逃禅"，反映了唐朝绣佛之普遍。

然而，虽然 2000 多年间史籍中关于刺绣的记载丰富，但保存下来的实物却寥寥无几。1958 年，在中国长沙楚墓中出土了龙凤图案的刺绣品，和 1982 年从湖北江陵马山一号楚墓中出土的绣着龙、凤、虎和花卉等图案的绣衾（被）和禅（单）衣，是 2000 多年前中国古代战国时期的刺绣品，这些都能够证明刺绣在中国经过较长时间的发展，已经形成了较高的工艺水平和独特的工艺门类；另外西汉墓也有少量发现。除此而外，敦煌便是发现古代刺绣最多最集中的地方了。

1965 年在敦煌莫高窟发现了北魏的《一佛二菩萨说法图》刺绣残片，用几种彩色丝线绣出佛像、菩萨、供养人和发愿文题记，其中有太和十一年（487 年）广阳王字样；供养人的长衫上绣有忍冬纹和卷草纹，示意着以佛教为代表的外来文化与本土文化的相互交融贯通，并在刺绣中得到反映。这是唯一一件整个魏晋南北朝时期的刺绣。③敦煌莫高窟藏经洞出土的一批唐代的刺绣作品，现分藏在世界各地，藏经洞所出刺绣作品除《凉州瑞像图》外，还有小型绣佛、花鸟图案的绣袋、袈裟等。从已见于刊布资料统计，约 30 件；其内容有佛、菩萨像，

①《大正藏》第 17 卷，第 258 页。
②《大正藏》第 53 卷，第 1027 页。
③《文物》1972 年第 5 期。

也有各种花鸟图案。现在看来,敦煌出土的古代刺绣,都是极为罕见的中国古代刺绣珍品。

敦煌文献中也有许多关于刺绣和刺绣品的记载,如《俗务要名林》(S.0617)之绢帛彩部就有"绣"条,《杂集时要用字》中有"绣袴、绣祛"(Дх.02822),寺历类文书中有"绣针毡"(P.2567V)、"绣裙""绣礼巾"(S.4252、S.4525)、"绯罗绣带""白绣罗带"(P.2613)等。

敦煌古代刺绣的研究有着特殊的意义。以往人们研究敦煌艺术,总是着眼于敦煌建筑、敦煌壁画和敦煌彩塑这几大类上,后来敦煌绢画也引起人们的重视。但像敦煌版画、敦煌刺绣、敦煌剪纸这些规模较小的艺术种类,研究者寥若晨星,研究成果也十分罕见。在此之前,笔者曾主持了对敦煌版画的研究,让世人初步了解到敦煌版画作为敦煌艺术的一个独立的种类的价值意义。同样,敦煌刺绣也是敦煌艺术一个独立的类别,虽然保存数量有限,但仍然是与敦煌建筑、敦煌壁画、敦煌彩塑等相并列的艺术类别。

因此,敦煌刺绣也应该成为一个独立的敦煌艺术门类:从时间上讲,敦煌刺绣上迄北朝,下至唐宋,30多件作品跨越五六个世纪,仍然可以自成体系。同时,虽然均属于艺术,但刺绣在具备一般的艺术因素之外,还有自己独特的风格和特点。刺绣是一种原发性的艺术,是为了自己生活的美好而创造出来的。刺绣是介于画、塑之间的特殊美术工艺,有各种各样特殊材料与技法。在敦煌古代刺绣作品中都体现着这些特色,它的材质丰富,仅地仗材料就有丝、绢、麻、布等;技法上也是辫绣和平绣都有;用途性质方面,佛像及民间服饰及日用品兼备。敦煌古代刺绣作品首先是中国刺绣史的实物见证,是中国工艺美术史与工艺美术特色的珍贵史料,也是中国美术史的重要实物资料。

与敦煌艺术的其他种类相比,敦煌刺绣又展示出它的民间艺术特色。我们知道,敦煌壁画和敦煌彩塑也大都是出于民间工匠之手,但是我们很难说它们也是民间艺术。说起来,敦煌民间艺术这个概念是很难界定的。但我们通过敦煌刺绣的研究,似乎可以找到敦煌民间艺术研究的切入点,有利于我们从另一个角度去更全面、更深刻地认识敦煌艺术。

刺绣与纺织业不可分割,研究敦煌刺绣也需要研究敦煌及中国古代的纺织业。因此,敦煌古代刺绣的研究又有中国科学技术史和中国经济史研究的意义。同时,因刺绣作品保存和出土于敦煌,它又具有中外经济、文化交流史上的重要价值意义。

总的来说,敦煌刺绣研究是一个新的课题。通过研究敦煌古代刺绣,将开拓出敦煌艺术研究的新领域,促进整个敦煌艺术研究的深入发展和长足进步。

作者附记:此稿原发表于《东南文化》2008年第1期,原名为《敦煌刺绣〈灵鹫山说法图〉的年代及相关问题》,依《西域美术》的定名刺绣作品为《灵鹫山说法图》,现借此机会予以纠正,并就因此对读者造成的不良影响深表歉意!

2016.5.11 兰州寓所

(敦煌研究院官网 public.dha.ac.cn/content.aspx?id=389706236586,2016-5-13)

敦煌所出印沙佛木板略考

　　法国集美博物馆藏伯希和劫掠的敦煌莫高窟文物中，有一件带把手的雕佛木板，1996年，这件雕板在日本东京展出。同时，东京方面出版了展览图录，该雕佛木板被列为第127图，并附有简短日文说明。原日文说明内容大意为：该雕板为长方形板木，高15.4厘米、宽10.2厘米，板厚1厘米，有光泽，阴刻（深浅程度不详）结说法手印趺坐于莲花座上的如来佛像，火焰纹透光背光；背面带单手可握的把手。①

　　对于这件雕板的用处，至今在学术界中仍存有争论。鄙人不揣冒昧，草成此文，以求教于方家。

　　首先，从雕板本身的厚度与阴刻的深度来看，不是用于浮雕泥佛的模子。其次，非印刷纸质佛像印品。这件雕板刻像面有明显凹凸，再对比从敦煌藏经洞所出众多单体捺印佛像、菩萨像尺寸来看，大小均不及此板。如P.3880禅定千佛中的单尊佛高9.1厘米、宽5.5厘米；P.3880v游戏坐菩萨中的单尊佛高7.6厘米、宽6.2厘米；P.3957的说法千佛，单幅高6.5厘米、宽4.3厘米等。②因而排除了用于纸质印刷的可能性。在展览图录的日文说明中，也有关于在某种仪式上做印沙

---

①东京国立美术馆编：《丝绸之路大美术展》，日本读卖新闻社、法国国立美术馆联合发行，1996年，第124页。

②邰惠莉：《敦煌版画叙录》，《敦煌研究》2005年第2期。

之用的推测,但尚不确定。而我们从该佛板的尺寸、阴刻、把手以及有关文献资料记载来看,该雕佛木板应为敦煌地区当时印沙时所用的佛像木板。

印沙是指"于大海边或河渚间、沙滩之上,以塔形、像印,印沙滩,为塔形像"。[①]印沙作为一项佛事活动在其他佛经记载中也是屡见不鲜。例如,《一字佛顶轮王经分别祕相品第五》载:"各正月五月九月。诣海河潭日日三时。印沙佛塔随力印修。"[②]《五顶王仪法秘密品第六》也载:"海河潭上日日三时。印沙佛塔随力印修"等。[③]敦煌遗书中也保留了大量公元10世纪时当地社邑组织社众进行印沙活动的记载。法籍华裔学者侯锦郎先生早年发表《敦煌写本中的"印沙佛"仪轨》,对敦煌古代的印沙活动作了详细考述。[④]但不知何因,侯氏此大作只字未提收藏在巴黎的这件带把手的阴刻佛像木板。

为了说明此阴刻佛像木板的用途,我们还需要简略地介绍一下敦煌的印沙活动。

敦煌遗书 S.6537V(P.3730v)《某甲等谨立社条》:

  1. 某甲等谨立社条窃以燉煌胜境,地傑人奇,每习儒风,

  2. 皆存礼故(教)。谈量幸解言诂(语)美辞。自不能寔,须凭众

  3. 赖。所以共诸无(英)流,结为壹会。先且钦崇礼曲(典),后乃

────────────

①(唐)金刚智译:《佛说七俱胝佛母心大准提陀罗尼经》,《大正藏》第20卷,第186页。

②《一字佛顶轮王经分别祕相品第五》,《大正藏》第19卷,第236页。

③《五顶王仪法祕密品第六》,《大正藏》第19卷,第272页。

④原文为法文,发表于1984年巴黎出版的《敦煌学论文集》第3卷;耿昇汉译本:《法国学者敦煌学论文选萃》,中华书局,1994年,第272—300页。

4. 逐告(吉)追凶,春秋二社旧窥(规),建福三斋本分,应有条流,

5. 勒截(载)俱(具)件,壹(壹)别漂(标)。…………

17. ……逐年正月,印沙佛一日,香花佛食,斋主

18. 供备。上件条流,众意勒定,更无改易。谨具

19. 社人名目,用为后凭验。

印沙活动是敦煌古代民众于佛教的三长月活动之一。敦煌文书S.6537v《拾伍人结社社条》载:

1. 窃闻燉煌胜境,凭三宝以为基,风化人伦,藉

2. 明贤而共佐。居(君?)白(臣?)道合,四海来宾,五谷丰登,

3. 坚牢之本。人民安泰,恩义大行。家家不失于尊

4. 卑,坊巷礼传孝宜(义),恐时侥伐(代)之薄,人情以(与)往日

5. 不同,互生分(纷)然,后怕各生已见。所以某乙等壹拾

6. 伍人,从前结契,心意一般。(中略)

16. 沙州是神乡胜境,先以崇善为基。初若不

17. 归福门,凭何得为坚久。三长之日,合意同欢,税聚头面净油,

18. 供食僧佛,后乃众社请斋,一日果中,得百年余粮。…………

39. ……上件条流,社内本式,——

40. 众停稳,然乃勒条,更无容易。恐后妄生毁柢(诋)。故

41. 立明文,劫石为期,用流(留)(后)验。

佛教中的三长月又作三斋月、善月、神足月、神通月、神变月。专指正月、五月、九月这三个月,在此期间佛教徒及信众长期持斋、设斋进行佛事活动。另外还有六斋日之说:六斋日指每个月清净持戒的六日,在印度,一个月分成二部分,称为白月、黑月。六斋日即白月的八日、十四日、十五日,及黑月的二十三日、二十九日、三十日等六日。从敦煌现有印沙佛事活动资料来看,印沙多在正月的六斋日,即正月初八日举行。如 S.0527《女人社再立条件》:"社内正月建福一日……脱塔印沙。"

敦煌藏经洞出土的《印沙佛文》,为举行印沙佛事活动时延请僧人念诵的斋文。察看其内容格式,或以固定范文为蓝本,彼此大同小异者;或以添加斋主发愿祈福的具体内容,如 P.2237、P.2255、P.2483、P.2843、P.3276v、P.3276v2、P.3276v3、P.3730v、S.0663、S.1441、S.4428、S.6417、北图 6851 等卷。P.3276v《社邑燃灯印沙佛文》记:

1. 厥今[三]春首朔,四序初分,建灯轮于佛像之前,捧金炉而

2. 陈情启愿着(者),有谁所作,时则有座前持炉某社众等一

3. 则荡旧年之灾祸尔,灭非邪迎新岁之贞祥;普臻

4. 瑞应者之所作也。伏惟我持炉使君与社众等并

5. 金枝诞质,玉叶际生,各怀文武文之金(全)才,尽负神

6. 姿之美体,加以深谋志荣,能帖净于四方;恤爱乃

7. 民,专佐辅于一主。而乃悟世荣是结苦之本,晓福

8. 事为恒乐之因,兼不违之先祖愿心,于年初而

9. 同增胜善,是日早上向何(河)沙岸上,印万佛之

10. 真容;夜间就梵刹精宫,燃神灯之千盏,其

11. 灯乃日明晃晃,照下界之幽涂,光炎巍巍,朗

12. 上方之仙刹。更乃举步而巡遶佛塔,虔

13. 恭而和念齐□举,捧香花供部之圣贤;

14. 振玲梵彻下类之耳界,五音齐奉,八乐羊又

15. 平,□□□动梁上之尘埃;拍拍马贵回鸾之

16. 儛(舞)道。将斯上善,无限良缘,尽[用]庄严,回施资

17. 益,先奉为国安仁(人)奉(泰),社稷恒昌,佛日重开,

18. 普天安乐。

P.2843《印沙佛文》记:

1. 印沙佛文。

2. 夫旷贤大劫,有圣人焉。出释氏宫,名薄伽梵,心凝大寂,

3. 身意无边。慈氏(示)众生,号之为佛。厥今齐年,合邑人等,故于三

4. 春上律,四序初分,脱塔印沙,启嘉愿者,先奉为国泰人安,

5. 法轮常转;次为巳(己)穷(躬)共保清吉之福会也。惟三官社众,

6. 乃遂为妙因宿殖,善芽发于今生;业果先停(淳),道心坚

7. 于此日,知四大而无注(主),木壳(识)五蕴而皆空。脱千圣[之]真容,印恒

8. 沙之遍迹,以兹脱佛功德,启愿胜因,先用庄严,梵释

9. 四王,龙天八部,伏愿威光胜运,福力弥增,兴运慈

悲,

10. 救人护国。愿使主延寿,五谷丰登,四塞清平,万人安乐。

11. 又持胜善,伏用庄严,诸贤社等,伏愿身如玉树,恒清恒

12. 明;体若金刚,常坚常固;今世后世,莫绝善缘;此世他生,善

13. 牙(芽)增长,然后散发霑法界,普及[有]情,赖此胜因,齐登佛果。

依据《印沙佛文》的记载,在举行印沙佛活动之前,一般还要设斋,斋主可能也是由社人轮流担任。由于材料限制,我们不知道举行这一活动每个社人要出多少物品,但印沙佛所需的香花和佛食,则是由斋主筹备的。总之,印沙活动所需甚微,印沙所用沙土又是天然所赐,只需一天时间即可功德圆满,在当时有"佛教都会"盛名的敦煌地区,印沙佛事活动还是比较普遍的。

综上所述,法藏雕佛木板在当时用于印沙。

敦煌研究院现存一件被认为是印沙的实物铜佛印模一块,上雕刻有"时正隆元年五月日凤翔府薛庆宗造"字样。[①]正隆为金废帝完颜亮的年号,正隆元年为公元1156年。此板虽然可能也用于印沙,但不是敦煌本地产品,时代和年代均都相差太大;而且,金代的凤翔府距离敦煌甚远,应该是公元12世纪以后流传到敦煌的。因此,它不能用来说明敦煌文献中的印沙活动。

法藏雕佛木板印沙实物的发现,不仅向我们展示了当年敦煌地

①谭蝉雪:《敦煌民俗——丝路明珠传风情》,甘肃教育出版社,2006年,第50页。

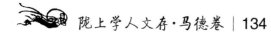
区举行印沙佛事的具体情景，而且对于我们研究雕版印刷等都有很好的借鉴意义。

（《2010 丝绸之路与西北历史文化学术讨论会论文集》，甘肃人民出版社，2013 年）

敦煌纸画《维摩诘经变》

敦煌藏经洞出土一大批美术品,大致可分为织物画(绢画、麻布画等)、纸品画、雕版印画和民间工艺(刺绣、剪纸等)四类。每一类都可以和敦煌石窟艺术中的建筑、彩塑、壁画相提并论。国内外前辈专家的研究成果主要集中在绢画方面。近年,敦煌研究院相关专业人员开始组成项目组,对藏经洞出土美术品进行系统的信息搜集和全面的综合研究,其中关于纸品画的资料搜集工作收获颇丰。

敦煌的纸本画主要收藏在英国国家博物馆、英国国家图书馆、法国国家图书馆、法国吉美博物馆、俄罗斯艾尔米塔什博物馆等地,中国国家博物馆、图书馆及国内外各地也有收藏。收藏在各大图书馆的纸画一般都不被重视,虽然有缩微胶卷大量推出过,但能看到的人寥寥无几,所以一百多年来也只是零星地公布;收藏在各大博物馆的敦煌纸画的刊布情况相对好一些,大多数基本上都已经公之于世。近年来,随着数字技术的发展和互联网事业的发达,这些资料陆续面世,被更多的人看到。其中法国国家图书馆所藏纸画数字图片基本都可以在该馆网页上看到;国际敦煌项目网页上也有一部分图像。

英国国家博物馆藏 CH.0054 号《维摩诘经变》图,发表于 1985 年出版的《西域美术》(斯坦因收集品)第二册上。这幅画只是《维摩诘经变》的一半,即《文殊菩萨问疾》部分,高 73.2 厘米、宽 30.7 厘米;画面上文殊菩萨骑狮子,下面为汉族帝王及群臣听法图。[1]

2010 年前后,国际敦煌项目(IDP)的中文网页刊布了收藏于法国吉美博物馆,编号为 MA6277 的《维摩诘经变》的另一半,即《维摩居士示疾》(维摩答辩)部分,画面尺寸为 70×33.8 厘米,为《维摩诘经变》的部分;维摩诘坐榻下为各国王子听法图,但网页上所注为"供养人像"。各国王子队伍中,为首者为吐蕃赞普并侍从,证明该画绘制于吐蕃治理敦煌时期。[2]

从两幅画的内容组合和绘制风格、特点看,虽然"分居"英法两地,尺寸上也有少许差异,但同属绘制于同一人之手的同一件完整的作品,应该是毫无疑义的。

在敦煌石窟中,一般是中唐以前壁画中的《维摩诘经变》出现于唐代初年,以莫高窟第 220 窟为代表;此后第 332、103、194 窟等初、盛唐洞窟所绘均为精品;吐蕃后期的一些洞窟里也出现了十余幅,其中最具代表性者为莫高窟第 159 窟;之后晚唐、五代、宋、西夏各个时期的石窟壁画中均有绘制;另外,藏经洞出土的绢画中也有一幅绘制于吐蕃时期的《维摩经变》,编号 Ch.00350。[3]

而纸质彩绘的维摩变,目前发现仅此一件(二幅)。可能是由于在法国吉美博物馆收藏的敦煌藏经洞出土绘画品多为绢画,纸品画不太引人注目的原因,MA6277 从 20 世纪 20 年代的《伯希和敦煌石窟

---

[1]《西域美术·大英博物馆藏敦煌绘画》第一册,原色图版第 53,日本平凡社,1982 年。

[2]以吐蕃赞普为首的各国王子听法图,是识别《维摩经变》绘制于中唐吐蕃时代的标志,为学界所共识。贺世哲:《敦煌石窟中的维摩经变》,《敦煌研究》1982 年总第 2 期。

[3]《西域美术·大英博物馆藏敦煌绘画》第二册,原色图版第 20,日本平凡社,1982 年。

图录》到 90 年代的《西域美术》，都没有刊布过这件藏品。感谢国际敦煌项目网站，让我们看到了这幅极为珍贵的敦煌绘画，完整地观赏这幅《维摩诘经变》。

与壁画和绢画相比，画在纸上的 CH.0054+MA6277《维摩诘经变》展示了它的特色：

首先在画面格局上，一般是中唐以前壁画中的《维摩诘经变》的《文殊问疾》及下面为汉族帝王并群臣听法图绘于左边，《维摩示疾》中的维摩坐榻及各国王子均绘于右边；而本画上的文殊与汉族帝王并群臣均列于右边，维摩坐榻及以吐蕃赞普为首的各国王子均列于左边。

其次是赞普的侍臣及随从人数，壁画上一般多达六人或以上，本画上只有一位导引的大臣和撑伞的近侍及随从，没有身后的跟班侍臣（一般是三到五人）；这两个方面与绢画 Ch.00350 的布局相同。耐人寻味的是，晚唐、五代时期的《维摩经变》如第 85、138、98、61 窟等，都是文殊在右、维摩在左，格局与本纸画同，似乎是本纸画开其先河；不同的是场面宏大，人物众多；文殊坐骑下的汉族帝王及其随从众臣们依旧独占一方，但吐蕃王却是只身一人转向于维摩坐榻下的各国王子中间，不再被重视。

再次，从面部相貌方面，画面上无论是汉族帝王（唐皇）与群臣，还是以赞普为首的各国王子、侍臣及随从，除唐皇身边一位小仕女之外，所有人物全部留有中长胡须。而在壁画的绢画中，只有部分"各国王子"留有胡须，唐皇及群臣只有极少留胡须的，这幅画里的唐人也全部"胡化"。这正是作为游牧民族强悍和豪放的本色体现。

又次，是从人物服饰上看，画面上的赞普身着兽皮长袍，与壁画和绢画中的衣袍相比，显得更为粗糙和质朴。特别是赞普头冠部分，比壁画和绢画上赞普"帽首"多出了类似于皇冠的装饰，这在敦煌所有的绘画作品中仅此一见！而唐王头上所戴在其他壁画中象征最高权力的冕旒也不见了,代之者为与群臣相近的普通头冠,似乎在这位画家笔下的唐朝皇帝也是普通臣子了,而只有他头顶的伞盖与身上的龙袍还透露出这个人是帝王;不过,文殊身后的菩萨、比丘、天王、夜叉等眷属和护法形象,以及象征无尽藏的持钵散食的菩萨,和云端吹奏的伎乐童子等场景的描绘更是有声有色,妙趣横生,在敦煌同类绘画中别具一格。

从绘画用纸方面看,可能属于吐蕃时期用两层的砑光纸,70厘米的高度与当时抄写《十万颂般若波罗蜜多经》用纸的长度相同;但抄经高度是20多厘米,不过同时期使用的一种包经纸,宽度正好为30厘米左右,与本纸品画所用纸大小相近。《十万颂》的翻译和抄写大概在公元826年,[①]这个时间是吐蕃统治敦煌的后期,还是吐蕃统治的盛期和吐蕃文化的发展时期,本纸品画极有可能就是这个时期绘制的,早于壁画中大量出现以赞普为首的《各国王子听法图》十多年。

CH.0054+MA6277可能是敦煌吐蕃时代最早出现的绘有以吐蕃赞普为首的"各国王子听法图"的《维摩诘经变图》,画面上保存了吐蕃赞普最原始最写实的形象。[②]无论在研究敦煌佛教艺术,或是吐蕃历史文化等方面,都有重大的意义和价值。

（2016年中国敦煌吐鲁番学会少数民族语言文字委员会学术年会文集《交融共享：多民族文献与丝路文化》,才让等编,中国藏学出版社,2020年）

[①]马德：《甘肃藏敦煌藏文文献·编后记》,甘肃民族出版社,2011年。

[②]《西域美术》的作者认为《文殊问疾》图绘制于公元10世纪的五代、宋时期,盖因未见到另一半《维摩示疾》所致。《西域美术·大英博物馆藏敦煌绘画》第二册,原色图版第53之解说,日本平凡社,1982年。

唐蕃共荣

吐蕃占领敦煌前后沙州史事系年

序

公元 8、9 世纪,唐朝属郡敦煌曾一度为吐蕃管辖。关于敦煌陷蕃的年代问题,从唐代开始就有分歧:颜真卿大历十三年(778 年)五月《唐故太尉广平文贞公宋公(璟)神道碑侧记》记为大历十二年(777 年),李吉甫元和十五年(819 年)《元和郡县图志》记为建中二年(781 年),近世又出现贞元三年(787 年)的研究结论。笔者以为,大历十二年说较为切合实际。

公元 765 年闰十月,杨休明出任河西节度使,受任后即赴河西,从甘州一路西行途中,处理了许多重大军政事务,公元 766 年五月到达沙州敦煌并以此为节镇;公元 782 年 5 月的唐德宗诏书中称,休明等已"殁身异域,弥历年纪",这说明休明可能在公元 766 年五月后不久即已死去,而敦煌遗书 P.2942 正是休明节度河西之政绩及其遇害的记录。

休明死后,驻镇敦煌的河西观察使周鼎与河西节度行军司马宋衡将此情奏报唐廷,同时檄讨凶手,安抚兵民,并遣使求搬救兵。一年后,救兵未至,吐蕃大兵压境,周鼎欲焚城逃遁,为部下阎朝所杀,时当公元 767 年。之后,唐廷关于周鼎继任河西节度使等诏命到达敦煌,被记入有关文献。阎朝率沙州兵民抗击吐蕃进攻十年之久,终因弹尽粮绝而陷,吐蕃当即遣使护送宋衡归长安,时当公元 777 年十一月。

公元 779 年唐德宗继位,遣韦伦送五百余蕃俘至吐蕃,赞普大受感动,向唐入贡,唐蕃战事遂缓。公元 782 年四月,吐蕃从沙州遣送唐俘八百人并休明、周鼎等人灵枢至长安,以报唐归蕃俘之德。

吐蕃占领敦煌初期,多次发兵围剿不服统治的汉唐民众,并结合以"歃血为盟"之手段维护其统治,前八年中(777—785 年)就曾三度"寻盟"。第九年(786 年)秋八月,又发生了玉关驿户范国忠等七人的反抗暴动,吐蕃的沙洲节儿及一些蕃官、贵族被逼杀;反抗被镇压后,吐蕃向沙州委派了一位新节儿,他对敦煌进行了卓有成效的治理,使敦煌汉唐民众完全归服,其时当于公元 787 年始。

基于以上史实,笔者以为,敦煌陷蕃年代问题还有待进一步研究和探讨。

现就史籍及敦煌文献中有关敦煌陷蕃年代问题的各类记述作认真、细致的识读。分析和鉴别之基础上,整理出这份《吐蕃占领敦煌前后沙州史事系年》,以求教于学界前辈及同仁。

〔正文〕

公元 763 年(广德元年)

　　十月，吐蕃退出占据十余日的唐都长安后大举进攻陇右、河西。

此事各种史籍记载较多,兹不赘述。

公元 764 年(广德二年)

　　十月,吐蕃攻陷凉州。

《鉴》广德二年十月条下记河西节度使杨志烈发兵与唐叛将仆固怀恩飙州之战失败后云:"未几,吐蕃围凉州,士卒不为用,志烈奔甘州",《旧·吐蕃传》载"广德二年,河西节度使杨志烈被围,守数年,以孤城无援,乃跳身西投甘州,凉州又陷于寇";《志》凉州条下记:"广德二年陷于西蕃。"

公元 765 年（永泰元年）

十月，沙陀杀杨志烈。

《新·代宗纪》永泰元年十月下记："沙陀杀杨志烈。"

闰十月，郭子仪朝廷奏河西事。

《鉴》永泰元年下记："闰十月乙巳，郭子仪入朝。子仪以……河西节度使杨志烈即死，请遣使巡抚河西及置凉、甘、肃、瓜、沙等州长史。"

朝廷任命杨休明为河西、伊西庭两道节度使、检校工部尚书、河以西副元帅。

《全》《诏》《册》载："河西兼伊西庭节度观察使、检校工部尚书兼御史大夫，赠太子太保杨休明"；《颂》云："有诏诏公入朝，列郡居守。独（中缺）日，除伊西庭节度等使"，《集》中有关于杨休明为"河以西副元师"的记述。

周鼎为河西节度副使、观察使、沙州刺史。

《碑》云："节度观察处置使、开府仪同三司、蔡国公周公。"《题》记："节度副使、开府仪同三司、太……"《集》有鼎自谦"谬司观察"；《新·吐蕃传》述："沙州刺史周鼎。"

宋衡为河西行军节度司马。

《侧》云："衡因谪居沙州，参佐幕戎。河陇失守，介于吐蕃，以功累拜工部郎中兼□□御史、河西节度行军司马"；《集》有衡自谦"忝迹行军"之称。

休明等受任后即赴河西，途中先后在甘、肃等州及建康等军处理军政事务。

《集》中存大量有关甘、肃二州及建康军事务的判处文书，如《甘州兵健冬装》《甘州兵健月粮》《甘州欠年友粮及少冬装》《甘州地税勾征》《甘州镇守毕温、杨珍、魏邈等权知事州》《肃州请闭箩》《肃州刺使

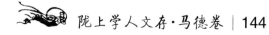

王崇正错用张怀伪官衔》《建康军物被突厥打》《建康军使宁喜擅给牒布》《建康军请肃州多乐宅》等。

并继续西行。

公元 766 年(永泰二年,十一月改大历元年)

年初,休明等过瓜州,处理军政事务;

《集》中有《瓜州申欠勾征》《(瓜州)季都督惠甘、肃斛斗一千石》《瓜州屯田请取禾》《瓜州别驾杨颜犯罪,出斛斗三百石瞻罪》《瓜州尚长史采矿砖钱置作》等判处文书。

休明等过玉门军。

《集》中《有玉门过尚书亡破斛斗》判处文书。

五月,休明等至沙州,以沙州为河西节镇;

《鉴》二二四大历元年条下记:"夏五月,河节度使杨休徒镇沙州。"

升沙州下都督府为大都督府,

《会》卷七〇《州县分望道、陇右道新升都督府》载:"沙州,永泰二年五月升",

休明自任沙州都督。

敦煌唐碑《颂》谓其碑主"大唐都督杨公"曾"除伊西庭节度等使",即休明。

休明等在沙州处理各类军政事务。

《集》中《有豆卢军(按,军驻沙州境)请西巡远探健儿全石梅》《豆卢军兵健共卅九人无赐》《沙州地税耆寿诉称不济,军州请加税四升》《沙州祭社广破用》《故沙州刺使王怀亮擅破官物》《沙州诉远年什物征收不济》《贷便沙州斛斗频济不纳》《子亭(按,镇名,属沙州)申作田苗收称虫损不成欠禾》等判处文书;另如《两界往来般次食顿递》《判诸国首领停粮》《关东兵马使请加米》诸事务亦在沙州判处。

吐蕃攻陷甘州。

《志》载："甘州、永泰二年陷于西蕃。"

秋、冬之季，杨休明留周鼎、宋衡二人驻守沙州，自率随从军将、士卒、亲属西赴伊、西、庭巡视并征兵，途中被伊西庭留后周逸假手突厥杀害于西、庭间驿站长泉；随从军将返沙州向鼎、衡陈述其情，鼎、衡随即奏报朝廷，檄讨周逸，追颂休明，安抚部属，并遣使往四镇求援。

《集》之《伊西庭留后周逸构突厥煞使主兼矫诏河巳西副元帅》《差郑支使往四镇索救援河西兵马一万人》二件记："元帅一昨亲巡，本期两道征点，岂谓中途遇害"；副帅（按，此副帅及上文之元帅均指休明）巡内征兵，行至长泉遇害，军将亲睹事迹，近到沙州具陈"；"尚书忠义，僚属钦崇"；"周逸非道，远近尽知"；"某某谬司观察，忝迹行军，欲宽泉下之鱼，有惭弦上之矢，公道无隐，敢此直书。"

吐蕃攻陷肃州。

《志》载："肃州　大历元年陷于西蕃。"

公元 767 年（大历二年）

年初，李大宾建成敦煌莫高窟今 148 窟，周鼎亲诣其窟巡礼。

《碑》述："周公……爰因蒐练之暇，以申礼敬之诚，揭竿操矛，阖戴以从，蓬头胼肋，傍车而趋，鹿熊启行，鹅鸾陪乘，隐隐轸轸，荡谷摇川，而至于斯窟也。"

吐蕃攻陷瓜州。

按《志》载瓜州陷蕃在大历十一年，似欠妥：以当时吐蕃在河西风卷残云之攻势，不可能在占据甘、肃二州十余年后才去进攻瓜州；而瓜州方面当时也不具备抵抗吐蕃进攻十年之久的防御力量。据此，瓜州陷蕃时当以此年为是。

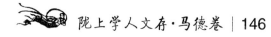

秋、冬之季,周鼎所求四镇援兵未至,吐蕃大兵压境,鼎欲焚城逃遁,为部下阎朝所杀;朝自领州事,率沙州兵民抗蕃。

《新·吐蕃传》述:"始,沙州刺史周鼎为唐固守。赞普从帐南山,使尚绮心儿攻之。鼎请救回鹘(按,拟为四镇之误),逾年不至,议焚城廓,引众东奔,皆以为不可。鼎遣都知兵马使阎朝领壮士行视水草;晨入谒辞行,与鼎亲吏周沙奴共射,骰弓相让,射沙奴既死,执鼎而缢杀之,自领州事。"

李大宾在其"家窟"内题识纪念周鼎。

莫高窟窟内北鑫下残存题记墨有:"有故……节度副使、开府仪同三司、太……"

公元768至777年间(大历三年至十二年间)

吐蕃围攻沙州。

《铭》述:"属天宝之末,逆胡内侵,吐蕃乘危,敢犯边境,旋洎大历,以渐猖狂,积日相持,连营不散";《记》以大历三年为莫高窟四百年历史前后两段之分界,其因当于此。

唐廷关于周鼎继任何西节度使、拜宋衡为中丞、常侍之诏命到达沙州。

大历十一年八月李大宾立《碑》记周鼎之职衔为"河西节度观察处置使",《侧》云"(宋衡)遂有中丞、常侍之拜,恩命未达而吐蕃围城"。

沙州汉唐军民在阎朝领导下抗击吐蕃进攻十一年之久。

《新·吐蕃传》,"城守者八年……又二岁";《侧》:"(宋衡)保守敦煌仅十余岁。"

公元777年(大历十二年)

吐蕃攻陷沙州敦煌。

《新·吐蕃传》:"粮械尽竭,登城而呼曰:'苟毋徙他境,请以城降,绮心儿许诺,于是出降。自攻城至是凡十一年";《侧》:"兵尽矢穷,为贼所陷。"

一月,吐蕃送宋衡归长安。

《侧》述"吐蕃素闻太尉(按,即宋衡之父宋璟)名德,曰:'唐天子,我之也;衡之父,旧贤相也,落魄于此,岂可留乎?遂赠以驼马送还,大历十二年十一月以二百骑尽室护归。"

公元779至780年(大历十四年至建中元年)

唐朝遣送蕃人及蕃俘归吐蕃,吐蕃暂停对唐疆土之攻占,双方使臣来往频繁,战事遂缓。

有关这段史实,以及后来几年中唐蕃"通好""会盟"事,详见两《唐书》《通鉴》《册府元龟》等史籍之记载。

公元781年(建中二年)前后

吐蕃赞普邀敦煌高僧昙旷进蕃传教,旷以年老卧病谢辞,并书面回答赞普所提二十二个佛教问题。

详见《问》及其《前言》所叙。按敦煌造书中又有昙旷于辛酉年(781年)十二月所请授之《百法手记》记录手稿(S.313、P.2311等),其中提到"三菩提涅槃义广二十二问中具",知《问》与此为同时期作品。

公元782年(建中三年)

四月,吐蕃从沙州遣送原俘获唐朝将士、僧尼八百人回长安。

《会》九七吐蕃条记建中四年"夏四月,吐蕃将先没审将士、僧尼至自沙州,凡八百人,报元年之德"。《旧》《新》《鉴》均记此事之时为建中三年四月,《会》有误。

五月,因吐蕃先送杨休明、周鼎等灵柩至长安,唐德宗下诏追悼并褒赠。

《诏》《全》《册》所载建中三年五月丙申诏曰:"故河西兼伊西庭节

度观察使、检校工部尚书兼御史大夫、赠太子太保杨休明,故河西节度观察使、检校工部尚书兼御史大夫周鼎……或寄崇方镇,或摄总留务,时属殷忧,并抗贞节,率励将吏,誓其一心,固守西陲,以俟朝命。羌戎乘间,骤逼城池,国家方有内虞,未遑未救,河陇之右,化为虏场。律我忠良,殁身异域,弥历年纪,以逮于兹。旅枢方旋,诚深悯悼,故递加褒赠,俾极朝荣。永贲幽陇。休明可赠司徒,鼎可赠太保。"《册》帝三部又述:"休明等自至德后陷没于吐蕃,至是其族各以其枢至,故加褒赠《旧·德宗纪》有云:"至是西蕃通和,方得归葬也。"由此可知,休明等飘枢由吐蕃与八百唐僧尼将士一同于建中三年四月由沙州送至长安。

公元 785 年(贞元元年)

吐蕃统治者再次发兵围剿被猜忌为不服统治的沙州民众。

此事详见一位唐破落官的记述《仪》,先云:"自敦煌归化,向历八年,歃血寻盟,前后三度,频遭猜忌,屡发兵戈,岂敢唯天,终当致地。"而后是这位破落官自己在这次围剿中被俘、被释放和起用、向吐蕃赞普和宰相"谢恩"及献上"佛舍利骨"的陈述。从中得知,吐蕃在占有敦煌的最初八年中,以发兵围剿与"盟誓"相结合的手段诱逼沙州民众就范,这次围剿后又起用唐破落官为其卖命。这里也反映出沙州民众的不屈不挠与吐蕃统治策略的变幻。

公元 786 年(贞元二年)

沙州玉关驿户张清等暴动,反抗吐蕃统治,被镇压。

《仪》云:"玉关驿户张清等,从东煞人,聚众逃走,劫马取甲,来赴沙州,千里奔腾三宿而至,东道烽铺,烟尘莫知;夜越重域,□损官寺,丁壮适野,老幼在家,蕃官愣防,不虞祸至,人吏散乱,难于力争:稍催天明,招诱擒捕,具申牙帐,冀表忠贞,披豁未从,空劳瘵瘭。"

八月,沙州玉关驿户氾国忠等七人反抗暴动,逼杀吐蕃节儿及蕃官;七人被俘后被枷送瓜州,暴动遂平。

《仪》云:"自归皇化,向历十年;牧守流沙,才经两稔。""唯此沙州,屡犯王化,干戈才弭,人吏少宁;列职分官,务□抚养,未经两稔,咸荷再甦。氾国忠等,去年拟逃瀚海,远申相府,罚配酒泉;岂期千里为谋,重城夜越,有同天落,戕煞蕃官,伪立驿户邢兴,扬言拓拔王子,迫协人庶,张皇兵威;夜色不分,深浅莫测,卒人慌怕,各自潜藏;为国德在城,恐被伤害,某走报回避,共同死生。及至天明,某出招集所由,分头下堡,收令不散,誓救诸官;此至衙门,已投烈火;遂即旋踵,设伏擒奸,其贼七人,不漏天网,并对大德摩诃衍推问;具中衙帐,并报瓜州,昨索贼钉枷差官锢送讫。"据上述,氾国忠等七人之反抗暴动的年代,为吐蕃占有敦煌十年或委用唐某破落官两年之前一年,即蕃占敦煌九年之际,当为公元 786 年。《仪》之另一件《沙州状》更详细、具体地记述了氾国忠等暴动及其被俘、受审的全过程,引文此处从略。又《书》称:"赞普领有的沙州城堡及臣民发生对政权之反抗,杀害吐蕃贵族,任职七年的都督节儿也死于沙州〔暴动中〕。"同《仪》所记当为一事。

公元 787 年(贞元三年)

　　吐蕃委派之新节儿到任, 对敦煌施行卓有成效的治理措施。

前引《仪》中氾国忠暴动事件文书后记:"已蒙留后差新节儿到沙州,百姓具安,各就丰务。"《书》云:"(氾国忠)暴动平息后,我出任节儿,十年中未发生过内部抗争与不和。"

公元 788 年(贞元四年)

　　三月,僧尼部落米净誓牒计沙州诸寺牌子僧尼。

《历》被认为是吐蕃开始有效地治理敦煌之证据,其首尾所题《辰年》被认定为公元 788 年。

[引用资料]

1.《旧》=《旧唐书》

2.《新》=《新唐书》

3.《鉴》=《资治通鉴》

4.《全》=《全唐文》

5.《册》=《册府元龟》

6.《会》=《唐会要》

7.《诏》=《唐大诏令集》

8.《志》=《元和郡县图志》

9.《侧》= 唐大历十三年三月颜真卿撰《唐故太尉广平文贞宋公神道碑侧记》，文载《文苑英华》及《金石萃编》

10.《颂》=《大唐都督杨公记德颂》残碑，碑存敦煌市博物馆

11.《碑》=《大唐陇西李府君修功德碑记》，唐大历十一年八月立，碑存敦煌莫高窟148窟

12.《题》= 敦煌莫高窟148窟北离下墨书题记残文，见《敦煌莫高窟供养人题记》

13.《集》=《河西度使公文集》(拟名)，敦煌遗书 P.2942

14.《问》=《大乘廿二问本》，敦煌遗书 S.2674、P.2287 等

15.《仪》=《书仪》，敦煌遗书 S.1438

16.《书》=《论赞息上宰相书》，敦煌藏文文书 FR.80

17.《历》=《造牌子历僧尼名册》，即《僧尼部落采净誓牒》，敦煌遗书 S.2729

18.《记》=《莫高窟记》，敦煌莫高窟 156 窟墨迹及敦煌遗书 P.3720

19.《铭》=《沙州释弓索法律窟铭》，敦煌遗书 S.530、P.4640 等

主要参考文献：

[1](法)戴密微著，耿升译：《吐蕃僧诤静记》，甘肃人民出版社，1985年。

[2]饶宗颐:《论敦煌陷于吐蕃之年代——依〈顿悟大乘正理决〉考证》,香港中文大学《东方文化》1971 年 9-1。

[3]姜伯勤:《唐敦煌"书仪"写本中所见的沙州玉关驿户起义》,《中华文史论丛》1981 年第 1 期。

[4]陈国灿:《唐朝吐蕃陷落沙州的时间问题》,《敦煌学辑刊》1985年第 1 辑。

[5]马德:《沙州陷蕃年代再探》,《敦煌研究》1985 年,总第 5 期;《关于 P.2942 写卷的几个问题》,《西北师院学报》1984 年,增刊《敦煌学研究》;《吐蕃统治敦煌初期的几个问题》,《敦煌研究》1987 年第 1 期。

(《敦煌学》第十九辑,1992 年)

西藏发现的《喇蚌经》为敦煌写经

2008年8月，敦煌研究院在敦煌莫高窟举办了"敦煌吐蕃文化学术研讨会"，来自西藏大学图书馆的藏族青年学者西热桑布先生发表了《卓卡寺所藏吐蕃时期〈喇蚌经〉之考》①，公布了西藏山南隆子县卓卡寺新发现吐蕃时期的《喇蚌经》，确认其为公元9世纪上半叶吐蕃热巴巾和朗达玛时期的赞普御用经书。这是一批梵夹装贝叶式经页。我们惊喜地发现，《喇蚌经》无论是纸张、书写及装订格式均与敦煌藏文写经《十万般若颂》完全一致，部分写经、校经人名题记与敦煌市博物馆及法国国家所藏敦煌藏文写经完全相同，通过与会学者对敦煌市博物馆藏《十万般若颂》的考察后，这一事实基本可以确认。现从以下几个方面对这一问题加以说明：

一、经页的纸质、书写及装帧格式

我们先看《喇蚌经》，再看敦煌藏经洞所出《十万般若颂》。

敦煌吐蕃时代所写《大般若经》用纸，为敦煌本地所造破光纸，双层，淡黄色；一般高20厘米许，宽70厘米许（因是手工制造，尺寸不是很精确和统一）；双孔，孔距30厘米许；双面书写，页书12行，《喇

---

① 西热桑布：《卓卡寺所藏吐蕃时期〈喇蚌经〉之考》，《敦煌吐蕃文化学术研讨会文集》，敦煌研究院编印，2008年。

蚌经》与敦煌写经完全一致①。

二、经文内容

均为《十万般若颂》,是敦煌藏文写经中保存最多的经页。

《大般若经》,全称《大般若波罗蜜多经》,简称《般若经》,为宣说诸法皆空之义的大乘般若类经典的汇编,全 600 卷,包括般若系 16 种经典(即十六会),其中第一会为《十万般若颂》,第二会《二万五千颂般若》、第四会《八千颂般若》和第九会《金刚般若》为大般若经的基本思想,成书于公元前 1 世纪左右,其他各会是在以后几个世纪中成书的。一般认为最早出现于南印度,以后传播到西、北印度,贵霜王朝时广为流行。梵本多数仍存。

最早传入中国的《大乘般若经》是东汉竺佛朔与支娄迦谶译出的《般若道行品经》(后题《道行般若经》)10 卷(相当此经第四会),世称"小品般若";后有三国吴支谦重译成《大明度无极经》(原题《明度经》)6 卷,康僧会别译成《吴品经》5 卷(今佚);另有竺法护译成《光赞般若波罗蜜经》10 卷;朱士行西行求得二万颂大品般若梵本,由无罗叉等译成《放光般若波罗蜜经》20 卷(相当于此经的第二会);鸠摩罗什于后秦弘始六年(404 年)重译《摩诃般若波罗蜜经》大品二万颂,弘始十年译出《摩诃般若波罗蜜经》小品八千颂和《金刚般若经》等;菩提流支于北魏永平二年(509 年)译出《金刚般若经》1 卷(相当于此经的第九会)。直至唐代,玄奘才于龙朔三年(663 年)收集并编纂成全部 600 卷《大般若经》十六会,为集诸部般若之大成。敦煌保存下来的《大般若经》,上述这些译本都有一定数量,但主要还是玄奘的译本,而且大部分都抄写于吐蕃统治敦煌时期。

①马德:《甘肃藏敦煌藏文文献概述》,《敦煌研究》2006 年第 3 期,第 37—41 页。

《大般若经》早有藏译,但与汉译的名称并不一致;汉译第十一会至第十六会中顺序所说六波罗蜜多,在藏文大藏经中只列前五波罗蜜多,单独编成《五波罗蜜多经》一书。藏文译本未有像汉译本那样汇合诸会《般若》为一整部的译本,而只有各会个别的传译。现存藏译本有:失译的《十万颂般若》(相当于汉译本初会),失译(或智军译)的《二万五千颂般若》(相当于汉译本第二会),失译(或智军译)的《一万八千颂般若》(相当于汉译本第三会),释迦军、智成、法性戒共译的《八千颂般若》(相当于汉译本第四会),失译的《七百颂般若》(相当于汉译本第七会),戒帝觉与智军共译的《金刚能断般若经》(相当于汉译本第九会),失译的《百五十颂理趣般若》(相当于汉译本第十会),胜友与智军共译的《五波罗蜜经》(相当于汉译本第十一至十五会),戒帝觉、胜友、智军共译的《善勇猛问说般若经》(相当于汉译本第十六会)等①。敦煌藏经洞所出藏文《大般若经》中数量最多者为《十万颂般若》,也有少量的《二万五千颂般若》《一万八千颂般若》等抄本,这些毫无疑问都属于吐蕃统治敦煌时期的写经。

　　从敦煌藏经洞出土的汉、藏文《大般若经》看,两种文字的《大般若经》的抄写,是同时进行的。虽然汉、藏译本的经名不大一致,但汉、藏抄经生们统称其为"大般若经",敦煌博物馆藏 Db.t.2933 残页上,在经页边角的空白处,有汉文杂写"大般若经第三"等字,就能说明这一点。

　　同时,写经题记反映,吐蕃时代敦煌的抄经生们既抄汉文经又抄藏文经,特别是藏、汉文都保存较多的《大般若经》及《大乘无量寿宗要经》,好多写经生的名字用汉、藏文书写,从发音上可知就是同一个人。如张略没藏,藏文写作 cang legs brt-san②。

---

①中国佛教协会:《中国佛教》(三),知识出版社,1989 年,第 98—100 页。
②上山大峻:《敦煌佛教研究》,1990 年,第 441、444 页。

三、写经生、校经师的姓名

西热桑布所演示的《喇蚌经》藏文《大般若经》仅仅数页,但其显示的抄、校经人与敦煌藏经洞所出《大般若经》的抄、校经人是同一批人。我们先看一件《喇蚌经》的题记:

jevu stag legs bris/ dpal dbyngs zhus/ phab tar yang zhus/ devu aing sum zhus//——赵悉诺勒抄,贝央校,法达尔二校,窦文三校。

这份经页是由赵悉诺勒抄,贝央校、法达尔二校,窦文三校。

赵悉诺勒所抄藏文《大般若经》在敦煌藏文写经中有很多。现举一例:敦煌市博物馆藏 Db.t.1145 古藏文《十万般若颂》第 1 卷第三十一品抄校题记曰:

jevu stag legs bris/ phab ting zhus// ci keng yang zhus/ shang ben gyis sum zhus//——赵悉诺勒抄,法灯校,支根二校,尚本三校。①

《喇蚌经》中的三校窦文的校经题记在敦煌藏文写经中也有很多。现举一例:敦煌市博物馆藏 Db.t.0172《大乘无量寿宗要经》抄校经题记曰:

jevu stag legs bris/ devu ing zhus// dam ing yang zhus/ devu ing sum zhus//——赵悉诺勒抄,窦文校,达木恩二校,窦文三校。

这份经文的一校和三校均由窦文完成,可见他当时是敦煌主要的校经生之一。

---

① 马德:《甘肃藏敦煌藏文文献叙录》,甘肃民族出版社,2011 年。

另一份《喇蚌经》的抄校经题记如下：

an legs zigs dris/ / rdo rje zhus/ / seng ge yang zhus// ku ma ra sum zhus//——安勒息抄，多吉一校，僧格二校，古玛拉三校。

本经页由安勒息抄写，多吉一校，僧格二校，古玛拉三校。

多吉当年在敦煌是比较著名的校经师之一，现存的敦煌藏文写经中，很多抄经废页都是由他审定后报废的，他还负责审定经文底本（母本），如敦煌市博物馆藏 Db.t.0397《十万般若颂》底本的审校题记曰：

（前略）rdo rje zhus so/——多吉勘了。

《喇蚌经》的校经师多吉、僧格和古玛拉，当时在敦煌可能属于同一个校经组。在敦煌市博物馆藏 Db.t.0821《十万般若颂》的抄校经题记中，多吉和僧格一起校经：

/bam klm kang bris/shin cheg glszhus/seng vges yangzhus// rdo yjes sum zhus/——氾金刚抄，兴朝校，僧格二校，多吉三校。

而在敦煌市博物馆藏 Db.t.2291《十万般若颂》第 3 卷第六十八品的抄经题记中，多吉又和古玛拉一起校经：

Cang cung legs bris/ vod snang zhus//chevu ceng yang zhus/ ku ma ra dang rdo rje sum zhus//——张仲略抄，沃嫩校，曹进二校，古玛拉与多吉三校。

如上所述，前两件《喇蚌经》共出现抄校经人 8 人，其中 5 人出现在敦煌藏文写经中；其余 3 人也应该会在敦煌藏文写经中找到。这里仅仅是以两件《喇蚌经》的题记与我们手头的资料作一对照，就有了这样惊人的结果，说明《喇蚌经》与藏经洞所出藏文写经《十万般若颂》为同一时代、同一地点、由同一批人所抄写、校对的，即公元 9 世纪前期吐蕃占领时期在敦煌抄写并流通的。

另据透露，同属山南地区的桑白县吐蕃时期的巴郎却康以及西藏首府拉萨三大寺之一的哲蚌寺,也有同类藏经,很可能也是当年从敦煌抄写的。还有一点需要说明的是,敦煌藏经洞所出《十万般若颂》有相当一批报废经页,而在《喇蚌经》中没有发现,这一点完全可以理解,就是报废经页不会运送到其他地区的,当然更不会供奉给赞普御用的。

吐蕃王国从雅垄河谷的农耕开始算起,前后近千年。藏、汉文史籍都曾叙述过吐蕃历史文化的辉煌,但无论是在吐蕃本土西藏,还是在当年吐蕃占领过的广大地区,能够证明吐蕃历史文化辉煌的遗迹遗物却十分罕见。只有在吐蕃曾经占领和治理过的敦煌,我们才看到了大量的吐蕃历史文化遗迹和保存最丰富、最集中的吐蕃史料,它向我们展示了吐蕃治理敦煌时期,曾经在敦煌集中了一大批汉、蕃和西域各民族的文化人;几代吐蕃赞普曾在敦煌指挥作战和处理国家政务,吐蕃王朝也是在敦煌大举进行封建改革,真正接纳了唐朝等邻国的先进经济、文化,大力发展农业、林业、畜牧业和手工业,促进了吐蕃社会的重大变革;吐蕃王朝代替唐朝担负起保护和管理中西经济、文化交流的通道——丝绸之路的艰巨任务。

黄文焕先生结合藏族史料,对敦煌吐蕃文书中所记载的吐蕃王妃、宰相等一同住锡敦煌的有关历史事实做过深入细致的考述[①]。敦煌藏文文献中大量的写经校经题记证明,赞普的王妃和宰相在这里组织和主持了佛经的翻译、抄写和传播事业,当时在敦煌集中了一大批佛经翻译家和各民族的写经生,翻译和抄写了大量佛经,并将写好的佛经运送到吐蕃本土和所占领的广大地区。《喇蚌经》就应该是当年从敦煌运送到西藏本土吐蕃王廷的。从王妃和宰相一同常住敦煌

①黄文焕:《河西吐蕃文书中的"钵阐布"》,《中国民族·古文字研究》,中国社会科学出版社,1984 年,第 222—236 页。

主持写经一事看,敦煌在当时可称得上是吐蕃文化的中心。吐蕃文化的主体是佛教文化,而敦煌自古为佛教圣地。吐蕃王朝建立和佛教传入吐蕃初期,就与敦煌有了某种渊源关系;吐蕃管辖敦煌以来,敦煌地区高度发达的经济文化对吐蕃产生了很大的影响,可以说是极大地促进了吐蕃历史的发展。而吐蕃治理下敦煌文化的发达,也可能为敦煌石窟的历史变革产生了巨大影响,创造了背景和基础条件。这些都是需要今后进一步深入研究的重大课题。

《喇蚌经》是西藏发现的吐蕃时期的敦煌写经,它是唐代吐蕃和敦煌历史上汉藏民族文化交流以及敦煌在吐蕃历史发展中地位的历史见证,无论对敦煌研究还是吐蕃研究以及整个中华民族发展史的研究,都有十分重大的历史意义和现实意义。西藏保存了一千多年前的敦煌写经,这就从空间上为敦煌和吐蕃文化的研究提供了更加广阔的平台。

(《敦煌研究》2009 年第 5 期)

论敦煌在吐蕃历史发展中的地位

序言

吐蕃起源于公元前后,最初是分散在青藏高原各地的原始农、牧业部落;大约从公元 600 年开始,高原诸部落中最强盛的雅砻部落渐次兼并了其他各部落,统一了青藏高原;此后不久,吐蕃在松赞干布的统领和治理下,平定内乱,安抚周边四境,创造文字,制定法律典章,引进佛教,通好天竺,特别是与唐朝和亲,结甥舅之好,学习唐的先进文化,使之成为中国历史上由藏族先民所建立的一个强大的奴隶制国家。从公元 7 世纪下半叶开始,处于奴隶制上升时期的吐蕃王朝,发动了对周边各国的掠夺战争,占领了唐朝及西域各国的大片领土。在其最强盛的公元 8、9 世纪的百余年间,其统治了中国西南、西北以及中亚的广大地区。当时地处中西交通要道上的重镇敦煌,也在吐蕃管辖和治理的范围之内,并且雄居东西方之中部,与吐蕃首府拉萨南北相望。

吐蕃王国从雅砻河谷的农耕开始算起,前后近千年。藏、汉文史籍都曾叙述过吐蕃历史文化的辉煌,但无论是在吐蕃本土西藏,还是在当年吐蕃占领过的广大地区,能够证明吐蕃历史文化辉煌的遗迹遗物却十分罕见。只有在吐蕃曾经占领和治理过的敦煌,我们才看到了大量的吐蕃历史文化遗迹,和保存得最丰富、最集中的吐蕃史料,这些数据在吐蕃本土及其统治过的其他地区都没有发现过。因此,它是研究吐蕃历史文化最权威的文献资料;它向我们展示了吐蕃治理敦煌时期,曾经在敦煌集中了一大批汉、蕃和西域各民族的文化人;几代吐蕃赞普曾在敦煌指挥作战和处理国家政务,吐蕃王朝也是在敦煌大举进行封建改革,真正接纳了唐朝等邻国的先进经济文化,大力发展农业、林业、畜牧业和手工业,促进了吐蕃社会的重大变革;吐蕃王朝代替唐朝担负起保护和管理中西经济文化交流的通道——丝绸之路的艰巨任务;赞普的王妃和宰相在这里组织和主持了佛经的翻译、抄写和传播事业。

敦煌的吐蕃历史文化遗迹,反映的是吐蕃历史上最发达、最先进的文化。所以,敦煌在吐蕃历史文化的发展史上有着重要的地位,起过重要的作用,有十分重大的历史意义——敦煌曾经一度成为吐蕃的文化中心。我们可以从如下这些方面去认识:

一、敦煌的文化底蕴对吐蕃统治的影响

敦煌是一方热土。境内的雅丹地貌,向我们展示了亿万年间的大自然在这块土地上的神奇变迁,使我们能在地球上看到独特的史前遗迹。而敦煌有人类活动的历史已经 3000 多年,其中有文字记载的也有 2000 多年。远古时代,敦煌为西戎地,先后有塞人、乌孙、月氏、匈奴等游牧民族在这里生活和活动。玉门火烧沟及其他新石器文化遗迹,是相当于中原的青铜时代留下来的敦煌"远古"历史遗迹,表明在公元前 1000 多年前,敦煌地区就已经有了发达的农业文化。西汉时代敦煌设郡,北魏时为敦煌镇,隋、唐以后为瓜州、沙州,现为敦煌市。敦煌历史上曾是割据政权西凉国和西汉金山国的国都,北魏时期的敦煌镇曾管辖了我国西北的大片地区,疆域最广。敦煌历史发展的每一个阶段都独具特色,如发达的汉晋文化和大量历史文化名人、繁荣的隋唐盛景等。因为敦煌地处亚洲腹地,属中亚或古西域范围。历

史上,是中国与西方各国进行经济、文化交流的历史重镇,是中外历史文化交流的中心地带。人类的埃及文明、两河文明、印度文明、中华文明、希腊文明等在这块土地上神奇地进行交汇和融合,形成了集东西方世界古代文明为一体的人类古代文明的象征。敦煌的历史文化是在中华民族传统文化的基础上,吸收了来自东南西北各地的优秀文化,所形成的具有世界性的文化;加之敦煌又有效地保存了这种文化,所以敦煌文物又被看作人类古代文明的结晶。敦煌就是以这样的辉煌迎来了吐蕃的管辖和统治。

不仅如此,吐蕃占领敦煌时,敦煌还聚集了大批唐朝汉人,他们在吐蕃攻取河陇时逃离故土,最后流居敦煌,其中不乏官吏和文化人,这就使敦煌的汉唐文化基础更加雄厚和牢固。因此在吐蕃进攻敦煌 11 年以后,汉人争得了"毋徙他境"的条件,有效地保存了敦煌传统文化。

二、吐蕃在敦煌的政治制度

据敦煌文献记载,在吐蕃占领敦煌初期的十年(777—787)中,不服统治的臣民曾数次举行武装反抗,吐蕃政府任命的沙州节儿也被迫投火自焚。吐蕃统治者因此不得不改变其统治办法,首先是向敦煌委派了一位新节儿,这位新节儿到任后,部分采取了比较先进的封建制度,适应了当时生产力的发展,也使吐蕃社会向前迈进了一大步,这是汉藏民族相互学习的结果。

吐蕃管辖敦煌后,改变了沙州原有的建制,取消了河西节度使、州、县、乡、里的体制,而改变为吐蕃建制。据敦煌遗书所提供的资料,当时敦煌十三乡的名字被取消,代之以纥骨萨部落、悉董萨部落、擘三部落、上部落、下部落、行人部落、丝绵部落、獠笼部落、中元部落、悉宁宗部落、通颊军部落、僧尼部落及道门亲表部落等。部落即千户,千户之下是五百户组成的小千户,置小千户长一人,再其下是百户,由百户长"勒曲勘"管制,另设小百户的"格儿",最后是十户组织,有十户长"勒勘"。吐蕃所推行的部落、将制是集政治、经济、军事三位一体的组织系统,即官府的户籍制度,这种记载详细的户籍,当时也称作"牌子"。严密的户籍制度对吐蕃有效控制敦煌起了很大作用。

敦煌佛教势力极盛,吐蕃民族也信奉佛教,使得汉文化又得到佛教的庇护。敦煌士族势力强大,吐蕃统治者对他们也无可奈何,还得利用他们维持统治。正是士族长期以来在文化上的特殊地位,使得文化有了抗拒吐蕃化的实力。吐蕃统治时期,河陇出现了吐蕃化的趋势,汉唐文化逐渐消失,而敦煌却顽强地抵制了这股潮流的猛烈冲击,保持了文化上的独立性,这与敦煌所具特殊条件紧密相关。

吐蕃在占领河陇之后,以本土的司法制度作为蓝本,吸收甚至模仿当地唐时的司法制度,从而形成一种具有新特点的司法体系。这一时期司法制度的特点就是行政和司法相混同,在吐蕃中央有刑部尚书负责司法审判,但赞普始终控制着司法权,地方司法机关仍由行政机关兼理,地方长官能够利用行政权力,干预和操纵司法,但地方长官有直接管理诉讼的下属官员。佛教界也介入司法系统,参与审理与佛教有关的案件和一些与佛教无关的重大案件。节度使本人也负责审理一些重大案件。在州一级,节儿、乞立本(万户长)、都督、僧统等僧俗官员都有权主持本州的民、刑事案件的审理。都督一般主持案件的初审,此后还要向瓜州节度使衙署大理法司请求复审进行最终裁决。州一级的僧官除了与节儿、都督等世俗官员一起审理一些与寺院僧尼有关的案件外,还参与审理一些与寺院无关的要案。在基层,部落使等官吏对所辖民户的奴婢买卖等民事案件也有一定的审判权和调解权,如民户对处理意见不服可以上诉。从相关文献的记载看,在敦煌,几乎所有的司法官员都是由行政官员来担任的,因此我们说此时的行政与司法是相混同的。

同时,吐蕃统治者还大量任用流落敦煌的唐朝官吏和敦煌当地的士族人士担任基层政府的官员,采用汉人治汉的措施,有效地巩固了吐蕃在敦煌的统治,也使得敦煌唐朝先进的封建经济、文化得以生存和发展。

三、吐蕃封建经济的确立

吐蕃统治时期,在敦煌看起来是倒退,这是就敦煌地区原有的封建经济而言;但就吐蕃王国和整个吐蕃民族来讲,却是极大的进步——吐蕃在敦煌完成了奴隶制向封建制转化的历史变革——在吐蕃的经济、文化以及对外交流方面的社会历史事实雄辩地证明了这一点。

在赞普主持下,吐蕃在敦煌的农业、牧业、手工业等封建经济得到建立和发展,促进了吐蕃社会的变革。

吐蕃统治时期,改变了唐代前期实行的均田制,实行突田制。以突作为土地的计量单位,计口授田,大体上是每人一突。土地税被称为"突田",交纳"突田"被称为"纳突"。虽然受到吐蕃奴隶制的影响,但这种土地制度的封建性质还是十分明显的。从敦煌文献所保存的收缴税负的账目"突田历"所反映的情况看,在突田制度下有纳突户和"不合纳"的减免户,像沙州左三将下的纳突户,一般要向常乐交纳一驮半,向瓜州交一驮,其余数目则分别交往蚕坊、寺院;另一些数目则由本将中的人户经收。当时一般的寺院都收取官府的布施,称为官傣,这种官傣有时由纳税户直接交给寺院,然后将该数额在该户应纳税额中扣除。突田税交纳的物品有小麦、青麦、布、油等。虽然纳突与计口授田有关,但突税并不是按田亩数或按丁交纳,而是按户交纳,其税额是每户八驮上下。突田制下的敦煌百姓,除了纳突之外,还有差科,即还要服官府的徭役。差科包括身役、知更(守夜)、远使(派往远处当差)等。

据《白史》记载,敦煌文书中,有一份大尚论发给沙州官吏的公函,来信其不许侵夺百姓的林园。信函中还称,吐蕃的"沙州大王"拥有林园多处,用以每年向吐蕃王廷及将帅进贡"冬梨";由吐蕃移民敦煌,"南尼婆罗"的小康人家"每户亦各植一小园"。可见当时敦煌地区有相当规模的经济林园,展示了吐蕃时期林业的发展及统治者的重视。

吐蕃统治时期,无论是敦煌的汉文文献还是藏文文献,对寺院经济的记载都比较丰富,敦煌的寺院经济是一百多年来国内外学术界十分重视的课题,成果累累。从这些记载及研究成果看,吐蕃时期敦煌地区的手工业十分发达,寺院的"寺户"中有固定的各行各业的手工业劳动者,各类系列,分工细致,有生产工具和生活用具的制作、粮食及各类农牧业产品的加工、建筑修造等各种适应社会生产和百姓生活的工匠。工匠们还有属于官府管辖及一部分自由民身份者。手工业的发达是吐蕃封建经济发展的重要标志。

无论是汉文史籍还是藏文史籍,几乎都对吐蕃封建经济的发展没有任何记载,但却大量反映在敦煌藏汉文文献之中,充分说明了曾一度作为文化中心的敦煌在吐蕃历史上的重要地位。

四、以译经、写经为主要内容的佛教文化事业

敦煌莫高窟藏经洞 1900 年出土的藏文文献,又称敦煌吐蕃文献,数量巨大,内容丰富。目前这部分文献收藏于世界各地,大体情况是:海外近 5000 件(号),其中法国国家图书馆 3375 件,英国国家图书馆 1370 件,俄国藏 214 件。国内北京、中国国家图书馆所及各地公私零星收藏近 300 件。国外藏品主要是斯坦因、伯希和劫走的部分。

斯坦因部分目录早有刊布,伯希和的目录目前只有一部分刊布,即拉露目录 2216 号,还有 1100 多号(页)未有详细目录刊布。甘肃各地藏敦煌藏文文献,分属于十家单位和一家私人所藏,共编 6741 号(件),其中敦煌市博物馆 6134 号、甘肃省图书馆 351 号、敦煌研究院 162 号。据此,敦煌藏文文献的总数已经近 12000 件。

敦煌吐蕃文献同汉文文献一样,仍然分为文书和写经两大部分。文书部分,根据国内外专家们以往的研究,大致可分为历史文书、军政文书、经济文书、法律文书、科技文书、教育文书、宗教活动文书、民族关系文书、象雄语文献等。敦煌吐蕃历史文书包括吐蕃历史大事记年、小邦君臣世纪、赞普相论世系、赞普相论传记等,记录了吐蕃民族的起源、发展、强盛和衰落的历史、吐蕃社会状况等。军政文书,包括吐蕃王朝的各级官员处理各类军政事务的记录。法藏文献中有吐蕃职官制度方面的文献;甘肃藏品中有一部分吐蕃大臣之间处理军政事务的往来书信。经济文书,分社会经济文书和寺院经济文书两类,社会经济文书中有部落和田亩籍账类文书,有寺院财产登记及借贷文书。法律文书包括契约文书和诉讼、净讼文书。科技文献包括天文历算、手工工艺、医学药学等文书,展示当时蕃、汉各族人民对祖国科学技术进步的重大贡献。教育文书,包括给人们行为规范的文书、语言文字文书、汉文经籍文书的蕃译、印度文学史诗的蕃译等。宗教活动文书包括佛事活动的愿文、苯教活动文书、占卜文书等。民族关系文书包括北方诸邦国王统、吐谷浑史事系年、与回鹘的关系、处理汉蕃民众纠纷文书,以及历史文书中所涉及的民族关系方面的记载。

敦煌藏文写经主要分两大类:第一类是卷轴装的《大乘无量寿经》,第二类是梵夹装的《十万般若颂》,另外,写经的内容还有一定数量的《心经》《大宝积经》《金光明经》《贤愚经》等。同汉文写经一样,藏文写经中有一大批"报废经叶",这类写经均为单纸,一般都有朱笔圈点、打叉,首尾批语,中间剪断、剪边等痕迹,批语中明确指出其为报废经页;但由于当时纸张的珍贵,这些报废经页并没有被毁,而是保存了下来,有些还在空白处书写其他社会文书;加上原有的卷目、品名及写经、校经题记,使这些经页具有了写经与文书的双重性质,价值意义更大。敦煌市博物馆、甘肃省图书馆及法国国家图书馆藏品中均有一定数量的报废经页,但这部分文献一直没有引起以往研究者的重视。

在敦煌藏文写经中,发现和初步确认了一些重要历史人物的写经、校经题记,如吐蕃第三代法王赤德祖赞(可黎可足)的王妃白吉昂茨、高僧宰相(教相)钵阐布贝吉云丹,以及著名高僧法成等。日本学者上山大峻曾就敦煌吐蕃名僧法成校经事迹,根据英、法所藏作过统计和介绍。但对王妃和宰相等更重要的吐蕃历史人物,目前还是首次发现和确认。藏文史籍中有关昂茨与云丹有不正当关系的传闻,历来为藏史学家津津乐道;而从敦煌文献中关于他们二人长期滞留敦煌看,那些传闻并不一定是空穴来风。

敦煌文献中还有大量吐蕃时期的汉文写经与记载吐蕃历史文化的汉文文献,虽然没有一个比较确切的统计数字,但从众多专家学者研究和使用情况看,也应该有数千件。写经部分也有大量的《大乘无量寿经》与《大般若经》(即吐蕃文之《十万般若颂》)内容。有许多写经生既写汉文经,又写藏文经。文书部分记载了吐蕃治理时期的敦煌经济、政治、文化、历史、宗教、民俗风情、民族关系等各方面详细而具体的历史面貌。无论是文书还是写经,都可以与藏文文献相互印证、互为补充。

五、吐蕃史传在敦煌编纂的意义

敦煌藏文文献中最著名的吐蕃历史文书中的大事纪年、赞普世系、大论世系、赞普大论传记等，都是成书于吐蕃统治结束之后的文献。这就是说，在吐蕃王朝灭亡和统治结束后，敦煌还有用吐蕃文记录和整理、撰写吐蕃历史的专门机构。敦煌藏文吐蕃历史文书是目前发现唯一详细而系统地记载吐蕃千年间从起源、强盛到衰落的历史过程的文书。

吐蕃灭亡后，为什么它的历史要在敦煌撰写和保存下来？只能说明敦煌就是吐蕃的文化中心，也只有在敦煌才能从事这一工作，吐蕃本土及其所占领的其他地区都不具备这个条件。

著名的敦煌藏文吐蕃历史文书中，P.t.1288、IOL750 号及 Or.8212 (187)为《吐蕃大事纪年》，或曰《编年史》，记录吐蕃王朝建立初期和前期的历史记事，目前所见资料截止于公元 764 年，似乎带有"实录"的性质；从卷面看，P.t.1288、IOL750 是经过整理、编纂和誊抄整齐的"定稿"，而 Or.8212(187)则是一份草稿，更像是"实录"的原稿。笔者认为后者成书于吐蕃统治时期的可能性较大，而 P.t.1288、IOL750 为后来整理，其时很可能是在吐蕃统治结束之后。至于 P.t.1286、P.t.1287 卷《赞普世系》《赞普、尚论传记》所记的其他内容，均应成书于吐蕃统治敦煌结束之后。因为 P.t.1286《赞普世系》所记最后一位赞普朗达玛，是吐蕃王朝的末代赞普，下距吐蕃统治敦煌结束有六年时间。这份文献的后部还有残缺，说明成书于吐蕃王朝灭亡之后。另如《赞普、尚论传记》中时代的前后顺序也有错乱的地方，看得出是草稿，还没有经过整理。但无论是统治时期还是统治结束以后，这些历史文献及大量吐蕃文写经为敦煌所独有，在吐蕃本土及其占领过的广大地区都没有发现过。所有文献的原成书地点，应该就在敦煌。

记录历史，以史为镜，是吐蕃接受唐朝先进文化的又一标志。中国从传说中的黄帝时代起就设有"史官"一职，专门记录帝王行踪和国家大事，并在此基础上编纂史书。唐代以来，官修史书已经成为一项制度,新建立的王朝要为前代修史,这是义不容辞的。吐蕃统治结束以后,住在敦煌的吐蕃文人们,对吐蕃历史进行全面的总结和叙述,这也可能是参照汉族的史志编修制度为吐蕃编史修志,总结吐蕃历史的经验教训,不仅为后人留下一份珍贵的历史文献,也为后世历史的发展提供借鉴。另外,由此推测,vol.69,fol.84《吐谷浑编年》、P.t.1283《北方诸邦王统》也应该是这个时代的历史文献——用吐蕃文编写的民族史志。

但产生在敦煌、编纂已经灭亡的吐蕃王朝历史志书这一点,就足以说明敦煌在吐蕃历史发展,特别是吐蕃文化史上的突出地位。

六、敦煌石窟与吐蕃佛教文化

创建于公元4—14世纪的敦煌石窟,在吐蕃时期也营造了众多的佛窟,以图像的形式记录了吐蕃时期的历史与社会。吐蕃时期敦煌石窟的大量营造:据统计,敦煌莫高窟、安西榆林窟等石窟群,有吐蕃时期的佛窟共100多座,其中一半以上是重修,占整个敦煌石窟洞窟总数的五分之一。虽然当时营造基本还是汉人圈里的事,但石窟营造于吐蕃时期,反映了吐蕃特色,记录了吐蕃历史与社会,同样也因吐蕃的统治而使石窟有了变化。

首先是洞窟建筑形制发生变化——石窟的特色与定型:洞窟建筑形制大多为西壁顶龛殿堂窟,也有设中心佛坛者,窟形整体显得规则化,形如"帐",结合龛形,又形成大帐内套小帐的格局,代表窟有莫高窟第159、231、237、240、359、358、360、361等窟。

其次是窟内经变画的增多,一窟之中,少则几幅,多则十几二十幅,正如记载石窟内容的文献所云:"方丈室内化尽十方,一窟之中宛然三界。"多幅经变画的大量出现于一窟,这是石窟历史性变革,它集中体现了佛窟主题思想的多样化特征,以适应人们各种各样的精神需求。

再次是大量的佛教史传画与瑞像图的出现,在吐蕃统治晚期的洞窟壁画中,以小像、单尊像或简单造像组合出现。这些造像有天竺、尼泊罗、犍陀罗、于阗、凉州、张掖等国家和地区的瑞像图和佛教史传画,其中以于阗瑞像居多,集中反映与于阗有关的建国历史传说或于阗守护神。大量外地瑞像传入吐蕃统治下的敦煌地区,说明了在这一特殊历史时期当地人对佛教神异的信仰,和渴望瑞像护佑沙州的基本精神。

又从形式上看,屏风画与经变画的结合,是这一时期单铺经变画的新形式。龛内屏风画取代盛唐的弟子、菩萨像而成为常见的设计布局形式;南、北、东三壁面上,屏风画与经变画的组合,取代了初唐、盛唐常见的条幅式画样,形成这一时期经变画别具一格的样式:屏风画位于经变画下部,所画内容是所对应经变画的相应故事画或相应情节内容,具有补充解释经变画图像的功用。这种构图形式便于在洞窟的一壁上布局更多的经变画,和表现更详细的佛经内容,突出和更大限度地发挥佛窟的宣传教育功能。

吐蕃统治对敦煌石窟的影响,主要表现在敦煌石窟凸显的佛教社会化的特征。敦煌全社会都信仰佛教,佛教成为人们社会生活的重要内容和精神支柱。敦煌石窟的社会化功能基本定型,历史与艺术在一个特定的时期融为一体,构成了中古敦煌石窟艺术的独特篇章。

七、吐蕃在敦煌的东西文化交流

敦煌地处交通要冲,是东西方经济文化的重地,吐蕃统治时期也不例外。敦煌汉藏文文献中均保存有相关的记载,如敦煌藏文文献PT.0960《于阗教法史》、P.t.1283《北方诸邦王统》就是吐蕃与于阗及突厥各部进行文化交流的历史记录。

首先,吐蕃替唐朝担负起保卫丝绸之路的任务,它维系了唐朝退却后西北地区的地域完整性;客观上起到了抵御大食东进的作用;密切了同西北各族的关系,如吐谷浑、突厥、回鹘、沙陀、勃律等。

其次,交流是封建经济文化必不可少的内容。吐蕃在经略西北的进程中,西北各族的政治、经济、文化对吐蕃社会以较大的影响,其中以部落制度、军队编制、刑法治罪等较为典型。吐蕃对西北地区的经略,密切了吐蕃与汉族及其他民族的交往和联系。吐蕃统治时期,蕃、汉、浑、羌各族军民在一起耕作、生息、彼此通婚,形成了各民族杂居互处,语言、文化、艺术互相交融的局面。

再次,吐蕃文化的主体是佛教文化,而佛教又是当时各民族普遍信仰的宗教,敦煌又是佛教圣地,在佛教的大旗下进行沟通,从事文化方面的联系,相互学习和提高,是很自然的事。吐蕃统治时代,居住的各民族人民能够和睦相处,佛教作为这一地域文化的主体内容和社会主体意识形态,发挥了一定的作用。

余论

吐蕃治理敦煌近百年,对敦煌文化的发展进步和敦煌社会的变革也起到过重大作用。吐蕃文化对敦煌本土文化产生过重大影响,敦煌石窟内容的包罗万象和功能定型,应该与敦煌作为吐蕃的文化中心密切相关。可以说,敦煌成就了吐蕃,吐蕃也成就了敦煌;吐蕃时期的敦煌文化是整个吐蕃文化中最先进的封建文化,也是敦煌文化发展历史上最具特色的民族文化。而且,敦煌吐蕃文化对敦煌后世的文化发展产生过很大影响,除了敦煌石窟的内容、性质、功能等基本没有改变吐蕃时代的形式以外,还有很多方面值得引起我们重视的内容。

吐蕃统治时期的敦煌僧团,是一个庞大的社会集团组织,在后来不断地发展壮大。僧团的组织制度及管理形式都是在吐蕃时代奠定的。大量的男女信众剃发出家，成为敦煌的一道亮丽的风景；一所寺院就是一个小社会，不仅有完整的经济文化教育管理机构及活动，而且高僧直接参与政治，普通僧人编队从军等，都是吐蕃时代保留下来的传统。僧侣广泛参与社会活动，石窟和寺院成为社会活动的场所，是敦煌佛教社会化的特色展示，也是敦煌历史和中国佛教发展史上的特色显现。

还有一件值得注意的事件：敦煌文书 P.2762 正面是汉文撰写于公元 9 世纪末的《张淮深德政碑》，其时上距吐蕃结束在敦煌的统治已近半个世纪。而同时期成书的背面所书汉藏对照词语，汉译的意义似乎与藏文原文有所出入："ha sib yang ngos"的直译应该是"河西北方"，而在这里写成"河西一路"；"bod bri btsan bo"则按常规写成"吐蕃天子"；而"bod"，按词意，bod 应该是藏族、"藏人"的意思；在唐代，通常也写成蕃、吐蕃、大蕃等，但在这里却被写成"特蕃"，这不仅在敦煌文献中仅此一例，而且在整个藏汉语翻译史上也不曾见第二例。

在古代汉语里，"特"有"大"的意思，"特蕃"应该就是"大蕃"。但在吐蕃统治结束半个世纪后出现的这个词，显然与吐蕃统治时期的"大蕃"应该有所区别。笔者以为，"特蕃"一词，实际上指的是一种历史现象。吐蕃统治虽然结束，但它的影响却在所统治地的敦煌及陇右地区延续了一个多世纪，即公元 9 世纪中期至 10 世纪中期。所以，这里的"特蕃"，应该是一个时代，是敦煌及陇右地区仍然受吐蕃影响的时代，我们把这个时代可以称作敦煌及陇右地区的后吐蕃时代。作为这个时代的标志，就是吐蕃语言仍然是陇右广大地区各民族之间的公共语言而被广泛运用，吐蕃赞普的形象在敦煌石窟中频频出现。而这些历史现象与当时吐蕃在陇右广大地区的残余势力似无多大关系，似乎也未受到该时期中原地区走马灯一样的改朝换代的干扰。

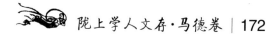

在敦煌石窟壁画中,《吐蕃赞普听法图》一直是吐蕃统治时期的《维摩经变》的主要画面之一,吐蕃赞普像列各国王子之首,并有大臣随从前呼后拥。可在吐蕃统治敦煌结束以后的一段时间里都不再出现。到张氏归义军后期,消失了半个世纪的吐蕃赞普画像,奇迹般地出现在莫高窟第9窟的各国王子行列之中;而且显赫地排列在第三位,身边如同前二位王子都一样拥有两名侍从。看来,就是吐蕃赞普和吐蕃王朝的巨大影响力,在其政权消失半个世纪以后,仍然是敦煌的执政者们用以改善民族关系、巩固自己统治的可借用力量。从此之后的莫高窟大窟中,凡是绘《维摩经变》的洞窟壁面上,总有吐蕃赞普出现在各国王子听法的行列之中,只不过是从吐蕃占领时期的首席位置退到后面。曹氏时期,每一任节度使要在任期内建造一座甚至几座大型佛窟,而且在这些佛窟的《各国王子听法图》中都要画上吐蕃赞普的像。在整个曹氏归义军政权的前期和中期,历五代、宋初,吐蕃赞普长久不散的"阴魂",吐蕃统治对周边各民族的深远影响,奉中原正朔的曹氏祖孙三代的历代统治者们十分看重,这对曹氏政权的巩固和强大,对敦煌地区的社会安定与发展都起到了一定作用。

由此可见,"特蕃"是一个时代,是吐蕃王朝灭亡之后的一百多年间,吐蕃文化继续对所治理过的地区存在巨大影响的时代。

敦煌作为历史上吐蕃文化中心的事实证明:藏族自古以来就是中华民族大家庭的主要成员之一,吐蕃民族和汉族及其他各族人民一道,共同创造了中华民族辉煌灿烂的古代文明,为中华民族的进步和发展作出了巨大贡献。研究敦煌吐蕃文化,可为我们今天继承和发扬中华民族的优良传统、实现中华民族的伟大复兴提供历史的借鉴。

参考文献:

[1]更敦群培著,法尊译:《白史》(铅印本),西北民族学院研究所,1981年。

［2］姜伯勤:《突地考》,《敦煌学辑刊》1984 年第 1 期。

［3］L.de la Vallee Poussin,Catalogue of the Tibetan Manuscripts from Tun—huang in the India Office Liabrary,London:Oxford University Press 1962.《斯坦因搜集藏语文献解题目录》1—12 册,(日)东洋文库,1977—1988 年。

［4］张云:《唐代吐蕃与西域的文化交流》,《甘肃民族研究》1991 年第4 期。

［5］王尧:《法国藏藏文文献解题目录》,民族出版社,1999 年。(这个目录是的在汇总拉露(Marcelle Lalou 1890—1969)分别于1939、1950 和 1961 年出版的三卷本国立图书馆所藏敦煌藏文写本注记目录(Inuentaitedes manwctitas de Touen—houang consetes ala Bibliotheque Nationale,3 tomes,Paris 1939,1950,1961)的基础上,搜集相关的研究成果编写而成。)

［6］杨铭:《吐蕃统治敦煌研究》,新文丰出版公司,1997 年。

［7］黄布凡、马德:《敦煌藏文吐蕃史文献译注》,甘肃教育出版社,2000 年。

［8］史苇湘:《敦煌历史与莫高窟艺术研究》,甘肃教育出版社,2002 年。

［9］黄维忠、王南南:《甘肃省博物馆所藏敦煌藏文文献叙录》,《中国藏学》2003 年第 4 期。

［10］马德:《甘肃藏敦煌藏文文献概述》,《敦煌研究》2006 年第 3期。

［11］马德:《特蕃考》,《兰州大学学报(社会科学版)》2006 年第 6期。

［12］沙武田:《吐蕃统治时期敦煌石窟研究》,兰州大学博士后研究工作报告,2008 年。

(《敦煌吐蕃文化学术研讨会文集》,甘肃民族出版社,2009年)

秦陇情怀

中华文字始祖与白水民间信仰

　　从认识第一个汉字的时候起,就知道传说中国古代有个叫仓颉的人,汉字就是他创造的。国内官方和民间也都公认仓颉是创造汉字的始祖。2004年9月和2005年1月,笔者怀着崇敬的心情,两次踏上陕西省白水县这块古老而神奇的土地,拜谒仓颉庙并考察相关的遗迹。本文拟向各位专家汇报一下考察学习的情况和自己的一些感受,诚心求教并望引起注意。

一

　　据传说,仓颉原姓侯冈,名颉,号史皇氏,陕西白水县阳武村人,原为一部落首领,后率全部落归并轩辕黄帝部落,自己则做了黄帝的左史官。传说他仰观天象,俯察万物,首创了"鸟迹书",震惊尘寰,堪称人文始祖。黄帝感他功绩过人,乃赐以"仓"姓,意为君上一人,人下一君。由于仓颉造字功德感天,玉皇大帝便赐给人间一场谷子雨,以慰劳圣功。仓颉享年110岁,去世后,黄帝亲赐墓地厚葬,当地百姓在其墓葬处修建庙宇,并将这里的村庄取名为"史官村",这一带被称为史官塬。这就是陕西省白水县的仓颉墓和庙,是国内唯一仅存的纪念仓颉的庙宇,为国务院公布的第五批全国重点文物保护单位。

　　据东汉桓帝延熹五年(162年)的《仓颉墓塚碑》记载,仓颉庙当时已具一定规模。今仓颉庙占地17亩,高垣厚墙,格局完整;主体有山门、东西戏楼、前殿、报厅、中殿、寝殿、钟鼓楼、东西厢房等。庙内原有碑石多块，今存碑16通，以立于清乾隆十九年（1754年）的《仓圣鸟迹书碑》最为珍贵，碑面所镌28字，相传为仓颉当年所造象形文字之本形。紧靠后殿（寝殿）为仓颉墓，圆锥形，围以六角形砖砌花墙，墓顶原有一株千年古柏，后被锯伐，现留遗迹。庙内现存建筑多为元明清三朝代所建，装饰华丽，地方色彩浓厚。仓颉庙的三门为庙内唯一的叠式建筑，下层内含四窑洞，外开明三门；上层是门楼、南北两面为雕花木制檐屏通风探光。紧贴三门建有两座戏楼，为中国众多祠庙建筑所独有。仓颉庙里有48棵古柏树，树龄均已上了千年，超过山东曲阜孔庙、黄帝陵的古柏群而居我国三大古柏群之首。48株古柏都有漂亮的名字和动人的传说，都是一曲曲关于仓颉高尚人品、丰功伟绩的歌。庙内前殿匾额题"文字始祖"四个金字，是对仓颉历史功绩的高度概括，也包含了人们对这位"万代文字之宗、千古士儒之师"的崇敬之情。

在有关创造汉字的传说中，仓颉造字说，是一种有价值且比较可信的传说。这种传说最早出现在战国时代的文献里。《吕氏春秋·君守》说："奚仲作车，仓颉作书，后稷作稼，皋陶作刑，昆吾作陶，夏鲧作城，此六人者，所作常矣。"《荀子》《韩非子》也有关于仓颉造字之说。到了秦汉时代，仓颉造字说流传更广，影响更深。《淮南子·本经训》有"昔者仓颉作书而天雨粟，鬼夜哭"的传说。李斯统一文字时所用的课本，第一句就是"仓颉作书"，所以称作《仓颉篇》。东汉许慎把前人传说吸收后加以整理，正式写入早期汉字史："及神农氏结绳为治而统其事，庶业其繁，饰伪萌生。黄帝之史仓颉，见鸟兽蹄迒之迹，知分理之可相别异也，初造书契。""仓颉之初作书，盖依类象形。"（《说文解字·叙》)《文心雕龙·练字》沿袭许慎的说法，才有了"文象立而结绳移，鸟迹明而书契作"的名句。综述各家论断，仓颉造字说的可取之处，主要在于它说出了汉字起源的一些道理，如史官结绳记事的需要，记事与传递资讯的需求，"依类象形""分理别异"的启示，等等。仓颉是史官，因集中使用原始文字，得以对群众自发产生的字加以规整。《荀子·解蔽篇》说："故好书者众矣，而仓颉独传者，壹也。"指出了仓颉总结和运用了汉字的规律。荀子认为，后稷之于稼，夔之于乐，舜之于义，和仓颉之于书一样，都是因为专门从事某方面的工作，从而掌握了正确的规律，才能独传。仓颉是一个因为集中使用文字而摸着了它的规律从而整理了文字的专家，在汉字从原始文字过渡到较为规范的文字的过程中发挥了重大作用。可以推断，这样的一个人，在汉字起源阶段的晚期，一定会存在的。

因此，仓颉是传说中的"文字始祖"，应该将他看作是中华文化的奠基人。因为文字是文化的基础的基础。仓颉是一位真正的圣哲，他对中华民族和世界人类的贡献无论如何评价都不为过。白水民间一直有这样一个传说：被中华民族尊为圣人的孔子，当年周游列国时，路过史官塬，因仰慕仓颉，特地前去拜祭，在仓颉墓前，他痛哭不绝，长跪不起。在白水县内仓颉庙以东，就有一条小溪，据当地老百姓讲，孔子祭拜完仓颉墓后，曾来到这条河饮马，并在河边的村庄留宿，这条小河因此被称为"孔走河"，该村庄也称"孔走河村"。孔圣人尚且如此，其他所有的认识汉字、使用汉字的人，应该如何对待仓颉，便不言而喻了。

二

中国地大物博，历史悠久，每个地区都有自己的一方神圣。陕西省白水县的地方神为四圣：为首者仓颉，尊称"仓圣"，是一个妇孺皆知的人物，是白水老百姓祖祖辈辈心目中的至神至圣。白水人对仓颉的崇拜和信仰，不是来自于历史文献的传说记载，而是来自于仓颉留在白水的遗迹遗物和白水人民祖祖辈辈的口头传说。白水人民对仓颉倾注了他们全部的情感,他们不信鬼神,就信仓圣。白水劳动人民很早就为仓颉演绎了许多丰富动人的传说故事。这些故事多姿多彩,土香土色,深得当地人民喜爱。传说包括造字用字、降妖伏龙、斗智斗勇、解释地名、节气名称由来、仓颉显圣、木石变形等等。下面选介部分传说,并对其中所展示的仓颉信仰与崇拜作一简单的概述。

(一)对仓颉造字的丰功伟绩的崇拜

对仓颉造字,传说远比文献的记载要详细和具体。

传说远古时候,蒙昧未开,人们都用结绳的办法录史记事。那时候,仓颉还姓侯冈,是黄帝的史官。由于记录史实的结绳形状奇异,年久月深难以辨识,有一次,仓颉就是因这些绳结记录的事件给黄帝提供的讯息出了差错,致使黄帝在和炎帝的作战中失利。事后,仓颉愧而辞官,云游天下,遍访录史记事的好办法。三年后他回到故乡白水杨武村,独居深沟,"观奎星圜曲之式,察鸟兽蹄爪之迹",历经千辛万苦,饱受饥寒,多少次与野兽搏斗,与恶劣的天气抗争,在黄帝的大力支持和广大百姓的全力配合下,终于搜集整理各种素材,把天下的山川日月,飞禽走兽,都按照象形画出来,创造出了代表世间万物的各种符号。他给这些符号起了个名字,就叫作字。一天,有个人在河边捉住一只大龟,前来请仓颉造个"龟"字。仓颉把龟细看了一遍,发现龟背上有排列整齐的方格子,便照龟的象形,造了个"龟"字。然后又把字刻在龟背上的方格子里,龟由于背上刻字感到疼痛,乘人不防时,爬进河里去了。三年以后,这只背上刻字的龟,在另一个地方又被人捉住,刻在龟背上的字不但没有被水冲掉,而且还长大了,字迹也更明显。从此以后,仓颉就命人捉到龟把龟壳都取下来,他把自己造出的所有象形字都刻在龟壳的方格子里,然后用绳子串起来,送给黄帝。黄帝看了很高兴,命人好好收藏,并给仓颉记了一大功。传说从这时起,我们中华民族就有了最早的象形文字和甲骨文。

文字这个人类"秘密武器"的创造,弄得"天雨粟,鬼夜哭,龙亦潜藏"。传说,字不仅能记事,还能避邪。仓颉创造了文字,就能把世间所有善德恶行统统记录下来,传至后世,以至千秋万代。山鬼闻之发慌,恐自己丑行被记录传世,便勾结妖龙欲加害仓颉、毁掉文字。仓颉得到玉皇大帝的护佑,使山鬼妖龙的阴谋未能得逞。后山鬼变作村姑,以求教字为名诱骗仓颉至深山密林,驱使毒蛇猛兽及妖魔鬼怪向他袭击,山鬼亦现出原身,张开血盆大口欲吞掉仓颉,抢去背上的书捆。却不料书捆中突然飞出一团火球,烧得山鬼钻回山洞,书捆却完好无损。随后有山神帮仓颉平安归家。这就是字能镇邪的来历。后来妖龙又兴风作浪,将所有书页卷上天空,又卷进黄河;仓颉得神仙相助,顺利找回书页。随后妖龙藏匿,且天下多年未遭水灾。这就是字的威力。

(二)仓颉的形象崇拜与祭祀

史称仓颉"龙颜四目""声有睿德"(《论衡》《吕氏春秋》)。仓颉庙寝殿内原供泥胎粉身的仓颉像,四目灵光,有"雕塑史上一杰作"之誉,惜毁于"文革",1991年民间聚资重塑。

白水人民对这位心目中的至神至圣倾注了全部的爱戴和崇敬:

1.中国历史上的"君上一人"

黄帝赐姓传说中说:仓颉造字,国民得福,黄帝深感其能,为表彰仓颉对人类的重大贡献,乃赐仓为姓。"仓"字意为君上一人,人下一君,黄帝认为仓颉的神智和贡献都超过了他,把仓颉看得比自己更高更伟大,是君王上边独一无二的圣人。中国历史上,历代帝王也都表现出对仓颉的尊敬。仓颉墓的所在地,北依黄龙山,南傍洛河水,东有凤凰山,西有丰乐原,南边再往前就是奔腾的渭河和广阔的关中平原,可谓是绝好的风水宝地。但历代帝王都没有把自己的陵墓选在这里,最近的就是白水南郯的蒲城县境内的几座唐代帝王陵,位置在仓颉墓以南,地势要比仓颉墓低百米以上。还有一个传说:白水以南的五龙山,是大禹王的五个儿子的长眠之处,他们五兄弟是上天安排,也是自愿来为仓颉守墓的;后来有些帝王曾经想将陵墓往白水土地上建,但都在五龙山遭到了拦截。看得出来,历代帝王们都遵循黄帝的古训,把仓颉看成是"君上一人"。

2. 谷雨祭祀

谷雨是农历二十四节气之一。传说仓颉造字之后,天帝受了感动,特下谷子雨以示酬劳,《淮南子·本经训》中记有"昔者仓颉作书而天雨粟"的记载,故有"谷雨"一节。谷雨庙会则是白水人长期传承为纪念仓颉而举办的庙会。年年谷雨起会,历时七至十天。谷雨大典结束,各学校师生集齐列队于殿前致祭。他们先脱帽三鞠躬,再唱纪念仓颉丰功伟绩的赞歌。谷雨庙会时,周围农户每家要蒸三个馍,其中有一个很大的献馍,上饰五颜六色的面花,摆在贡物中间,煞是好看。献毕,主人拔几枝花插在女儿头上,拿来没饰花的馍给儿子们分食。然后将自家姓名报于管事人,管事人把饰花大馍写上主人姓名,以供游人观赏,谁家的馍花被众人夸为最好,谁家的主妇就分外荣耀。

在仓颉出生地杨武,村民为其建有一庙,建于何时,无从查考。庙为一座大殿,内塑四目粉身坐像。每年三月二十八日庙会,会期三天,目的是纪念仓颉的生日,似有祭祖的性质。规模较小,无执事进庙等壮观场面,但祭礼贡物与谷雨庙会无异。杨武庙会在谷雨庙会之后,史官塬一带村民跋涉五六十里路,亦前去祭拜。不去,心里过不去,怕对仓颉不恭。

3. 蒿木担子

元代修建的寝殿,以蒿木为前殿大檩,长 16 米,直径 0.55 米,径匀体直,世所罕见。据传说,很早以前,有一只鸟在玉皇大帝宫殿前的一棵树上衔了一粒树籽,它飞过仓颉故乡时,树籽突从嘴里掉下去,落到仓颉住过的窑洞前,后来就长成一棵蒿树,由玉帝亲自派仙童养护,后来小蒿树长成参天大树。百姓知道此树乃上天专为仓颉而种,便伐取中间一截用于仓颉庙的寝殿的大檩,俗称蒿木担子,衬托仓颉的伟大和神圣。蒿本为草,长不成树木,后世植物学家曾对此多方化验研究,至今未能明确此"蒿木"为何木质,遂成为千古之谜。

(三)无所不能的仓圣

仓圣关心着人世间的生存发展和人的教育,作为一方神圣,他频频显灵,继续为故乡做着贡献。仓颉庙内墓塚西北有一古柏名"转枝柏",四方枝叶轮流枯荣,哪方枯了,兆示哪方干旱,哪方荣了,兆示哪方雨水充沛,丰收可望,群众对此虽有迷信的观念,但在一定程度上是确有其事。因此,白水人民一遇困难,首先想到的是这位仓圣爷。

祈雨。外地祈雨求龙王,白水祈雨找仓圣。时逢干旱,村民推举四个或八个年轻人到仓圣庙抬请仓圣神楼。因怕别家抬走,进庙后不参拜神像,只给住庙和尚打个招呼,然后抬起便走。有时几个村的人同时进庙,为谁先谁后,常常争吵。神楼进村,置于敞阔处,村妇及儿童戴事先编好的柳条帽,跪于神楼之前,求雨声嚷成一片。此时,小伙子抬来清水,用大盆盛了向人群头上猛泼,祈雨者也不躲避,虽浑身湿透,心里却高兴异常。祈雨毕,送神楼归庙。

求子。关中各地求子多拜观音和送子娘娘。白水的妇女是向仓圣爷烧香叩拜,口祈求子之情,答应得子还愿。得子后决不食言,有送钱财的,有祭猪祭羊的。未曾得子,自认命运不好,神不予福,内心自省,修养品性,却不道于外人。

祈福禳灾。范围更广,有求医要药的,有请安住宅的。认为吃了神药,自会除病,埋药于院屋四角,可镇一切恶煞。如不见效,必小心谨慎,修德行善,求仓圣降福。

民间还广泛传颂着仓颉显灵惩治邪恶、为民除害、惩治贪官、惩治悍妇、惩治盗贼小偷、教化乡野、救助贫困书生等故事。

惩治贪官。讲的是不知哪个朝代，有位贪官来到仓圣庙里祭祀。他洗净手脸，点燃香草熏身，又把猪羊牛三牲礼品祭上贡桌，然后焚香叩首，样子十分谦恭。知底细的仆役们暗暗祈祷仓圣爷惩治这个贪官，贪官却在心里默默祈祷仓圣爷保护自己。祈祷完毕后打轿回府。轿夫中有一个彪壮小伙，一直把贪官的所作所为看在眼里，记在心中，想找机会为老百姓出气，却一直没有找到机会。就在这次去仓圣庙的路上，小伙子看中了路窄崖深的洛河坡是下手的好地方，他心里盘算好下手的办法，置自己的生死存亡于度外，轻松地舒了一口长气。回来的路上，轿子抬到洛河南坡最窄的路段，小伙子把轿杆向崖下猛的一掀，轿子轱辘辘地滚向深沟，轿内的贪官早被抛出轿外，在乱石棘刺里翻着跟头向下滚；其他的轿夫则骨碌碌倒在路上。那个小伙子却跃身跳下悬崖，他本想和那贪官一同去死，不料滚到沟底后却全身完好无损；他站起来用石头砸死了还在喘气的贪官后，便远逃他乡。州府来人查案，没有抓到案犯，却从贪官家搜得白银万两、金条千根，又接到不少喊冤的状子。就在办案人员一筹莫展之时，街巷村野却传出一个惊人的消息：说那贪官是仓圣爷显灵处死的，还说这是仓圣爷给某村某人托了梦说的。办案人员经过一番商量，编出一个瞒骗州府的谎言，又着重把贪官的劣迹和仓圣爷显灵惩处的传言渲染了一番，便回州府复命；州府亦不再追查此案。以后新派来的官员听到这些传说，慑于仓圣爷的威力，只好规规矩矩地做官，不敢妄生坑害百姓的邪念。再说那个小伙子逃到一个很远的地方，隐姓埋名，做了一家人的上门女婿，过起了太平日子。他的儿子长大后，当了个带兵的大官，回乡祭祖时气势非凡，州县的官员都前来给他叩头。这件事直到今天还在流传，而且有一定的现实意义。

惩治悍妇。一个守寡的老太太给儿子娶了个媳妇。儿子憨厚老实,媳妇蛮悍刁野。老太太和儿子常常受气。有一年谷雨庙会,老太太蒸好花馍,买上香表,提上竹篮子要到庙里去敬祭仓圣爷,想求他老人家护佑全家平安,媳妇变好。可媳妇蛮横地抢走竹篮,扬言要用祭馍喂狗。随后媳妇喝令婆婆看门,自己去庙会玩。第二天晚上,媳妇在梦里受到仓圣爷派来使臣的严厉教训,吓得魂飞魄散,此后便变得言语温和,孝敬婆婆,疼爱丈夫,全村人都感到奇怪。后来,另一少妇不贤,这媳妇现身说法,少妇亦怕,便说给她要好的姐妹们。这事一传十,十传百,传得全村人都知道了。人们说,这是仓圣爷显灵,谁要胡来,就会遭到仓圣爷的惩罚。

惩治盗贼。仓颉庙的大门口有一棵古柏树,叫惊贼柏。据说从前有个好吃懒做的青年男子,有一天半夜想偷庙内仓颉像前的祭器卖钱。由于大门无法进去,当他费了好大劲爬上庙墙头的那一刻,这棵柏枝发出了巨大的吼叫声,并从树枝间喷出数条火蛇将他团团围住;青年男子吓得跌下墙头,连滚带爬逃回家里,大病不起。家里人知道事情原委后,明白是仓颉爷显灵,忙杀猪宰羊,祭祀仓圣爷并祈求饶恕,这青年男子的身体才慢慢好起来,后来变成一个勤劳吃苦、乐于助人的好人。人们都说,惊贼柏是仓圣爷的门衙,也是人们行为准则的一道防线。它巍然屹立在仓颉庙前,使得人们心中警钟长鸣,永以为戒。

救助贫困书生。有个年轻人聪明好学,因为家贫,常在月光底下背书,没有月亮时就到客店里给店主人拉火借光,回去时已经很晚了,在摸黑的路上还背书不止。这事儿被仓圣爷知道了。他派仙童把香客上贡的油天天给书生送去,并命一位仙童天天给书生搭灯笼照明。从此,这位穷书生的灯油天天点,天天满,夜晚行路前边有个灯笼照明。他不知这是仓圣爷暗中救助他,只道有神仙为他保驾,得意之中,他认为自己布施凡胎肉体,金榜高中没有问题。因此,他变得有些飘飘然,啃书的劲头也不大了,每逢学子聚会,还爱出风头,争高下,弄得名声也不好了。仓圣爷知道这件事后,停止供给灯油,叫回打灯笼的仙童,还给他警了一梦,留下四句话语:自轻毁前程,扯去灯和油。歧路若知返,助尔不用求。书生一觉醒来,觉得梦得奇怪,便去看油灯,只见灯碗里的油全干了,到了晚上,他出门时再也看不见灯笼了。他是个聪明人,知道这是神仙对自己的惩罚,便悔恨不已,歧路回头,又老老实实地认真读书,谦虚谨慎地为人处事了。这样过了月余,他家的灯碗里又天天有油,行夜路也有灯笼了。后来,书生赶考,秀才、举人、进士一路通,当了官,也能勤政为民,干了不少好事。

当代传奇故事。离仓圣庙不远的地方,有一个人叫贾仁义,小时候读不好书,多次留级,20岁才小学毕业,可凭着溜须拍马的本领,混进了教师队伍,实际上他根本就不是这块料,特别是在白水,是对仓圣爷的亵渎,因此他受到奚落,便对正直而有能力的人仇恨在心。"文革"中他扯旗造反,投机钻营,当了小头目,整惨了很多好人。后来,他奉命带人到仓圣庙伐柏树、做柏木棺材厚葬他的难兄难弟,看中了仓颉墓塚西侧的转枝柏,伐倒后解成木板;他又趁着夜深人静,偷偷拉走四块木板回家,想用这些柏木板给母亲做一副棺材,也想凭仓圣庙的灵气给自己和子孙后代带来好运。谁知当晚他母亲病倒,名医无术,第三天中午就死掉了。村里知情的好心人对他说,这怕是仓圣爷显灵,人常说"吃了仓颉一粒米,祖祖辈辈还不起",他便将柏木板处理掉,但一直胆战心惊,常做噩梦,便偷偷给仓圣爷烧了好多次香。人们认为他是罪有应得,还以他的事为反面教材教训小孩学好。村民谓仓颉庙内古柏为神柏,并云此柏有灵,不能去伐,谁若不听,必招大祸,贾仁义即是一例。

(四)悠悠古柏寄深情

仓颉庙的48株古柏,以年龄最大的仓颉手植柏"奎星点元"为首,从庙门口的"惊贼柏",西北角围墙外的"不进柏",到庙里面的喜鹊柏、柏抱槐、青龙柏、白虎柏、猴头柏、蛇身柏、凤鸣柏、孔雀开屏、二龙戏珠、干枝梅、宝莲灯等,千姿百态,妙趣横生,它们为我们诉说着逝去的沧桑岁月,也是仓颉丰功伟绩和高尚人品的见证。

喜鹊柏。从前,有一只喜鹊苦练成仙之道。它从不伤生啄虫,也不与群鸟比羽毛的华美和歌声的婉转,而是春食落英,夏饮珠露,秋餐谷香,冬嚼雪韵,练得羽毛黑亮,神俊气清。偶然不幸,被一个小孩用石块打断双腿,跌落在地上,哀哀鸣叫不已。叫声惊动了仓颉。他放下正在刻字的龟壳,抱起鸟儿,找来止痛疗伤的野草捣烂敷在喜鹊的伤腿上,又拣来绒毛裹住扎好,采回百花的落英喂它食,舀来山泉的清水给它饮。半月后喜鹊伤腿痊愈,仓颉就把它放走了。这喜鹊又去苦修苦练,八百多年后终于变成了一只仙鸟,它展翅一飞,翅膀下便会生出五彩祥云;张嘴一叫,清丽的鸣声可达千里;它要是唱起歌来,能把仙女引来,把百鸟听呆。正因为这样,玉帝才把它留在天宫,封它为歌舞大仙,让它用美歌妙舞为群仙聚会助兴。过了不久,它神情抑郁,玉帝察觉后询问,它说昔日蒙仓颉救命,至今大恩未报。玉帝答应了它的请求。喜鹊一展翅就飞到了仓圣庙中,站在庙西南角的柏树上高兴地歌唱,引来了百鸟相和的鸣声。这情景可把仓圣爷乐坏了。他一手拿着书本,一手抚摸着胡须,仰颈看着正在昂首翘尾的喜鹊,心想要是能经常有喜鹊站在那儿伴他读书该多好啊。俗话说,心动神知。仓圣爷这么一想,仙鸟立即知道了。于是奏请玉帝,希望恩准常伴仓颉。得到准许后,便一直站在那儿,既伴仓颉读书,又为仓颉迎送来客。从此,仓圣庙西南角的那棵柏树上有了一枝状似喜鹊的干树枝。几千年来,那树枝任凭风吹雨打,雷轰电击,却纹丝不动,好像铁铸的一般。于是,人们便把这棵柏树叫作喜鹊柏。

宝莲灯柏。仓颉庙内仓颉墓的西侧有棵柏树,每当夜幕降临,这棵柏树的下部就会出现一个莲花状的肿块,随着夜色渐深逐渐变成竹笼一样大,继而发出一道亮光,不但照亮整个庙院,还朝西一直照到仓颉的故乡杨武村,村里的夜晚变得一片明亮,使得盗贼不敢进村,野兽速速逃遁,保持了杨武村的安宁。村民们都知道这是老祖宗显灵,便每逢初一、十五都要到仓颉庙进香拜树,并给这个发光的肿块起了个漂亮的名字——宝莲灯。宝莲灯柏的神奇故事传遍了神州各地。有外地僧人结伴跋山涉水来到这里,虔诚地祭拜了49天,从他们离开的当晚开始,宝莲灯就再没有亮过。看守仓颉庙的老和尚知道是被人偷了,想以死谢故乡父老,经村民们劝说才没有自杀。村民们说这可能也是天意,让仓圣爷的恩泽遍布天下也是一件好事。现在宝莲灯虽然不再发光,但古柏树上的肿块依然如故。

仓颉手植柏。在这些古柏中,最引人注目的当然还是具有五千年树龄的仓颉手植柏。它的树干犹如飞流直下,卷起浪花无数,因此又称为瀑布柏;而这奔腾不息的瀑布,流淌着仓颉村对全人类的贡献!

特别有意义的是,我们在这株五千年古柏的东北角上方,在茂密的树叶遮盖之下,看到有一只长颈鹿,嘴里衔着一株小草,伸着长长的脖子,睁着圆圆的大眼睛,遥望西方——这正是仓颉高尚人品的展现!这是一个妇孺皆知、脍炙人口的传说:黄帝赐姓后,仓颉给自己的仓字加上草字头,成"苍颉",以示自己为草民;他在自己亲手栽植的柏树上,变作长颈鹿,口衔小草,朝着黄帝长眠的西方,永久地感谢和报答黄帝的知遇之恩。这就是我们新发现的神柏奇景"衔草谢恩"!仓颉手植柏是仓颉庙古柏群之首,表现仓颉高尚品德的树干"衔草谢恩",应当列为仓颉手植柏的主题景观,也是仓颉庙的主题景观。它让一代圣哲仓颉的丰功伟绩和谦恭美德万世永垂,也传颂着仓颉作为一介草民感谢黄帝知遇之恩的千古佳话。

（五）仓颉风物遗址崇拜

白水有大量的仓颉风物遗址，不少地名、沟名与仓颉传说紧密关联。如三条沟、楼子沟、渡母桥、丽书台、蹲石、红豆碥等。

1. 蹲石。传说黄帝不仅赐姓给仓颉，而且还赐给仓颉一块墓地。墓地所在的史官村，传说是因仓颉任黄帝史官之职时，曾在此设衙理事而名。仓颉的舅舅黄郎是个不受大家欢迎的恶人，他看中了黄帝赐给仓颉的这块墓地，欲设计霸占，仓颉亦用计挫败了黄郎的阴谋；仓颉和他的舅舅踩墓地时，在现在的墓塚那儿，甥舅俩斗了一夜智，谁也没有睡好。第二天甥舅俩又到黄龙山去踩墓地，走到刘家坡北边的半山坡，两个人都累得不得了，便各找地方坐下休息。仓颉看路边有块石头，一屁股蹲下去，便在石头上蹲出了一个深窝，起来一看，那深窝的样子很像一个巨人的屁股，便取笑地将那块石头叫作蹲石。附近的人知道了这件怪事，便将那块石头保护起来。久而久之，人们便认为是仓颉用过的物件，有灵气，坐上一坐，能消灾避难。这样一来，一块很平常的石头就变成稀世宝物。每逢初一、十五，总有人要来烧香叩拜，求吉禳灾。随着时间的推移，传说的远播，蹲石的名字就越来越响亮了。后来，黄郎勾结雷公雨师兴风作浪破坏仓颉墓的建设，也没有得逞——仓颉用三根手指划出三道深沟排洪除涝，导水入河，保住墓地，这就是三条沟的传说，再后来仓颉唤来风伯毁了黄郎大兴土木为自己建造的豪华阴宅。二人入土为安后，仓颉得到万人景仰，墓地周围又建成高大的庙堂，世代香火鼎盛不绝；而黄郎以洞穴为墓，与山雀狐兔为伴，冷清至极。

2. 列石桥（渡母桥）。楼子沟底有一条小河，河里摆着许多石头。这些石头横河床摆成一行，供人过河踩踏，人们叫它列石桥。相传当年仓颉住在楼子沟造字时，他母亲一日三餐前来送饭，每顿饭都要从河里送过去，无论春夏秋冬、水大水小、水熟水凉，母亲都得蹚。仓颉一门心思造字,没想到母亲竟受了这么大的苦。直到有一天,仓颉在河畔休息,这才发现母亲送饭的情景,心里十分难受。为了使母亲再不受蹚水的苦处,他决心要造一座桥。但是,造字正在节骨眼上,他没有时间造桥,就从半山上抱来许多石头,一字儿横摆在河床里,供母亲过河踩踏。母亲踩着石头过河,又稳当,又省劲,心里有说不出的高兴;为了夸奖儿子的孝心,她给石头起了个名字,叫列石桥。打这以后,这列石桥就永远不动地摆在那儿,河水再大冲不走,千年万年踩不烂。人们说,那是仓颉的灵气保护着它,龙王没有胆量把那些石头搬走。

3.晒书台。楼子沟畔,有一块高高的台田,年年庄稼长势好,歉年不歉收,丰年更增产,人们说这是一块宝地,它的名字更怪,叫晒书台。传说仓颉造了许多字。他把这些字钞成厚厚的两卷字书。天天反复看,看毕就用绸子包好,放在楠木箱子里保管起来,生怕弄脏了。有一天,村里突然发了洪水,洪水把书箱冲走了,仓颉经过一番生死搏斗,终于从洪水中抢出书箱,运回家中,把被水浸湿的字书拿到高台上去晒。晒的时候,把书一页一页拆开,铺在地上,书页上的水都渗进地里去了。他又小心装订好,放进箱子里保管起来了。打这以后,这块地就叫晒书台。由于书上的水渗到这块地里,这块地从此旱涝保收,再加上箱子上的泥落在地里,土质很肥,千年万年都能够长出好庄稼来。

(六)日常生活与仓颉信仰

在白水,对仓颉的信仰,已经融入人们的日常生活之中。

敬惜字纸。在老一辈人的心目中,字纸是带有仓颉圣灵的神物。一小片字纸,不管多么破烂无用,都不乱扔,也不用来擦拭污物,而是收藏起来,装入干净的瓷瓮之中。等积累多了,于晴天无风之日,洗净手脸,取出揣到荒郊野外,焚香叩头,点火焚化,再将灰烬埋于地下。或弃灰于河水中,名为"清水祭",取意万古长流。谁要不这么办,那就成了对仓圣不敬的造孽行为,人人都会指责。严重者,全族对其惩罚。小孩因不懂而有违此忌时,家长一面大加教训,同时又忙烧香叩头许愿求仓圣爷饶恕。敬惜字纸对学生要求更严。学生于每早上学前必要洗净手脸,脏手不能摸书提笔。推及学校,每校都有化纸炉,化的纸灰必埋于净土之中。直到现在,儿童上学时必须洗净手脸。在白水,孩子到了上学念书的年龄,父母给孩子洗净手脸,穿上新衣长袍,戴顶礼帽,持香纸贡物,到仓颉庙内给仓圣爷烧香,祈求仓圣爷保佑,让孩子读书长进,步步高升。之后,大人带孩子到寝殿东廊的神碑(仓圣碑),抱孩子用手抚摸碑顶。据说,这样日后便能心灵手巧,读书时过目不忘,写的字龙飞凤舞。读书人不论何时进庙,都要到碑上磨一磨手,谷雨庙会时尤甚。此碑于1971年运往西安碑林,光滑的顶端即是白水人手磨的结果。

枕书辟邪。字能辟邪除病,这是过去白水人的普遍说法。认为谁要中了邪魔,就枕书睡觉,说是邪魔害怕字书,用以驱除,病就会好。推而广之,枕头上绣字,就成了一种风俗。尤其是结婚用的枕头,字绣得如何,成了人们对新媳妇手艺品评的一个内容。现在的年轻人虽不信枕书辟邪之说,却对枕头上的绣字仍很讲究。

写字治病。仓圣庙内有两棵古柏,从仓颉座像向外看,好像两个卫士,左叫"青龙柏",右叫"白虎柏"。据说这青龙、白虎,忠于职守,曾击退过无数来犯的邪魔。因此,附近的人们一旦身上起了"风疹"或者患了什么病,就在前心写上"青龙",后心写上"白虎",借此除邪治病。此习流传陕西各地,至今仍广泛地保留。

吃住不忘仓圣。白水人早晚喜欢喝红豆稀饭,认为这种习惯来源于仓颉。据说仓颉特别爱喝这种稀饭,他在深沟造字时,母亲早晚给他送这种饭。有一次,他正在吃饭时猛然想起一个字的造法,想着想着,竟把吃饭忘了,饭洒了一地。红豆落地后,变成了红色礓石,名叫红豆礓。这就是白水洛河以北仓颉家乡和仓圣庙附近为什么会有红色礓石的来历，也是白水人对吃红豆稀饭的一种解释。

白水洛河以北的人喜欢住窑洞。窑洞冬暖夏凉，省料省钱。由于习惯，即使有了大房，也不愿住，只是用来放置辅物。姑娘找婆家，最讲究看谁家有砖窑门面的一座庄院。住窑洞的讲究，据说也是仓圣爷当年传下来的。有些后生晚辈在外跑了几年，回到家里想盖房子改变住宿条件，老辈人便坚持阻拦，说是仓圣爷留下的传统，谁也不能忘本去改变它。

儿童礼俗及其他崇敬禁忌。孩子周岁，"抓岁"习俗各地皆有，独白水与仓圣相联系。届时，家长备好书、笔、刀等物，书名"仓颉书"，刀名"将军剑"。等宾客到齐入席，抱孩子取玩三样东西。孩子若先抓到书，预兆长大后文运昌盛；若先抓到笔，预兆长大后知书达理；若先抓到刀，预兆将成为武将。若一次抓到两样，就谓为奇才。

仓圣庙内的仓颉塑像，泥胎粉身，面丰体大，四目灵光，慈善祥和，身着百样树叶缀成的衣裳，古朴典雅，乡民谓为"百叶衣"。见衣思古，缅怀仓圣当年创业的艰难。村妇仿此，生下孩子，向百家求碎布，连缀缝成"百家衣"，等孩子百天穿在身上，以示仓颉遗风。祈求仓圣保佑，长大成器，为百家办事出力。

三

白水是一块神奇而古老的圣地。历史渊源流长，人文璀璨辉煌，形成了白水人的独特精神风貌和心理素质。白水的四圣一贤，是以仓颉为代表的四位古代神话传说和历史上的伟大创造发明家。首圣仓颉造字，终结了"结绳记事"的愚昧，开启了华夏文明的先河；杜康造酒，奠定了我国酒文化的基础；雷祥造碗，揭开了人类使用陶器的纪元；蔡伦造纸，使中国乃至世界文明发生了巨大的跨越。还有，黄帝的妃子丽娱是白水人,妙手制作了天下第一套衣裳,被誉为"天下一贤"。这"四圣一贤",在白水这块古土上的劳动与创造,推动了历史的前进,可谓功泽满神州。五人之中只有蔡伦乃湖南耒阳人,但他造纸是在白水开始,至今有门公乡槐沟河的造纸池为证。因此,白水人不信宗教,不信鬼神,信仰的是自己本土的"四圣一贤"。白水人为四圣建庙塑像、立碑表功,充分反映了他们崇尚创造、追慕文明的思想,这就是白水民间仓颉信仰的内涵之一。在这种思想影响下,白水推崇文化和能工巧匠,不求名利,不求官禄,而注重实干,注重奉献。

如前所述,仓颉也写为"苍颉",但是白水人一直写成仓颉,因为仓颉在白水人的心目中永远是"君上一人",他对中华民族和人类的贡献是任何一个帝王都无法比拟的。连鬼神也怕仓颉信仓颉。仓颉是一个真正的神圣,"仓颉代表着先人的智慧和创造力,代表着中国的'文脉',哪怕他是一位虚拟的文化英雄"(方石:《千秋仓颉庙》,《中国文物报》2000 年 5 月 31 日)。白水人的衣食住行,言谈举止,道德伦理,都带有浓厚的仓颉遗风。民间常以仓颉重干实事、为民族献身的精神,教育子女种田不忘读书,希望儿孙为民出力;仓颉独居深沟造字,备尝艰辛,有非凡的韧性和毅力,白水人崇尚俭朴,不怕困难,赤诚厚道;仓颉造字,开了文明先河,白水人敬惜字纸,爱美求善;仓颉不谋名利,四处教人写字,白水人重义薄利,乐于助弱扶困;仓颉敬母,白水人孝亲;仓颉蔑视邪恶,白水人刚直豪放,爱打抱不平;仓颉虚心求教,白水人不耻下问,尊敬师长……人们事事处处以仓颉精神为规范,几千年以来,仓颉精神成了白水人最高的文化精神支柱。这一切都充分说明白水民间深深蕴含着淳朴古老的仓颉遗风,它是对中华民族的才能智慧、创造精神、奉献精神及百折不挠的奋进精神的继承和发扬。这就是白水民间仓颉信仰的更深层次的内涵。

因为仓颉是文化始祖,信仰和崇拜仓颉的白水人很自然地表现出对文化的崇尚。白水人特别喜好书法、美术、文艺、戏曲等文化活动,农家妇女也喜在门帘、腰带、荷包等饰物上描字绣花,无论衣食住行都富有浓郁的文化色彩。节日期间的各类文化活动也十分活跃,内容丰富多彩。崇尚文化的另一表现是尊师重教。即使在旧社会,尽管人们生活十分困难,但对孩子读书却都非常重视,只要孩子有志气读到底,父母乞讨或借贷也不让孩子辍学。村人更有资助优秀学生和贫困学生的习尚。人们对于老师更是尊重,家有红白喜事都要请老师出席,孩子入学或毕业必设家宴招待老师。人们把这些事情都和仓颉崇拜联系在一起。

还有一个特别令人深思的现象:在白水仓颉庙附近的北原、纵目、史官三个乡,人们从不信仰任何宗教,人人心中只有一个仓圣,也只敬一个仓圣爷。他们认为仓圣是除玉帝以外最尊贵的神圣。所以时时敬仓圣,事事求仓圣。每月初一、十五,都要到仓颉庙为仓圣进香添油;尤其在大年初一,谁家烧了炉香,那是万分荣耀的事。

仓颉崇拜反映出白水民间文化独具一格的显著特点,它始终保持着一种质朴、文明的古老气息。地灵人杰的地域性和自豪感,形成了白水人独特的文化结构,也衬托出白水民间仓颉崇拜的多元性文化特点。仓颉信仰的多元化特点是以民族精神为主题,渗透到祖祖辈辈白水劳动人民日常生活的各个方面,带动着白水历史的发展和进步,同时又是带有宗教神秘色彩的祖宗崇拜。

白水民间有关仓颉的传说及其所展示的仓颉崇拜与信仰,是中华民族的宝贵文化遗产,它所展示的是一个永远不灭的民族精神。仓颉创造方块象形文字,是中华民族的一大发明,是中国古人智慧、创造、奉献与奋斗精神的伟大成就,也是世界华人的光荣和骄傲。因此,仓颉不光属于白水,而是属于全中国,属于全中华民族,也属于全人类。仓颉这样一位民族英雄,应该得到极大的尊崇;仓颉故里白水的仓颉崇拜与信仰,也应当引起各界足够的重视。

主要参考文献:

[1]王成耀:《仓颉的传说故事》,内部刊印本,2000年。

[2]管六芳:《白水仓颉庙》,http://bsglf.2000y.net 网站。

[3]白水县政协编:《仓颉》,内部刊印本,2002年。

[4]白水县文化旅游局编:《文祖神柏》,内部刊印本,2001年。

(作者附记,笔者在两次考察和写作本文的过程中,有幸得到白水县人大原副主任、政协副主席王成耀先生,白水县政府公务员管六芳女士,白水县仓颉庙文物管理所史宝成先生提供大量资料和各方面的热情帮助,在此谨表衷心的感谢。)

(《中国俗文化研究》第四辑,巴蜀书社,2007年)

渭河:历史的浩歌

序

在中华民族形成与发展的历史上,一直将黄河称为母亲河。但只要我们稍微仔细看一下就会发现,真正孕育了华夏文明、养育了中华强盛、培育了民族精神的这一历史空间,实际上都集中于渭河流域。所以比起黄河来,渭河更称得上是母亲河。当然,中国地大物博,幅员辽阔,华夏文明起源的源头很多,但渭河的地位是无可替代的。渭河是黄河的支流,说华夏文明为黄河文明并没有错。但是,我们仍然可以更实际性地把范围缩小一点,说渭河文明更确切一些。

近二十多年来,在渭河流域各地大搞旅游开发、经济开发的推动下,渭河文明已经引起众国学者专家的关注,发表了相当数量的论文,出版了各类著述和介绍。渭河形成于距今约200万年前的早更新世,域内人类活动踪迹有80万—100万年以上。渭河流域发现了华夏最早的古人类蓝田人等。渭河文明是指古代产生于渭河流域的物质文明和精神文明、制度文明的总和,总括起来有四个大的方面:文明破晓、三皇崛起、周秦隆兴、汉唐强盛,都是发生于渭河流域的事。具体来讲,渭河流域曾先后出现三次大统一和四次鼎盛期。三次大统一:第一次是炎黄时代。炎黄二帝曾以渭河流域为起源地,发展、壮大,走向中原,通过炎黄蚩尤涿鹿之战,建立华夏联盟集团,华夏族形成,统一黄河中下游;第二次是周朝。周人以渭河流域为根据地,一举灭掉殷商,统一长江以北地区;第三次是大秦帝国。秦人又以渭河流域为据点,统一天下,建立起中国历史上第一个大一统集权专制国家。四次鼎盛期分别为周、秦、汉、唐。使渭河文明、中华文明一步步走向辉煌,为世界文明作出了重要贡献。[①]渭河见证了华夏文明起源的历史:中华文明起源沿着渭河,从三皇崛起到部落统一特别是汉字创制,完成了起源和形成;另一方面,从伏羲女娲到轩辕仓颉,从大地湾到半坡,华夏文明起源的传说在渭河两岸一步步地被证实。渭河养育了中华民族的强盛与繁荣:渭河由陇到秦一路走来,冲击出广阔的关中平原,孕育了周、秦、汉、唐,民富国强,经济发展,文化发达,制度完善,人才辈出,成就辉煌!以上这些都没有悬念。所以从一个方面讲,说中华民族从起源到强盛,都是发生在渭河流域的事。

虽然我关注这一问题也有近二十年,但由于从事敦煌专业,无暇顾及其他。等回过神来再看时,我想说的问题大部分已经由渭河流域的专家学者们讲清楚了。[②]感觉也没有什么可说的,就以下四个方面谈点感受。

一、渭河培育了民族文化与民族精神

体现我们中华民族的先民们海纳百川的包容精神,绽放聪明与智慧的创造精神和吃苦耐劳、无私无畏、前仆后继、锲而不舍的奉献精神等,从以上所述渭河流域的人文和社会发展的历史中都已被雄辩地证明!

---

①霍彦儒:《简论渭河古代文明》,网络资料。这篇文章对相关的内容有比较详细的叙述,本文不再重复。

②张忠培:《渭河流域在中国文明形成与发展中的地位》,《中国国家博物馆馆刊》2014 年第 11 期;焦国成:《渭河:中华文明的源头与中华人文精神》,《宝鸡文理学院学报》2014 年第 6 期。

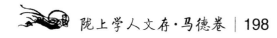

渭河文化所表现的民族精神,最突出的有三个例子:

一是作为文明标志的仓颉造字,从认识第一个汉字时起,就知道中国古代有个叫仓颉的人,汉字就是他创造的。而且汉字一直是世界上使用人数最多的文字。今天,全世界有数十亿人都在用它。但是又有多少人知道,创造了汉字的"万代文字之宗、千古士儒之师"的仓颉,他的墓冢和庙宇,数千年来孤零零地矗立于渭北高原的仓颉故里——陕西省白水县史官乡。远古时候,蒙昧未开,人们都用结绳的办法录史记事。那时候,仓颉还姓侯冈,是黄帝的史官。由于记录史实的结绳形状奇异,年久月深难以辨识,有一次,仓颉就是从这些绳结记录的史书给黄帝提供的史实出了差错,致使黄帝在和炎帝的边境谈判中失利。事后,仓颉愧而辞官云游天下,遍访录史记事的好办法。三年后他回到故乡白水杨武村,独居深沟"观奎星圜曲之式,察鸟兽蹄爪之迹",整理得到的各种素材,创造出了代表世间万物的各种符号。他给这些符号起了个名字,就叫作"字"。黄帝为此赐侯冈颉为仓姓,其意是"君上一人,人上一君"。黄帝首肯仓颉对人类的重大贡献,把仓颉看得比自己更高更伟大。事实也正是如此,文字是文化的基础的基础,创造文字的仓颉应该看作是中华文化的奠基人。①

白水地区关于仓颉的传说很多,这些传说都有其合理性。兹举二例:

五龙山位于白水县南部,传说为大禹王的五个儿子,奉上天之命来此,化为五座大山守护仓颉墓。渭河以北有很多历代帝王的墓群,但没有任何一个帝王把自己的墓建在仓颉墓一带! 这就是因为仓颉是轩辕黄帝认定的"君上一人",他的地位高过任何一位帝王! 不仅因

①史宝成、刘玉乾:《文祖神柏》,白水县文化局,2001 年(未公开出版物);政协白水县委编:《仓颉》,2002 年(未公开出版物)。

为历代帝王们有这个自知之明,还有五龙山为仓颉挡着;尽管这里也是绝佳的皇家风水宝地,可就是想来也来不了。

白水民间一直有这样一个传说:被中华民族尊为圣人的孔子,当年周游列国时路过此地,因仰慕仓颉,特前去拜祭,在仓颉墓前痛哭不绝,长跪不起。在白水县内仓颉庙以东有一条小溪,据当地老百姓讲,孔子祭拜完仓颉墓后,曾来到这条河饮马,并在河边的村庄留宿,这条小河因此被称为"孔走河",该村庄也称"孔走河村"。①孔圣人尚且如此,其他所有的认识汉字、使用汉字的人,应该如何对待仓颉,便不言而喻了。仓颉是一位真正的圣哲,他对中华民族和世界人类的贡献无论如何评价都不过誉。

二是司马迁与《太史公书》体现了坚持真理的史官原则与文人风骨。司马迁出生于渭水之北的韩城,其事迹家喻户晓。作为太史令,司马迁的工作主要是记录当代的重要人物和事件。这项工作从前述轩辕时代就有。一直以来的传统是,对于历史人物和历史事件包括最高统治者的所作所为,一就是一,二就是二,不能有任何违背事实的记录。为此,在司马迁之前的千百年间,已经有不少史官搭上了自己及其子孙们的性命。司马迁对此十分清楚,但他还是兢兢业业、认认真真地履行着自己作为一个史官的职责,并由此造就了刚直不阿的一身正气。但他当时处在高度的封建专制制度之下,他的做法有损于皇帝的尊严,也让一些权奸佞臣们感到害怕;他不仅遭受了一个堂堂七尺男儿最大的耻辱,而且最后遭势利小人暗害。据说,司马迁最后死于狱中,连尸骨都没有能够留下来。中国人自古讲为人治学、道德文章,做事先做人,这是千古不变的真理。作为史学工作者更是如此,司

---

① 马德:《中华文字始祖与白水民间信仰》,《中国俗文化研究》第四辑,巴蜀书社,2007 年。

马迁就是榜样。史学工作者的人生起点,不是一般的敬业精神,也不是一般的社会责任心,而是一种神圣的历史使命感!这种史官精神及其成就,司马迁就是集大成者。

世人在不断地学习和领会中总结司马迁的"成一家之言",超前思维的经济思想以及天文、地理、军事、文学等伟大贡献①。实际上,对于史学家来说,最能体现其成就者,应该是他的战略眼光!叙述过去,是总结历史发展的经验和规律,为社会进步提供借鉴,古为今用,古为后用。人类社会的发展,无论哪个阶段,都会有一些共同的规律,史学家的优势就在这里。"自古不谋万世者不足谋一时,不谋全局者不足谋一域。"②讲的就是这个道理。毫无疑问,司马迁在这方面做得非常出色,他高瞻远瞩的战略目光,体现着开拓、进取、创造的民族精神。

三是唐代的辉煌。有唐一代,在以长安为中心渭河两岸的关中及陇右大地上,哺育了灿烂的封建文化!立都于渭河流域之畔今之西安的大唐帝国,将中国封建社会推向巅峰,三百多年的唐人历史,书写了中华民族、中华文化、中华文明的黄金史。无论是在物质文明方面,还是在精神文明、制度文明等方面,都取得了令人瞩目的成就。长安城在唐代是政治家的乐园,外来文明的天堂,文化艺术家的舞台,还是生长诗歌文学的沃土!曾有多少帝王将相在这里施展宏图;曾让多少天南海北的各种肤色的朋友们不远万里,趋之若鹜;曾有多少类欢歌乐舞在这里济济一堂,百花齐放;曾有多少种信仰在这里百家争鸣,共同进步;曾有多少位书画大师在这里挥毫泼彩,绽放豪情;更有多少代文豪泰斗在这里奋笔疾书,吟诗作赋,留下了数万首脍炙人口、美不

①张勇、李祖坤:《司马迁对人类的八大贡献》,《中华魂》2000 年第 12 期。

②[清]陈澹然:《寤言二迁都建藩议》,《中华文本库》网络 https://baike.baidu.com/item/19423111。

胜收的千古绝唱！唐代文明的人文精神早已举世瞩目,发扬光大。

即使到了宋代,还有渭河滋润出来的哲学家张载创立"气化"思想和"关学"流派,特别是他的"为天地立心,为生民立命,为往圣继绝学,为万世开太平"的名言警句,至今也将永远是世人做人、做事的目标和准则。

这就是渭河哺育出的集包容、开拓、进取、奉献、创造为一体的中华民族的民族精神,是永久的民族财富。

二、"天下称富庶者无如陇右"的社会依据

长期以来,很多人总是以甘肃的现状对《资治通鉴》所谓"天下称富庶者无如陇右"提出质疑。实际上这是一种不下功夫、不深入探索所导致的偏见。

在古代,陇右就是以渭河上游的两岸为中心的广大地区。我们已经知道,这里是中华民族的发祥地,是华夏文明的源头,是中华民族走向繁荣强盛的康庄大道。就是这片富庶的土地,哺育了强盛千年的大周大秦。从汉晋以来一直到中国封建社会最强盛的隋唐时期,丰饶的物产,繁荣的经济,是一直支撑着那些封建帝国的大后方。同时,这里还有丰富的矿产资源,如漳县的盐井①,早在秦汉时代就得到开发。在古代,盐业是商业的基础。这里盛产各种既可食用又可疗疾的药材,也是社会生活的必需品,即是食品又是商品。盐和药材在古代就是真金白银,证明这一带除发达的农业牧业外还有商业。有鉴于此,我可以肯定地说:作为母亲河的渭河,下游的强盛,源于上游富庶,这是历史的写照!"天下称富庶者无如陇右"的结论,并不是空穴来风。

陇西县博物馆的孙世恩先生根据地方专业刊物《定西金融》1989

---

① 王学文:《漳县盐井历史概述》,《丝绸之路》2017 年第 12 期。

年至 1996 年期间所刊论文中，将渭河上游地区和洮河流域出土的窑藏宋代钱币的情况梳理出来并做成统计表（表1）。孙世恩先生还撰写研究文章，考证为宋神宗时代当地所使用，并指出："这些钱币的大量出土，与北宋神宗时王韶经略熙河、在通远军和熙州置市易司有密切关系。"①进一步证实了司马光所言："天下称富庶者无如陇

表 1　渭河上游和姚河流域出土窑藏宋代钱币

窑藏钱币类别	出土地点	宋代地名	出土时间	钱币数量
铁钱	陇西县宝风乡村仙家门	古渭寨通远军	1986 年	100 公斤以上
铜钱	陇洮县北大街	武胜军熙州	1986 年 4 月	约 2000 公斤
铁钱	陇西县电影院门口	古渭寨通远军	1987 年 6 月	约 100 公斤
铜钱	临洮县招待所门前	武胜军熙州	1987 年 7 月	约 1000 公斤
铜钱	临洮县北槐	武胜军熙州	1988 年 3 月	约 3000 公斤
铁钱	临潭县冶力关喜家庄	洮州（临洮城）	1989 年 4 月	约 5000 公斤
铜钱	临洮县招待所内	武胜军熙州	1990 年 5 月	约 500 公斤
铜钱	陇西县威远楼南侧	古渭寨通远军	1990 年 7 月	约 200 公斤
铜钱	武山县高楼乡李家坪	宁远寨	1990 年 10 月	约 2000 公斤
铜钱	临洮北大街雍家巷	武胜军照州	1994 年 4 月	约 3000 公斤
铜钱	陇西县首阳乡磷肥厂	熟羊寨	1994 年 9 月	约 3000 公斤
铁钱	临洮县城什字东北	武胜军照州	1995 年 4 月	约 2000 公斤
铜钱	临洮县邮电局	武胜军照州	1995 年 6 月	约 500 公斤

①孙世恩：《渭河上游、洮河流域出土宋钱考论》，《丝绸之路》2017 年第 12 期。

右"不虚。这些以吨计算的窖藏宋代前期钱币的出土,说明当时陇右一带仍然是天下最富庶的地区。但这个统计表只梳理了一部分,且仅限于 1996 年之前的资料,近年发现的都没有统计进去;还有就是,这些重大发现和直接的证据并没有引起文物部门和历史研究者们的注意,最近出版的《甘肃省文物志》基本一字未提①,前些日子在敦煌举办的古钱币学术会议也不见任何人论及。

三、关于渭河上游的文化及其相关问题

渭河发源于甘肃省渭源县的鸟鼠山,至陕西潼关县港口镇注入黄河,全长 818 千米,流经甘肃省的定西市、平凉市、庆阳市和天水市,宁夏回族自治区的固原市,陕西省的宝鸡市、杨陵区、咸阳市、西安市和渭南市等三省(区)十市(区)八十四个县(市、区),流域面积约为 13.5 万平方公里。②

以往,渭河以陇山和子午岭为界,分为上、中、下游三个地区。上游为甘肃的陇东地区,中下游为陕西的关中地区③。实际上,这个划分法明显失当。渭河的发源地渭源及所在的定西市为甘肃中部,与陇东并非同一个地域概念;而且渭河在这一地区也有数百公里的流程。不能一笔抹杀。同时,这里的中下游划分并不明确,不知道在陕西的什么地方会出现个中下游的界线或界碑。我以为,如果划分甘肃境内为上游,就没有必要再划分中游了,而是以秦岭为界,直接分上(西,甘肃+宁夏)下(东,陕西)游即可。这样不仅地域分布合理,从经济、文化

---

①《甘肃省志·文物志》,文物出版社,2019 年。

②袁晓羚:《渭河上游流域传统聚落及民居建筑形态研究》,长安大学硕士论文,2016 年。

③霍彦儒:《简论渭河古代文明》,网络资料。

等各个方面的历史来看,也都有各自的体系和特色。当然,甘肃境内的上游地区还可以大体划分为三段,即定西段、平凉庆阳固原(陇东)段和天水段,这些也都是各自富有特色的文化和经济圈。

1. 天水段

大家都知道的三皇故里,伏羲青帝、神龙赤(炎)帝和轩辕黄帝都是从这块土地上走出来的。这里不仅是他们的出生地,还有第一代伏羲的卦台,第一代神农(共计八代)的百草园等。因为远古时代的部落实行禅让制,作为部落首领的封号都是代代相袭;所谓这些皇帝都各有几百年的活动经历,并不是长寿,而是经历若干代,活动地域也不断拓展,所以就有了很多地方都有三皇的出生地和陵墓一事。而作为第一代,伏羲青帝、神农炎帝和轩辕黄帝一直在渭河流域,炎帝死后葬在宝鸡①;黄帝则葬于陇东子午岭。当然,这些都是传说,活动地点与陵墓也都有很大的附会成分。但大地湾遗址还是能够为我们提供丰富的远古、上古先民们的活动信息。

2. 陇东段

主要是第一代轩辕黄帝的兴盛之地和长眠之处——甘肃正宁黄帝陵,有诸多史料记载,如《史记正义》引《括地志》云:"黄帝陵在宁州罗川县东八十里子午山。"古罗川县即今正宁县。现存正宁县博物馆的北宋大中祥符二年(1009年)《大宋宁州承天观之碑》云:"轩丘在望,乃有熊得道之乡;豳土划疆,本公刘积德之地。""轩丘"即"轩辕之丘",就是罗水上游的桥山,因为有乔氏而得名,即《史记·五帝本纪》所说"黄帝崩,葬桥山"的桥山,也是汉武帝北巡朔方,勒兵十余万,还

---

①今陕西宝鸡有莲花台炎陵,传言疑为第一代炎帝之陵墓。《炎帝陵之谜:为什么有两个? 真正的炎帝陵在哪儿? 》,http://www.qulishi.com/news/201504/33612.html.

祭黄帝冢于桥山的地方。①所以,黄帝从三皇沟走出后,带着他的部落来到富饶的陇东,逐步兼并了其他部落,一步步发展壮大;接着就有了与蚩尤、炎帝的争夺战,蚩尤被灭,第二代炎帝离开了渭河流域过了黄河到山西晋中②,第二代黄帝继续在渭河下游的渭北一带发展,而青帝伏羲可能早就直接去了河南或山东③。

3. 定西段

渭河发源于渭源县海拔 3495 米的鳌鳌山。干流由西向东流经渭源、陇西两县后,由鸭儿峡出定西地区汇入天水地区。定西市 7 个县区均有渭河流域面积。涉及 7 县区 90 个乡镇。总人口 144.04 万人。④总耕地面积 595.89 万亩。共有林地 201.08 万亩,草地 152.37 万亩。作为母亲河的发源地,历史上的富庶程度可能是我们无法想象的,这里土地肥沃,气候宜人,物产丰饶,不仅盛产各类粮食作物,大部分地区的森林和草场覆盖率也几乎是百分之百,是天然的农业和牧业区⑤。从上古起,三皇虽然在定西以东,又历经周秦汉唐,这一带一直是大后方。

四、麦积山:四方佛教文化的聚焦

佛教文化是中国的特色文化。天水麦积山是与敦煌莫高窟齐名

---

①正宁黄陵疑为第一代轩辕黄帝之陵墓。张耀民:《岐黄故里在庆阳》,庆阳天象印务公司,内部发行,2003 年。

②今山西高平有炎陵,疑为第二代炎帝之陵墓。高平市政协文史资料委员会编:《高平炎帝陵》,内部印行,2000 年。

③河南淮阳有太昊陵。山东菏泽传有伏羲出生地。刘亚虎:《伏羲兄妹与南方民族洪水神话》,《民俗与文化》2013 年 1 期。

④侯新萍:《渭河上游定西地区段治理现状及建议》,《甘肃农业》2004 年第 2 期;秦文:《渭河上游定西段治理现状及建议》,《定西科技》2011 年第 2 期。

⑤徐军林:《春秋至西汉渭河上游大农业开发研究》,《天水师范学院学报》第 32 卷第 4 期,2012 年。

的佛教文化艺术圣地。由于地缘关系,北魏、西魏和北周时期,天水成为中原佛教文化艺术的中心。西域的敦煌,北方的大同,东边的洛阳,甚至整个长江以南,四面八方佛教艺术在吸收外来文化的基础上经过自身的改造,又一起在天水聚焦,使得麦积山的北朝造像包容和蕴含了人类古老的印度文明、中华文明、希腊文明、波斯文明等文化元素,成为那个时代集世界雕塑艺术之大成之作!这一方面还需要在前人的基础上进行更深入细致的研究。

这里需要补充一点的是渭河不容忽视的作用:正是这条中华民族的母亲河,以她海纳百川的胸怀,凝聚了几十代渭河儿女的聪明智慧、心血汗水,为我们造就了这座渭河流域规模最大、内容最丰富、艺术水平更是无与伦比的佛教艺术和历史文化宝库,是永远屹立在渭河边上的一颗璀璨的明珠。

余 言

今天,渭河依然用她甘甜的乳汁,继续养育着两岸一代又一代的华夏儿女,滋润着这片英雄的土地,造福于秦陇人民。渭河流域特别是下游的关中平原,虽然早已不是周秦汉唐时代的政治经济文化中心,但在历史发展和进步的过程中一步也没有落后。

渭河是一种文化。

渭河是一种精神。

渭河是历史的长河。

渭河已经谱写并且继续在谱写着一曲又一曲的历史浩歌!

(麦积山石窟艺术研究所编:《石窟艺术研究》第五辑,文物出版社,2021 年)

敦煌文书所记南诏与吐蕃的关系

在著名的敦煌藏文《吐蕃史》文献中，有三处记载了公元 8 世纪时地处祖国大西南的南诏与吐蕃的关系，可以和汉文史籍相印证。现按时间先后分述如下。

一、赞普传记 12 记：赤德祖赞接待阁罗凤的臣相段忠国并唱歌赞颂事

南方下部的南诏腹地，有一个叫白蛮的不小的酋长部落，赞普（赤德祖赞）以其高深之谋略和策略下诏，蛮王谓阁罗凤者前来称臣敬礼，赞普遂赐予"钟"之名号。因此，人多之国又增属民，地博之域又添疆土。自收南诏王这吐蕃臣属后，唐廷势力大衰，政局不安。南诏蛮王有一时期本归附唐朝，因唐王以敌相待，遂向赤祖德赞殿下输诚，将攻占的唐朝城堡及土地一并献上，将作战时所俘唐人如对牢中绵羊般的管理。

后来，在旁塘的大殿上，赤祖德赞御座前，阁罗凤的臣相段忠国晋见之时，赞普君臣作歌唱道：

七重蓝天上，苍穹仙境中，天子从彼降，来做人救主；

所有人间地，不与蕃域比，地高土洁净，降临蕃土中，来做人间主，仪善威望高，小帮均亲睦。

夫岁前年前，大河尾端上，罗凤主与臣，雄心气度大，英勇驰疆场；

对唐三郎主,筑堡摆战场,重分敌与友,执政于一方;

寻找父佑爱,寻到天子赞;天子威望高,仪善君殖祥,令正言有信;

罗凤献社稷,人政神主宰,社稷永不改。

罗凤主与臣,不尽英雄行,摧毁唐高城,收服唐姓,土地连部落,拓奠蕃土基;在上苍天悦,在下大地喜;罗凤主与臣,越来越靠近,近王如近天;越来越坚固,坚靠香布神!

由今望明朝,忠国官与仆,天地心相合,雾满神界中;众生皆有利,先迎后相送,载歌又载舞,所需皆遵行。①

段国忠作为南诏使臣出使吐蕃和晋见赤德松赞事,为其他史籍所不载。但上文所描述的这段历史,史籍中有较为详细的记载。

南诏与唐朝的友好关系,并不是敦煌文书所说的一个时期,而是从南诏第一代王时(653年)开始,一直受到唐廷的册封。唐诏关系的恶化,是从南诏第五代王阁罗凤即位后开始的。天宝七年(748年)阁罗凤即位,唐封其袭云南王。阁罗凤这里想扩展疆土,受到唐朝的限制,加上唐王朝派到云南的边将骄横无礼,导致唐与南诏矛盾激化,阁罗凤受尽其辱,被迫反叛。从天宝九年至天宝十三年的五年中,先后发生大战四次,有十八万唐军被南诏击败和歼灭,数名唐军主帅被擒被杀,大片疆土为南诏所占。其间于天宝十一年(752年),南诏投降吐蕃,吐蕃与南诏结为兄弟之邦,封南诏为赞普钟南国大诏,南诏改元为赞普钟元年。天宝十三年(754年)唐诏战争之后,阁罗凤说:"生虽祸之始,死乃怨之终,岂顾前非而忘大礼",下令收唐军将士尸骸筑"京观"祭而葬之,"以存旧恩",在下关西洱河南岸筑了"大唐天

---

①黄布凡、马德:《敦煌藏文〈吐蕃史〉文献译注》,甘肃教育出版社,2000年。(本文所引敦煌藏文《吐蕃史》文书汉译原文均出自此书,有稍许改动)

宝阵亡战士冢"(俗称万人冢),并在太和王都立大碑,刻石记述"叛唐不得已而为之"的原委。唐王朝的失误,南诏降蕃,给吐蕃扩张和强盛提供了方便。所以,敦煌文献也将此事大书特书,对阁罗凤大加赞颂。记事和唱词都是对当时历史情况作的描述,而且是比较客观地叙述了这段历史,突出展示了阁罗凤被迫反叛唐朝、大败唐军、投靠吐蕃并献上疆土等事迹。

有一点应该说明的是,段忠国晋见赞普是赤祖德赞时期的事,应在阁罗凤被赐封为"赞普钟"之后。从南诏王被赐为"赞普钟"的752年到赤祖德赞去世的754年,只有两年时间;因此,段忠国的晋见与赤祖德赞君臣的颂歌时间,即当在此两年之间。敦煌文书以独特的形式和极其生动的语言,为我们描述了吐蕃与南诏关系史上最生动的一页。

二、编年史105,756年阁罗凤等攻陷唐之巂州

猴年……论泣藏、尚息东赞、阁罗凤三人率军攻陷巂州,孜吉以下地区尽皆臣服。

《新唐书·南诏传》:"会安禄山反,阁罗凤因之取皆州会同军,据清溪关,以破越析,枭于赠,西而降寻传、骠诸国。"[1]

《通鉴》卷218,肃宗至德元年九月条下记:"南诏乘乱陷越巂会同军,据清溪关,寻传、骠国皆降之。"越巂即今西昌,会同即今会理。时值唐逢安史之乱,无暇南顾,任凭南诏与吐蕃攻占和瓜分疆土。敦煌文书对此事记载得更为详细,这次诏、蕃联军的领兵将帅,南诏方是被吐蕃赞普封为弟弟的国王阁罗凤亲自带兵,吐蕃方是大相论泣藏和息东赞。另外,从各方面的记载中可以看出,这次战争是南诏臣

---

[1]欧阳询:《新唐书》。

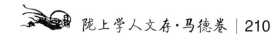

属吐蕃以来的第一次联合对唐用兵。

三、赞普传记 13 记:赤松德赞时代,南诏王反叛后又归附

此赞普（赤松德赞）之时……原收编为属帮的白蛮反叛,赞普命没庐?冉木夏为大将征讨,于岩山之巅交战,斩杀南诏多人,执副都护、微末小吏及平民以上大小官员一百一十二人。南诏王迷途知返,又前来致礼,遂真正收编为属民,摊税役使一如既往。

这件事在《通鉴》卷 233,唐记第 49,德宗贞元七年(791 年)条下是这样记述的:

韦皋比年致书招云南王异牟寻,终未获报。然吐蕃每发云南兵,云南与之益少。皋知异牟寻心附于唐,讨击副使段忠义,本阁罗凤使者也。六月,丙申,皋遣忠义还云南,并致书敦谕之。……吐蕃知韦皋使者在云南,遣使让之。云南王异牟寻绐之曰:"唐使,本蛮也,皋听其归耳,无它谋也。"因执以送吐蕃。吐蕃多取其大臣之子为质,云南愈怨。[1]

《通鉴》所谓"多取其(南诏)大臣之子为质",是南诏将段忠义执送吐蕃后的事。而敦煌文书在这里记为吐蕃因南诏再次反叛而发兵征讨,双方战于岩山,斩杀南诏多人并俘获段忠义及大小官员一百多人。所记孰是孰非,尚有待于深入探讨。

据两唐书及《通鉴》记载,公元 779 年阁罗凤死,其孙异牟寻即位后,因与吐蕃联合进攻唐军大败,吐蕃迁怒于南诏,改封异牟寻"日东王",从兄弟之邦降为部属,加重贡赋,吐蕃并扶持施浪等诏的残余势力利罗式,威胁南诏,又夺南诏边境险要之地筑堡驻兵,异牟寻因

①司马光:《资治通鉴》。

此怨恨吐蕃并对其加强了防御。唐王朝此时亦继续受到吐蕃的袭扰遂决意联合南诏。双方从贞元四年(788年)起以书信往返商谈。贞元七年(791年),唐王朝派南诏旧臣段义忠回到南诏洽商;贞元八年(792年)韦皋致信异牟寻愿同南诏驱逐吐蕃于云岭之战,让南诏在边境筑城把守,相互保卫,永为一家。异牟寻与清平官、大将军等密谋大计,一心归唐。贞元九年(793年),他派遣使臣赵莫诺眉由戎州、杨大和眉由黔州、杨传盛由安南三路献表,愿归大唐。使臣到长安,唐德宗赐异牟寻诏书,下令韦皋派使者到南诏安抚,韦皋派崔佐时持诏书和信以示异牟寻。贞元十年(794年)正月五日,异牟寻率独生子寻梦凑,清平官司洪骡利时,大军将段盛与崔佐进盟誓于苍山神祠。"愿以全部落归唐,辖内各贱首领永不叛离"。即著名的"苍山会盟"。不久吐蕃征兵于南诏,南诏佯应,只以五千应征,异牟寻则自将数万兵跟踪于后,大破吐蕃于神川(今德钦金沙江沿岸),拔铁桥十六城,俘其五王,灭三浪残科,俘获众多。之后派他的弟弟凑罗栋,清平官尹仇宽等向唐朝报捷,并献地图,方物及吐蕃所给金印,请求复号"南诏"。唐德宗对南诏给以厚赐,拜尹仇宽为左散骑常侍,并封为高溪郡王,派袁滋为使到羊苴峰城册封南诏。以后南诏使臣多次到唐都朝贡。贞元十一年(795年),唐与南诏联军攻克吐蕃昆明城(今盐源)。十七年(801年)唐与南诏几次打败吐蕃,占领了七城、五镇,摧毁一百五十个城堡,斩道一万多,俘房六千人,缴获铠甲兵械十五万件,南诏攻击敌人腹心,俘获最多。吐蕃退守神川、纳川。①

从这段历史看,敦煌文书所记段忠义入蕃事与史载有出入,以为吐蕃因南诏有反叛之举而以武力征服,段忠义等一百多人为战场俘获,迫使南诏重新归降。从三年以后的公元794年吐蕃仍然向南

①《旧唐书》。

诏征兵一事看,791年吐蕃对南诏发动这次战争的可能性还是很大的。段忠义为首的一百多人可能就是被吐蕃俘获的,因为当时吐蕃还很强盛。①

　　毋庸讳言,无论是汉唐史家还是吐蕃史家,在记述历史人物和历史事件中,都带有明显的倾向性。就以上三件非常具体的历史事件的记载看,吐蕃文书所记较汉文史籍更加详细。所以,敦煌吐蕃文书所记的可信程度更大一些。

(《西藏民族学院学报》2004年第6期)

---

①王仲翰:《中国民族史》,民族出版社,1993年。

史学、使命

论敦煌历史文化的包容精神

一、民族精神：敦煌历史文化遗产保护的意义

2019 年 8 月 19—20 日，习近平总书记先后考察了位于甘肃河西的历史文化遗产敦煌莫高窟、嘉峪关长城和高台烈士陵园，并先后发表了重要讲话。

习近平总书记的三次讲话，涉及面广，寓意深远。他首先一再指示保护好历史文化遗产：

> 要十分珍惜祖先留给我们的这份珍贵文化遗产，坚持保护优先的理念，加强石窟建筑、彩绘、壁画的保护，运用先进科学技术提高保护水平，将这一世界文化遗产代代相传。①

为什么要保护好文化遗产让其代代相传呢？习近平总书记反复强调了一个词语：民族精神！

> 敦煌文化是中华文明同各种文明长期交流融汇的结果。我们要铸就中华文化新辉煌，就要以更加博大的胸怀，更加广泛地开展同各国的文化交流，更加积极主动地学习借鉴世界一切优秀文明成果。研究和弘扬敦煌文化，既要深入挖掘敦煌文化和历史遗存蕴含的哲学思想、人文精神、价

---

①本文所引习近平总书记讲话的原文，均引自各大央媒的报道，不另出注。

值理念、道德规范等,更要揭示蕴含其中的中华民族的文化精神、文化胸怀,不断坚定文化自信。

而对于历史文化遗产工作者来说,识其精神价值是从事这项工作的最原始的起点。因为我们都会常常遇到提问:你们保护这些东西,不能吃不能喝,还要花钱,到底是为了什么?

所以这是一个一开始就必须要面对的问题。现在大家的答复一般都是:一方面文化遗产有教育方面的作用,包括知识和技艺,这样可以有利于每个人的修养;另一方面,就是古人早就明确了的"以史为鉴"。但随着社会的进步发展,这样的解释远远满足不了众人的认知需求。

所以需要从文化遗产与社会发展关系方面作出解释,这就是:敦煌首先是一种精神。要通过对历史文化遗产深入研究,深刻认识历史文化遗产在人类社会的进步与发展的历史长河中作为精神财富的价值意义。

敦煌历史文化遗产是永久性的精神财富。几千年来,敦煌的几十代劳动人民,特别是从事各种手工业劳动的工匠们,用他们的聪明和智慧,用他们的生命和鲜血筑造了敦煌石窟这座历史的丰碑。在创造光辉灿烂的敦煌历史文化的同时,把他们的精神一道留给了我们。

了解敦煌的历史文化,就是要了解创造了敦煌历史文化的历代列祖列宗,和他们留给敦煌历史文化遗产所体现的中华民族的民族精神,体现我们中华民族先民们聪明智慧、吃苦耐劳和海纳百川的创造、奉献与包容的精神。敦煌事业培养和造就了敦煌精神和民族精神,同敦煌宝库一样属于中华民族的宝贵财富。无论社会发展和进步到什么程度,这种精神永远是促进社会进步发展的动力,而且在发展中不断得到升华。当然,这也是中华大地上所有先民们留给我们的历史文化遗产的共性。

习近平总书记在嘉峪关又强调文化遗产与民族精神,特别是民族凝聚力问题:

> 长城凝聚了中华民族自强不息的奋斗精神和众志成城、坚韧不屈的爱国情怀,已经成为中华民族的代表性符号和中华文明的重要象征。要做好长城文化价值发掘和文物遗产传承保护工作,弘扬民族精神,为实现中华民族伟大复兴的中国梦凝聚起磅礴力量。

习近平总书记这段话讲了三层意思,即做好文物保护,弘扬民族精神,为实现民族复兴凝聚起磅礴力量。这也就是我们文化遗产工作的三个层次和全部意义。而通过对历史上各个民族共同创造的中华民族优秀传统文化的认知,凝聚起强大磅礴的民族力量。

实际上,早在 2018 年 3 月 20 日,第十三届全国人民代表大会第一次会议闭幕时,习近平总书记发表重要讲话,对"中华民族精神"作出了高度凝练与清晰阐发,概括为"四种伟大精神",即"伟大创造精神""伟大奋斗精神""伟大团结精神"与"伟大梦想精神"。习近平总书记说:

> 波澜壮阔的中华民族发展史是中国人民书写的! 博大精深的中华文明是中国人民创造的! 历久弥新的中华民族精神是中国人民培育的! ……中国人民的特质、禀赋不仅铸就了绵延几千年发展至今的中华文明,而且深刻影响着当代中国发展进步,深刻影响着当代中国人的精神世界。中国人民在长期奋斗中培育、继承、发展起来的伟大民族精神,为中国发展和人类文明进步提供了强大精神动力。[1]

---

[1]习近平:《在第十三届全国人民代表大会第一次会议上的讲话》,《人民日报》2018 年 3 月 21 日。

在张掖市高台县,习近平总书记瞻仰中国工农红军西路军纪念碑和阵亡烈士公墓,参观中国工农红军西路军纪念馆,向革命先烈敬献花篮。在这里,他又一次强调了民族精神:

> 新中国是无数革命先烈用鲜血和生命铸就的。要深刻认识红色政权来之不易,新中国来之不易,中国特色社会主义来之不易。西路军不畏艰险、浴血奋战的英雄主义气概,为党为人民英勇献身的精神,同长征精神一脉相承,是中国共产党人红色基因和中华民族宝贵精神财富的重要组成部分。我们要讲好党的故事,讲好红军的故事,讲好西路军的故事,把红色基因传承好。

习近平总书记在这里把长征精神、革命精神也作为中华民族的宝贵精神财富。革命精神也就是民族精神的传承和升华。

二、敦煌历史文化所见中华民族包容精神

因为经常遇到来敦煌参观的人们提出的各种问题,从 20 世纪 90 年代研究敦煌石窟营造历史开始, 敦煌古代工匠与民族精神一直是我思考的研究内容;2012 年以来,我先后在不同场合就敦煌历史文化的民族精神发表一些粗浅的认识,包括包容、奉献和创造三个方面。[1]

我首先是从自己的专业从历史学的角度去认识敦煌历史文化本

---

[1] 马德:《论敦煌石窟的民族精神》,《佛教与当代文化建设学术研讨会论文集》第一编,西北大学出版社,2013 年,第 156—168 页;马德:《民族精神:敦煌艺术的美学内涵》,《敦煌哲学》第二辑,甘肃人民出版社,2015 年,第 117—128 页;马德:《敦煌古代工匠研究》第十章《敦煌工匠的民族精神》,文物出版社,2018 年,第 292—311 页。

身作为精神财富的价值、在过去曾经发挥过的作用,和对当今以及未来有什么作用;二是从民族精神和精神财富的层面去探讨敦煌历史文化的艺术美学内涵;三是从佛教对社会的作用方面认识敦煌作为民族精神的意义。习近平总书记强调"要挖掘敦煌文化的历史遗存所蕴含的哲学思想、人文精神、价值理念、道德规范等"。一般说来,从精神财富的层面了解敦煌,无论是敦煌石窟还是敦煌文献,抑或保存在敦煌大地上的历史遗迹遗物,对先民们的奉献和创造精神并不难领会。而关于包容精神,则需要运用大量历史资料和文献记载、图像表现来说明。

敦煌历史文化体现出来的中华民族精神,首先就是包容精神。以汉文化为根基的敦煌,用自己博大宽广的胸怀,容纳、吸收了外来的佛教文化,让佛教深深地植根于敦煌的大地上,开出绚丽的花朵,结下丰硕的果实。而因为敦煌地处亚洲腹地,历史上一直是中国与西方各国进行经济、文化交流的中心地带。人类的埃及文明、两河文明、印度文明、中华文明、希腊文明等在这块土地上神奇地进行了交汇和融合,形成了集东西方世界古代文明为一体的作为人类古代文明的象征,因此敦煌又被誉为是人类古代文明的中心;而敦煌石窟就是这个中心的标志和见证,是人类古代文明的结晶。习近平总书记说"敦煌文化是中华文明同各种文明长期交流融汇的结果",即是这个方面的高度概括。而这一切,首先有赖于敦煌这片土地上世世代代的敦煌人的宽广胸怀和博大的包容精神,让敦煌石窟这座历史的丰碑永远高高耸立在世界民族之林!

佛教传入敦煌的时间较早,据传说,至少从西汉武帝开发河西时期就已经有了迹象。而佛教作为外来的意识形态,能在汉文化为根基的敦煌大地上传播发展,这本身就是民族包容精神的突出体现。敦煌佛教文化就是敦煌在中华民族包容精神下的辉煌成果。由任继愈总主编、杜继文主编的《佛教史》特别强调了法护所译早期大乘佛教的重要经典之作《正法华经》在佛教史上的重要意义：

> 《正法华经》10卷，晋泰康七年(286年)译于长安。中心思想是"会三归一""藉权显实"，也就是肯定了佛教在流布过程中广泛吸取别种宗教流派的作法是合理的。它把已经融会于大乘佛教之中而又异于原始佛教的思想信仰，解释成是佛陀教化众生的方便手段，同时也给原始佛教以恰当的地位，看作是同一"佛乘"的不同表现形式。这些说法，调和了佛教内部的派别对立，也为进一步容纳其它民族民间信仰崇拜进入佛教范围开创了道路。①

实际上，这里讲的不仅仅是佛教内部的事，"会三归一"等，也是讲一种文化的包容，是大乘佛教的包容，是敦煌历史文化的包容精神在特定社会背景下的体现，是包容精神在佛教文化在敦煌的传播和发展过程中的展示。我们从上著中对竺法护的总体评价中也可以认识这一点：

> 竺法护……祖籍月支，世居敦煌，八岁出家，万里寻师。除诵读佛经外，还博览《六经》和百家之言。后随师游历西域各国，遍学36种语言，搜集大量胡本佛经……他一生往来于敦煌、长安之间，先后47年(266—313)，译经150余部，除小乘《阿含》中的部分单行本外，大部分是大乘经典，包括《般若》类的《光赞般若经》，《华严》类的《渐备一切智德经》，《宝积》类的《密迹金刚力士经》，《法华》类的《正法华经》，《涅槃》类的《方等般泥洹经》等等。早期大乘佛教各部类的有代表性的经典，都有译介。这些佛籍的内容非常庞杂，既

---

① 杜继文:《佛教史》，江苏人民出版社，2008年，第141页。

包括有思想深沉的多种哲学流派，又含有形式粗鄙的原始宗教观念，大体反映了当时由天竺到西域佛教的基本面貌，在沟通西域同内地的早期文化上，作出了卓越的贡献。《高僧传》本传评论说："经法所以广流中华者，护之力也。"①

竺法护后，敦煌石窟创建。敦煌石窟本身一开始就是一座多种文化交汇融合的宝库，饱含了我们中华民族的包容精神和文化胸怀。

从敦煌石窟的佛教造像中首先就可以看到，外来的佛教诸神形象，各个时期都有不同。早期的第275窟，北魏的第259窟，隋代的第419窟，和唐代的第45窟，我们逐一进行比较的话，就不难看出，虽然表现的都是佛祖，不仅都是根据时代不同而发生变化，更主要的是他们一起出现在同一崖面上，适应着各个时期的各种社会需求。敦煌石窟就是因为有了包容，才使得佛祖的形象丰富多彩。

在壁画中，有种题材叫"各国王子听法图"和"各国王子举哀图"，更是具体绘制了各种肤色和各种装束的各国"王子"，大家共处一室，这里体现佛教文化的世界性，也是敦煌石窟包容精神的展示。

这里最明显的例子，是石窟壁画上表现的中国人最喜闻乐见的观世音菩萨救难情景之一的商人遇盗：壁画上的外国商人与中国"强盗"。北周时代就有大量"胡人"形象出现在壁画上，隋代亦然：从第302、303窟开始，到第420窟的观音普门品，再到唐代盛期第217、45、444等，商人是"胡人"，"强盗"是汉人，特别是全副武装的汉人。这些完全出自中国画家之手的画面，不仅反映了封建史学家们津津乐道的隋唐盛世的另一面，更主要的体现了画家作为中国人的宽广胸襟，敢于直面盛世的另一面。这是敦煌的包容精神最突出的体现，是在中华民族傲然挺立在世界民族之林的中国封建社会最盛期，敢于直面

①杜继文：《佛教史》，江苏人民出版社，2008年，第139—140页。

自己的短处,向世人暴露自己的黑暗。这也是祖宗们留给我们最深刻、最有益的经验和启迪。

三、敦煌包容精神与中华民族共同体意识

习近平总书记在敦煌研究院的座谈会上又专门讲道:加强对少数民族历史文化的研究,铸牢中华民族共同体意识。党的十九大报告曾经在"中华民族""人类命运"及"人与自然"三种意义上使用"共同体"一词。这次因为是在敦煌莫高窟讲这句话,自然应该和敦煌历史上的少数民族文化研究相关。敦煌数千年的历史是多民族活动的大舞台,除了与西方各国的交流之外,国内的众多少数民族不断地你来我往,通过各种交流方式共同发展和进步,整合到以汉族为主体的中华民族大家庭中。如敦煌历史上的吐蕃治理时期,就是历史上汉藏和睦相处的共赢共荣时期。

中华民族是以汉族为主体的多民族国家。在中华民族的发展上,相对发达的汉民族用各种方式帮助其他各少数民族共同进步,形成了中华民族的共同体意识。敦煌历史文化也是由中华民族的各民族共同创造的,也有汉民族帮助其他民族实现历史的跨越性发展,共同进步的突出事迹。

这里以藏民族的祖先吐蕃民族为例:吐蕃起源于公元前后,最初是分散在青藏高原各地的原始农、牧业部落;大约从公元600年开始,高原诸部落中最强盛的雅砻部落渐次兼并了其他各部落,统一了青藏高原;此后不久,吐蕃在松赞干布的统领和治理下,平定内乱,安抚周边四境,创造文字,制定法律典章,引进佛教,通好天竺,特别是与唐朝和亲,结甥舅之好,学习唐朝的先进文化,使之成为中国历史上由藏族先民建立的一个强大的奴隶制政权。从公元7世纪下半叶开始,处于奴隶制上升时期的吐蕃王朝,发动了对周边各国的掠夺战

争,占领了唐朝及西域各国的大片领土。在它最强盛的公元8、9世纪
的百余年间,它统治着中国西南、西北以及中亚的广大地区。当时地
处中西交通要道上的重镇敦煌,也在吐蕃管辖和治理的范围之内,并
且雄居东西方之中部,与吐蕃首府拉萨南北相望。

吐蕃王国从雅砻河谷的农耕开始算起,前后近千年。藏、汉文史
籍都曾叙述过吐蕃历史文化的辉煌,而在吐蕃曾经占领和治理过的
敦煌,我们就看到了大量吐蕃历史文化遗迹,和保存得最丰富、最集
中的吐蕃史料,都体现出这种辉煌。吐蕃治理敦煌时期,几代吐蕃赞
普曾在敦煌指挥作战和处理国家政务,吐蕃王朝也是在敦煌大举进
行封建改革,真正接纳了唐朝等邻国的先进经济文化,大力发展农
业、林业、畜牧业和手工业,促进了吐蕃社会的重大变革,实现了本民
族历史的跨越性发展;吐蕃王朝代替唐朝担负起保护和管理中西经
济文化交流的通道——丝绸之路的艰巨任务;敦煌曾经聚集了一大
批汉、蕃和西域各民族的文化人;赞普的王妃和宰相在这里组织和主
持了佛经的翻译、抄写和传播事业,传播汉唐文化与佛教文化。所以,
敦煌在吐蕃历史文化的发展史上有着重要的地位,发挥过重要的作
用,展示过巨大的历史意义:敦煌曾经一度成为吐蕃的文化中心和经
济特区,是藏族古代历史上最辉煌的时期。①这就是唐代中华民族共
同体的具体体现。

敦煌文化的包容精神,在吐蕃时期又得到很好的体现,主要反映
在敦煌石窟的佛教文化方面,不仅在建筑方面创造性地吸收和运用
了“窟塔一体”的格局,更重要的是在壁画内容方面,在佛教山头遍
布、宗派林立的时代,一窟之中绘制十几幅、二十几幅各宗各派所尊

①马德:《论敦煌在吐蕃历史发展中的地位》,《敦煌吐蕃文化学术研讨会文
集》,甘肃民族出版社,2009年。

奉的经典变相,形成"方丈室内化尽十方,一窟之中宛然三界"①的完整的社会化的佛教活动场所。这种佛教本身的包容,只有在敦煌石窟这样的场所才能体现出来;而这里同时体现的,也就是敦煌及中华各民族的共同体意识。

四、包容精神与文化自信

党的十八大以来,习近平总书记曾在多个场合提到文化自信,传递出他的文化理念和文化观,这里摘录几段:"中国有坚定的道路自信、理论自信、制度自信,其本质是建立在5000多年文明传承基础上的文化自信。""我们要坚定中国特色社会主义道路自信、理论自信、制度自信,说到底是要坚持文化自信。""文化自信是更基础、更广泛、更深厚的自信。"中国传统思想文化"体现着中华民族世世代代在生产生活中形成和传承的世界观、人生观、价值观、审美观等,其中最核心的内容已经成为中华民族最基本的文化基因。这些最基本的文化基因,是中华民族和中国人民在修齐治平、尊时守位、知常达变、开物成务、建功立业过程中逐渐形成的有别于其他民族的独特标识。"这里都强调的文化自信是建立在中华民族优秀传统文化基础上的自信。

而这些年关于学习和贯彻文化自信方面的文章,仅我所见到的就有百余篇之多,其中不乏鸿篇佳作,对以民族传统为基础的文化自信的阐释也有深刻的见解和精辟的论述,兹不赘。

习近平总书记在敦煌的讲话,实际上是他的一系列关于文化自信理论的进一步阐述和提升。因为敦煌足可以让任何一个中国人产

---

①出自敦煌遗书 P.2762《张淮深碑》,参见马德:《敦煌莫高窟史研究》,甘肃教育出版社,1996年,第302页。

生强烈的民族自豪感！有了敦煌,有了自豪——自豪即自信！敦煌是一种文化,敦煌自信首先是文化自信;而造就敦煌文化的重要基础条件之一,就是中华民族的博大胸怀和包容精神。因为包容,才有敦煌;自信就是包容,就能包容;包容则是自信的最好展示。敦煌历史文化是中华民族几千年优秀传统文化的象征,文化自信首先是民族优秀传统文化的自信。传统文化自信的基础是文化胸怀,即包容精神。包容是一种胸怀,是一种境界,也是最大的自信。敦煌辉煌灿烂的历史文化所展示的包容精神和民族精神,使我们的文化自信永远具有十足的底气!

"海纳百川有容乃大"。包容精神不仅因为它是老祖宗留给我们的财富,更重要的是在人类社会进步发展的历史长河中所不能缺少的动力。敦煌历史文化的历代创造者和中华民族的先民们给予了子孙后代这样宝贵的财富,值得我们永远继承和发扬光大。

(《世界宗教文化》2019 年第 6 期)

敦煌本《诸经杂辑》刍谈

——兼议敦煌草书写本研究的有关问题

前面的话

2017 年 8 月,敦煌研究院在敦煌莫高窟举办纪念段文杰先生诞辰 100 周年学术论坛,让我们回想起 20 世纪 80 年代初,段先生主持现在的敦煌研究院还是敦煌文物研究所的工作的那个时代。那时候研究所一共也就五十人左右。作为文物单位,主要职责是保护好文物。但段先生以战略家的胸怀和气概,与所里一批老敦煌学专家一道,抱着"誓雪国耻"的信念,奋发图强,埋头苦干,在较短的时间内取得了一大批研究成果,创办了学术杂志,举行学术会议,树立了敦煌研究院在国际国内的学术地位。三十多年来,国内的敦煌研究已经走在世界前列,这是令人欣慰的事。因为无论是在国内还是国外,都已经听不到"敦煌在中国,敦煌学在外国"这个曾经让人心痛的话了。

但是不是我们所有的研究都已经超越了世界呢?仔细想一想,还真不是。近三十多年来,我们的敦煌研究可谓是风生水起如日中天,但却掩盖了落后的一面。我们对敦煌出土的古代民族文字文献的研究,都还没有超越 20 世纪国外专家们的领先地位;就汉文写本来说,敦煌草书写本的研究也是一个很突出的例证。敦煌藏经洞所出草书写本计有 300 多件,200 余种,但在国内的研究方面,首先做到第一步工作的释文,据我们所知大概不超过 5 件(其中还包括已经有传世本可参照者如《文心雕龙》);大部分出版物上都只是影印图片且无任何释文,甚至连是什么内容都没有说明,只注明是草书写卷。相反,日本人早在近百年之前,就对近20件草书写本做了释文,并收集在《大正藏》第85册中。虽然这个数量也不是太多,但还是领先我们好几倍。况且《大正藏》第85册印行于1932年。这就是说,在敦煌草书写本文献的研究上,我们至少还要落后日本学者85年。这仍然是令人十分痛心的事。

今天,因为我们要整理的这份卷子没有清晰的图片,更没有网上彩图,我们重新摇起了20世纪60年代就使用过的135黑白缩微胶卷阅读器。翻开20世纪80年代影印的单色模糊不清的《敦煌宝藏》,感觉一下子又回到了30多年前。

一、写本的基本信息及拟名

敦煌遗书编号S.6888,现藏英国国家图书馆。

首先是翟里斯目录第5907号的介绍:"经文注释的两不连续之残片,上边沿写有词语注。7世纪写草书。字好。薄皮纸。594.4+472.3厘米。"①

《敦煌遗书总目索引》拟名为《佛经》②,《敦煌遗书最新目录》拟题《法苑珠林节抄要览》③,《敦煌遗书总目索引新编》④袭之。

2012年,京都大学人文科学研究所《敦煌写本研究年报》第6号

①翟里斯编:《英国国家博物馆藏敦煌汉文写本注记目录》,1957年英文版;台建群汉译本,敦煌研究院内部编印,2007年。
②王重民等:《敦煌遗书总目索引》,商务印书馆,1962年。
③黄永武编:《敦煌宝藏》第53册,新文丰出版公司,1983年。
④敦煌研究院编:《敦煌遗书总目索引新编》,中华书局,2000年。

发表了本井牧子《敦煌写本中的〈法苑珠林〉与〈诸经要集〉》①,在文章末尾附了这件写本较为详细的信息,包括现存三十种内容和三大分类,但作为附录,没有更进一步的整理和研究,甚至也没有该写本的定名。

此外,目前尚未见到对S.6888的其他研究文献信息。

因为见不到原件,也没有比较清晰的图片资料,我们只能根据20世纪60年代的单色缩微胶卷和1986年台湾新文丰出版公司印行的《敦煌宝藏》进行粗略的过录和辨识。

S.6888被分为两段,前段存362行,后段存314行,计676行;每行30—50字不等,连续书写。正文顶格处空3~4格,部分行头有内容标识提示。书写内容、形式与《经律异相》《诸经要集》《法苑珠林》等佛教类书②形式相近,为佛经片断的辑录,属于佛教类书;只有部分小标题,不分卷品(章节),似乎是更原始的草稿,也有可能是个人听经或写经的随记。总之,S.6888是一份没有广泛流通的佛教类书稿,因此暂定卷名为《诸经杂辑》。从书体风格分析,我们认为其书写时代可能为公元8世纪初,比翟里斯的判断稍晚一些。但应该早于《诸经要集》和《法苑珠林》。

二、见载经文对比举例

前面谈到,S.6888《诸经杂辑》内容大多从《经律异相》《诸经要集》《法苑珠林》中分别辑录过,其中《经律异相》最多,《诸经要集》与《法苑珠林》大体相同;而叙述形式比较接近于《诸经要集》。现选取较短经文段落数例,列表对比(表1)。

①本井牧子:《敦煌写本中〈法苑珠林〉〈诸经要集〉》,《敦煌写本研究年报》2012年第6期。

②经文参见《CBETA电子佛典集成June2016》,台北CBETA中华电子佛典协会,2016年。

表1

写本原文	《诸经要集》原文	《经律异相》原文	《法苑珠林》原文	出处经典原文
施灯功德经云:复次,舍利弗,如人于佛塔庙施灯明已,命终时得三种明。何等为三? 一者彼人命终时先所作福悉皆现前,忆念善法而不忘失,因此念已心生踊悦;二者因此便能起念佛,能行布施得欢喜心无有死苦;三者因此便得念法之心。(第51—54行)	又施灯功德经云:佛告舍利弗或有人,于佛塔庙诸形像前而设供养故,奉施灯明……复次若人于佛塔庙施灯明已,临命终时得三种明。何等为三? 一者彼人临命终时先所作福悉皆现前,忆念善法而不忘失,因此念已心生踊悦;二者因此便能起念佛,能行布施得欣喜心无有死苦;三者因此便得念法之心。(卷4,《大正藏》第54册)		又施灯功德经云:佛告舍利弗,或有人于佛塔庙诸形像前而设供养故,奉施灯明……复次若人于佛塔庙施灯明已,临命终时得三种明。何等为三? 一者彼人临命终时先所作福悉皆现前,忆念善法而不忘失,因此念已心生踊悦;二者因此便能起念佛,能行布施得欣喜心无有死苦;三者因此便得念法之心。(卷35,《大正藏》第53册)	复次,舍利弗!若善男子、善女人于佛塔庙施灯明已,临命终时得三种明。何等为三? 者,彼善男子、善女人临命终时,先所作福悉皆现前,忆念善法而不忘失。舍利弗!是为一明;因此便能念知自己,先于佛所殖诸善业。复次,舍利弗!彼善男子、善女人于命终时,得如是念:"我于佛像塔庙等前,已曾供养。"作是念已,心生踊悦。舍利弗!是为二明;因此便能起念佛觉。复次,舍利弗!彼善男子、善女人于命终时,见余众生奉行布施,见他作已,起如是念:"我亦曾于佛支提所奉施灯明,我今亦当复行布施!"念于布施,得欣喜心;得喜心已,无有死苦。舍利弗!是为三明;因此便得念法之心。(《佛说施灯功德经》一卷本,《大正藏》第16册)

续表

写本原文	《诸经要集》原文	《经律异相》原文	《法苑珠林》原文	出处经典原文
迦叶诘阿难经云：昔阿育王自于境内立千二百塔。王后病困，有一沙门省王病。王言："前为千二百塔，各织作金缕幡，欲手自悬幡散花；始得成办，而得重病，恐不遂愿。"道人语王："乞王好手一心。"道人即现神足，应时千二百塔皆在王前。王见欢喜，便使取金幡金花悬诸刹上，塔寺低仰即就王手。王得本愿，身复病愈，即发大意，延寿二十五年，故名续命神幡。（第54–59行）	如迦叶诘阿难经云：昔阿育王自于境内立千二百塔。王后病困，有一沙门省王病。王言："前为千二百塔，各织作金缕幡，欲手自悬幡散华；始得成办，而得重病，恐不遂愿。"道人语王："乞王好叉手一心。"道人即现神足，应时千二百塔，皆在王前。王见欢喜，便使取金幡金花悬诸刹上，塔寺低仰即皆就王手。王得本愿，身复病愈，即发大意，延寿二十五年，故名续命神幡。（卷4，《大正藏》第54册）		如迦叶诘阿难经云：昔阿育王自于境内立千二百塔。王后病困，有一沙门省王病。王言："前为千二百塔，各织作金缕幡，欲手自悬幡散华，始得成办，而得重病，恐不遂愿。"道人语王云："王好叉手一心。"道人即现神足，应时千二百寺皆在王前。王见欢喜，便使取金幡金花悬诸刹上，塔寺低昂即皆就王手。王得本愿，身复病愈，即发大意，延寿二十五年，故名续命神幡。（卷36，《大正藏》第53册）	

续表

写本原文	《诸经要集》原文	《经律异相》原文	《法苑珠林》原文	出处经典原文
跛脚 杂譬喻经云：昔有跛脚道人，持戒乞食遇至一家，见其患脚，心生悲悯，一年供养。道人辞去。客主悲泪。道人去后。主人发床唯见金宝，因此至富。邻比一家见其大富，问何因缘，其人实答。邻恶念希觅珍宝，便觅一跛人欲供养之，遍求无有。会一道人身体完具，还折脚供养少时，强驱令去。去后发床，恶心所感，毒蛇蜂蝎来螫合家，现世恶报后入地狱。得珍宝者贞吉，被螫毒者其心不仁。（第 270–275 行）			昔有跛脚道人。持戒乞食遇至一家，信大法久，见其患脚，心悲悯，一年供养。道人辞去。主人言曰："愿数垂顾。"分离之际客主悲泪。道人去后，主人发床唯见金宝，因此至富。邻比一家见其大富，问何因缘，其人实答。邻人恶念希觅珍宝，便觅一跛人欲供养之，遍求无有。会一道人身体完具，缚还折脚供养少时，强驱令去。去后发床，恶心所感，毒蛇蜂蝎来螫合家，现世恶报后入地狱。得珍宝者其心贞吉，被螫毒者其心不仁。出《杂譬喻经》也。（卷 44，《大正藏》第 53 册）	

续表

写本原文	《诸经要集》原文	《经律异相》原文	《法苑珠林》原文	出处经典原文
譬喻经云:昔有一人于两宅,有二妇。适诣小妇,小妇语言:"我年少,婿年老,我不乐住,可往大妇处作居。"其婿拔去白发,适至大妇处,大妇语言:"我年老,头已白,婿头黑宜去。"于是拔黑白,如是不止,头遂秃尽。二妇恶之,便各舍去,坐愁致死。过去世时作寺狗,水东一寺水西一寺,闻挞提鸣狗便往食。后日二寺同时鸣磬,狗浮水欲渡,适欲至西复恐东寺食好。向东复恐西寺食好。如是犹豫,溺死水中。(第275-280行)		昔有一人于两业,有二妇。适诣小妇,小妇语言:"我年少,婿年老,我不乐住,可往大妇处作居。"其婿拔去白发,适至大妇处。大妇语言:"我年老,头已白。婿头黑宜去。"于是拔黑作白,如是不止,头遂秃尽。二妇恶之,便各舍去,坐愁致死。过去世时作寺中狗,水东一寺水西一寺,闻挞槌鸣狗便往得食。后日二寺同时鸣磬,狗浮水欲渡,适欲至西复恐东寺食好。向东复恐西寺食好。如是犹豫,溺死水中。出《十卷譬喻经》。(卷44,《大正藏》第53册)		昔有一人作两业,有二妇。适诣小妇,小妇语言:"我年少,婿年老,我不乐住,可住大妇处作居。"其婿拔去白发,适至大妇处。大妇语言:"我老,头已白。婿头黑宜去。"于是拔黑作白,如是不止,头遂秃尽。二妇恶之,便各舍去,坐愁致死。过去世时作寺中狗,水东一寺水西~寺,闻穗撞鸣狗便往得食;后日二寺同时鸣磬,狗浮水欲渡,适欲至西复恐东寺食好,向东复恐西寺食好。如是犹豫,溺死水中。(《涅槃玄义发源机要》卷4,《大正藏》第38册)

续表

写本原文	《诸经要集》原文	《经律异相》原文	《法苑珠林》原文	出处经典原文
大智度论云：山中有一佛图，有一别房，中有恶鬼，喜来恼人，诸僧舍去。有客僧来，维那处分令住此房，而语之言："此房有鬼喜来恼人。"客僧自以持戒力故，答言："小鬼何所能为？我能伏之。"即入房住。日将欲暮，更有客僧来觅住处，维那令在此房住，亦语有鬼。其人亦言："我当伏之。"时先人者，闭户端坐待鬼不来。后来者，夜打门求入，先人者谓为是鬼不为开户。后来者极力打门，在内僧以力拒之。外者得胜，排门得入。内者打之，外者亦极力熟打。至明旦相见，乃是旧同学僧。众人云集，笑而怪之。（第347–353行）	如智度论云：一切诸法皆是虚诳，众生愚痴不识亲疏，瞋骂加害乃至夺命，起此重罪。故堕三涂受无量苦。譬如山中有一佛图，彼中有一别房，房中有鬼来，恐恼道人，是诸道人皆舍房去。有一客僧来，维那分令住此空房，而语之言："此房中有鬼神喜恼人。能住中者住。"客僧自以持戒力多闻故言："小鬼所为？我能伏之。"即入房住。暮更有一僧来求此住处，维那亦令在此房住，亦语有鬼恼人。其人亦言："小鬼何所能为？我当伏之。"先人者闭户端坐待鬼，后来者夜暗打门求入。先人者谓为是鬼，不为开户。后来者极力打门，在内道人以力拒之。外者得胜排门得入。内者打之外者亦打。至旦相见，乃是故旧同学，识已各相愧谢。众人云集笑而怪之。出《大智度论》第九十一卷。（卷16，《大正藏》第54册）	山中有一佛图，有一别房，中有恶鬼，喜来恼人，诸僧舍去。有客僧来，维那处分令住此房，而语之言："此房有鬼戏来恼人。"客僧自以持戒力故，答言："小鬼何能为？我能伏之。"即入房住。日将欲暮，更有僧来求觅住处，维那亦令住此房住，亦语有鬼。其人亦言："我当伏之。"时先人者，闭户端坐待鬼不来。后者，夜打门求入，先人者谓为是鬼，不为开户。后者极力打门，在内道人以力拒之。外者得胜，排门得入。内者打之，外者亦极力熟打。至明旦相见，乃是故旧同学，道人各相愧谢。众人云集笑而怪之。出《大智度论》第九十一卷。（卷19，《大正藏》第53册）	如智度论云：一切诸法皆是虚诳，众生愚痴不识亲疏，瞋骂加害乃至夺命。起此重罪，故堕三涂，受无量苦。譬如山中有一佛图，彼中有一别房，房中有鬼来，恐恼道人，故诸道人皆舍房去。有一客僧来，维那处分令住此房，而语之言："此房中有鬼神，喜恼人，能住中者住。"客僧自以持戒力，多闻，故言："小鬼何所能为？我能伏之"即入房住。暮更有一僧来求此住处，维那亦令在此房住，亦语有鬼恼人。其人亦言："小鬼何所能？我当伏之。"先人者闭户端坐待鬼，后来者夜暗打门求入。先人者谓为是鬼，不为开户，后来者极力打门，在内道人以力拒之。外者得胜，排门得入。内者打之，外者亦打。至旦相见，乃是故旧同学，识已各相愧谢。众人云集，笑而怪之。（卷54，《大正藏》第53册）	如山中有一佛图，彼中有一别房，房中有鬼来恐恼道人故，诸道人皆舍房而去。有一客僧来，维那处分，令住此空房，而语之言："此房中有鬼神喜恼人，能住中者住。"客僧自以持戒力，多闻，故言："小鬼何所能？我能伏之！"即入房住。暮更有一僧来求住处，维那亦令在此房住，亦语有鬼恼人。其人亦言："小鬼何所能？我当伏之。"先人者闭户，端坐待鬼。后来者夜暗，打户求入。先人者谓为是鬼，不为开户，后来者极力打户。在内道人以力拒之，外者得胜，排户得入。内者打之，外者亦极力熟打。至明旦相见，乃是故旧同学，各相愧谢。众人云集，笑而怪之。《大智度论》卷91，《大正藏》第25册

续表

写本原文	《诸经要集》原文	《经律异相》原文	《法苑珠林》原文	出处经典原文
僧祇律云:毕陵伽婆蹉在王舍城,日时将至次行乞食,至一放牧家女人啼,即问女言:"何故啼耶?"答言:"阇梨,今节会日众人集戏,我无衣裳独不得去。"时尊者即化作种种衣服、珠宝璎珞、金银校饰,与已便去。众人见之,问言那得,具说因缘。闻达国王,王即唤牛女及比丘即来,问尊者:"何处得此金?非世所有。"比丘即捉杖,扣壁床,一切化成黄金,作如是言:"首陀罗何处得金,此即是也。"王言:"阇梨有大神足!宜各还去。"(第561-566行)。		毕陵伽婆蹉在王舍城,日时将至欲行乞食,至一放牧家女人啼,即问女言:"何故啼耶?"答言:"阇梨,今节会日众人集戏,我无衣裳独不得去。"时尊者即化作种种衣服、珠宝璎珞、金银校饰,与已便去。众人见之,问言那得,其说因缘。闻达国王,王即唤牛女及比丘来,问尊者:"何处得此好金?非世所有。"比丘即捉杖,打壁扣床,一切化成黄金,作如是言:"首陀罗何处得金,此即是也。"王言:"阇梨有大神足!宜各还去。"出《僧祇律》第二十九卷。(卷15,《大正藏》第53册)		三婆蹉者,佛住王舍城。尔时尊者毕陵伽婆蹉在聚落中住,时到,着衣持钵,次行乞食;得食已,至一放牧家食。其家女到尊者边立啼,即问女言:"何故啼?"答言:阿阇梨,今是节会日,诸人集戏,我无衣裳独不得往,那得不啼?"时尊者即化作种种衣服、珠宝璎珞、金银校饰,与已便去。乃至王闻,闻已即唤女问:"汝何处得此好璎珞?"答言:"尊者毕陵伽婆蹉见与。"王即唤比丘来问:"尊者何处得此好金?非世所有。"比丘即捉杖打壁打床,一切成金,作如是言:"首陀罗何处得金,此即是也。"王言:"阿阇梨有大神足,还去;放牧牛女还家。"诸比丘闻已,见毕陵伽婆蹉现异,乃至放牧女被执,应作举羯磨,即集比丘僧。世尊乘神足来,知而故问:"汝作何等?"答言:"世尊!毕陵伽婆蹉现异,乃至放牛女被执。"佛问毕陵伽婆蹉:"汝实现异令牧牛女被执耶?"答言:"世尊!我不故现异令牧牛女被执,我慈心故耳!"佛言:"毕陵伽婆蹉大神足故,无罪。"如是毗尼竟。(《摩诃僧祇律》卷29,《大正藏》第22册)

从表1中可以看出,虽然 S.6888 内容《经律异相》《诸经要集》《法苑珠林》等有许多相同之处,但异文甚多,且不分卷序品次,叙述形式也不一样,显然不是上述诸经中的任何一种,而是独立的特殊写本。

敦煌写本不一定都是抄本,也有"原创",如草书写本,多为听讲随笔记录本,大多仅一份,无复本,且有讲述者或他人校改痕迹。但作为类书的 S.6888 则与听讲随记不同,为摘录汇集。而且,与《经律异相》《诸经要集》《法苑珠林》有一点相同之处,就是它的叙事写作格式,比起征引的原始经文来说要简略得多,不仅语言简练,而且叙述通俗、深入浅出,生动妙趣,更适合中国人阅读和理解。

三、与原记出处迥异之经文举例

(1)涅槃经云:宁于一日受三百钻钻身,不应起一念恶心向于父母,何以故? 父母恩重故!(第1—2行)

按:此段文字不见于《涅槃经》,而出自《盂兰盆经赞述》,为《大正藏》第85册所收。《盂兰盆经》传为西晋敦煌菩萨竺法护所译,一向有伪经之说,而此《盂兰盆经赞述》亦当系敦煌所出之疑伪经。

(2)又五分律云:父母恩重,不可得记,云证之者昊天网极。左肩负父,右肩担母。从生至长,周行天下,遭百千劫,更不能报。父母之恩何以大?皆由父母共千百荫,敷张六情,使睹光明,推燥居湿,随时扶侍,是以孝子虽报其恩百千万分不及其一。(第2—5行)

按:此段内容不见于《五分律》,系出自姚秦凉州沙门竺佛念所译《出曜经》卷27,经文参见《大正藏》第4册,叙述迥异。

(3)劝友将受菩萨戒,先教发重净心。或一年下至七日,持斋礼拜,舍诸恶业。习诸善事,长养净心,然可为受。若有事缘,不得先教发起重净心。欲受戒时,劝发深心,方与受之。深重心者,断一切恶,修一切善,度脱一切众生心是。(第256—258行)

按:此段未记出处。经查,应出自沙门慧昭所撰《劝发菩提心集》卷下,经文参见《大正藏》第45册。

(4)佛子受无尽戒已,其受戒者过度四魔越三界苦,从生至生不失此戒,常随行人乃至成佛。佛子,若过去未来现在一切众生不受是菩萨戒者,不名有情识者,畜生无异,不名为人,常离三宝海,非菩萨。非男非女,非鬼非人,名为畜生。名为邪见人,名为外道。不近人情。故知菩萨戒有受法而无舍法。有犯不失尽未来际。若有人欲来受菩萨戒者,法师先为解说使其心中意解,生乐着心,然后为受。又复法师能于一切国土中,教化一人出家受菩萨戒者,是法师其福胜造八万四千塔,况复二人三人乃至百人千人,福果不可称量。(第259—266行)

按:本段未记出处。经查,系出自姚秦凉州沙门竺佛念所译《菩萨璎珞本业经·大众受学品第七》,经文参见《大正藏》第24册。

(5)菩萨八胜菩萨戒有八种(殊)胜:第一极道胜。受菩萨戒,喻如大鹏鸟,一举赵飞能至万万九千里。受三归五戒十善八戒,犹如蚊子咬,终日竟夜不能出一室。第二发心胜。昔有罗汉等沙弥弟子,以沙弥即发菩萨心,罗汉即代沙弥担朴,推沙弥在前行。沙弥即自思维,昔日户毗王割肉代鸽,命摩诃萨燧投身饿虎,此是难以苦行,即生退心。罗汉还沙弥朴自在前行。沙弥问曰,和上向者代弟子担朴,今后还使者,不知寄师。答曰:汝向者怀菩萨心,超过二乘境界,汝胜我故,以此代汝;汝今后还心,不如我故,以是验汝在后,是名心胜。第三福田胜。假使供养满阎浮提阿罗汉,不如供养一禽,其义云何? 此鸟本受菩萨戒故。第四功德胜。受菩萨戒,喻如日光,无所不照。声闻小戒,犹如萤火,其光甚微,不相比益。第五受罪轻微胜。今受菩萨戒者后,有违犯毁,破其戒,若堕地狱,地狱中王;若堕饿鬼,饿鬼中王;若堕畜生,畜生中王;若生人中,人中胜;若生天中,天中王。诸所生生处,皆得尊胜。第六处胎胜者。菩萨处胎,常为天龙八部诸善神王之所拥护,不令破坏。第七神通胜。阿罗汉亦有神通,不能变现十方世界。菩萨亦能现大后能现小,变大地为金银,化海水为酥酪,亦能超过百亿世界,亦能一日度百千众生。第八果报胜。菩萨果报身善因满,湛然常住,终无迁谕喻。如天上日,在下置百千亿,百千亿亮小,亮小中有百千亿个日住,而天上日渐来入此亮等,不得而此曰,渐有损减示不也。菩萨果报喻,如天上日,湛然常住,慈心遍言。众生身亦善,临自利度他,皆成佛果。(第 238—255 行)

按:此段未注出处,查原文与《受菩萨戒仪》相近。《受菩萨戒仪》1卷,又称《受菩萨戒法》《受菩萨戒文》,相传为南朝慧思(又作惠思,513—577)所撰,收于《卍续藏经》第 105 册。其内容叙述大乘戒法授受之次第:初告诫方便,次观五法,三兴三愿,四发四弘誓,五请戒师,六敬礼,七归依,八问难,九忏悔,十问遮,十一正受戒法,十二说戒相,十三明戒利益,十四白佛请证,十五礼敬诸佛,十六回向,十七发愿。唐代以来,又有高僧大德撰写同标题、同内容者十多种,但基本上都是在慧思本的基础上略有改动而已,且唐宋之后的撰述在按月菩萨戒的程序方面还不及慧思本完备。因此有人怀疑《受菩萨戒仪》并非南朝慧思所撰,而是五代宋元时代之慧思所撰。本写本的发现,完全可以证明其与五代以后的慧思无关!

四、不见于传世本的经文举例

（1）毗尼母论云：若比丘受人施舍，不如法，得飞光意。施者父母。若父母贫困，先授三归五戒十善，然后施与。（第5—6行）

按：此段文字不见于《毗尼母论》（或曰《毗尼母经》），亦未见于其他有关戒律的佛典，是假借戒律的形式来强调对父母的孝道。

（2）三归　如希有校量功德经说，阎浮洲中，信陀恒头陀含，阿如含、阿罗汉、辟支佛。有人尽形寿供养衣服，饮食香花幡盖，供养及至戒度后，起七宝塔，供养如可不。如善男子、善女人，非如是言处。某甲归依佛，归依法，归依僧，所得功德，百千万分不及其一。（第157—161行）

按：《希有校量功德经》历代经目有著述，但未见传世本，似乎已经不存。这段文字为有关三归（皈）依的说明。

（3）欢戒

1.（前略）戒如大地力

2.能生禅定身。戒如大海水，是之功德宝。戒如大药王，戒律加总诵。

3.戒如大宝珠，能满众生愿。戒如 大极恪，降伏四魔众。戒如大宝剑，

4.能破生死颜。戒中大宝船，能度三生海。戒如大导师，导法于道者。

5.戒如大法鼓，声震满十方。戒如大明灯，能破无明暗。

6.弟子某甲等归依佛无上尊，归依法离欲尊，归依僧众中尊。一日一夜敬受

7.八戒。释迦如来清净弟子三说弟子某甲等归依佛竟，

归依法竟,归依僧竟。一

8. 日一夜敬受八戒。释迦如来清净弟子三说如诸佛说八戒,尽形受弟子凡夫。

9. 是之烦恼未能尽形。一日一夜随佛出家。不煞生起大慈行长寿缘。

10. 不偷盗起大义行无无贪缘。男女别宿修清净行莲花化生缘。

11. 不妄语起双直行无虚诳缘。不饮酒离愚痴去惠缘。不食肉安乐行无病缘。

12. 不食五辛身常清洁无臭秽缘。不上高广大床离傲慢行尊贵缘。

13. 不极注观听伎乐离散乱行身当寂净。不庄严身行因不放逸缘。

14. 过午不食常令戒行群法无长施。(第224—237行)

按:这是一段有关八关斋戒的内容,可能是一件一次性使用的应用文本。

八关斋戒又作八斋戒、八关斋、八支斋,亦单云八戒。有二说:依《俱舍论》:一杀生,杀有情之生命也;二不与取,取他不与之物也;三非梵行,男女之媾和也(与五戒中不邪淫不同);四虚诳语,与心相违之言说也;五饮诸酒,饮酒也;六涂饰鬘舞歌观听,身涂香饰花鬘,观舞蹈,听歌曲也;七眠坐高广严丽床上,坐卧于高广严丽之床上也;八食非时食,食非时之食(午后之食)也。离此八种之非法为八戒,然此八戒中之第八离非时食,是斋法,故总名八戒斋,如八正道中惟正见是正道,故亦谓之八正道。依《萨婆多论》及《成实论》《大智度论》等说,则分涂饰香鬘与舞歌观听为二,总有九戒,此中前八者为戒,后一者为斋,故戒斋合而名八戒斋。申言之,即依《俱舍论》,则八戒即八戒

斋。依其他论,则八戒与斋法合为八戒斋。一般都是作为佛弟子在一日一夜之间所遵循的事项。

《俱舍论》卷14曰:

> 何等名为八所应离?一者杀生,二不与取,三非梵行,四虚诳语,五饮诸酒,六涂饰香鬘歌舞观听,七眠坐高广严丽床座,八食非时食。

据《大智度论》卷13,这九戒分别为:一不杀生,二不盗,三不淫,四不妄语,五不饮酒,六不坐大床上,七不着华璎珞、不香油涂身、不着香熏衣,八不自歌舞作乐、不往观听,九一日一夜不过中食。

又有《受十善戒经》曰:

> 八戒斋者,是过去现在诸佛如来,为在家人制出家法:一者不杀,二者不盗,三者不淫,四者不妄语,五者不饮酒,六者不坐高广大床,七者不作倡伎乐故往观听、不着香熏衣,八者不过中食。

写本在内容方面与其他经论没有太大的区别,而且明言佛弟子于一日一夜的持戒和念诵内容,更具有实用性和操作性。

(4)譬喻经云:昔有一人,贫穷天生,治生入海采宝还国。遇善知识言……此人叹言,真为智慧,何但堪千两金。即复与三千两金。故有偈云:长丧净思堆,慎英卒行将。江今虽无用,会当有用时。

按:此段经文原出自《经律异相》卷44,但文末"故有偈云"及以下之偈语不见于经文,可补传世本之缺。

别论:关于敦煌草书写本及研究

1900年,敦煌莫高窟封闭千年的藏经洞出土了数以万计的敦煌写本文书。其中仅汉文文书就有近六万件。这些汉文写本从书体方面讲,主要以楷书写经为主,兼有其他书体的写本,其中草书写本有500件左右。

文字是所有自然现象、社会发展和人们之间用语言交流的记录,所以在不同的环境和场合使用不同的书体。敦煌草书写本所采用的基本为今草书体,其中也使用了一些章草的运笔和整体表现。草书写卷的内容大多属于听讲记录和随笔,系古代高僧对佛教经典的诠释批注以及一部分佛典摘要类的学习笔记。

敦煌草书写本虽然数量有限,但却体现出不凡之处和价值意义:

首先是文献学意义:敦煌草书写本,是佛教典籍中的宝贵资料,书写于距今1000多年前的唐代,大多为听讲笔记的孤本,仅存一份,无复本,也无传世文献相印证,均为稀世珍品,具有极高的收藏价值、文物价值、研究价值,全面彰显文献学的意义。而一部分虽然有传世本可鉴,但作为最早的手抄本,保存了文献的原始形态,对传世本的讹传和误传的校正作用显而易见;敦煌草书写本作为最原始的第一手资料可发挥重要的勘误校正作用。同时作为古代写本,保存了诸多值得注意的古代异文,提供了丰富的文献学、语言文字学和文化史等学科领域的重要信息。

其次是佛教史意义:随听随记的草书写本来源于佛教前沿,内容大多为佛经的注解和释义,将佛教经典中深奥的哲学理念以大众化的语言进行演绎,既有佛教术语,又有方言土语,没有经过任何加工和处理的原始演讲记录,保存了许多生动、自然的口语化形态,展示了一般书面文献所不具备的语言特色;同时作为社会最基层的佛教宣传活动的内容记录,以通俗的形式进行佛教的普及宣传,深入社会,体现中国大乘佛教的特色,是研究佛教具体信仰形态的第一手资料。通过敦煌草书写本,可窥视一线前沿的佛教信仰形态,进而全方位地了解古代敦煌以及中国佛教。

再次是社会史意义：多数草书写本是来源于社会最基层的佛教宣传活动内容的记录，所讲内容贴近社会生活，运用民间方言，结合风土民情，充分展示了中国大乘佛教的"入世"特色。通过对敦煌草书写本文献的整理研究，窥视当时社会第一线的佛教信仰形态，进而对古代敦煌以及中国佛教进行全方位的了解；同时向世人展示佛教在社会发展进步中的历史意义，进一步发挥佛教在维护社会稳定、促进社会发展方面的积极作用，也为佛教在当今社会的传播和发展提供历史借鉴。另外有少数非佛典写本，其社会意义则更加明显。

最后是草书作品的书法史，即草书规范与正轨的文献意义：写本使用的草书文字，结构合理，运笔流畅，书写规范，书体标准，传承有序，是敦煌遗书也是中华书法宝库中的精品，许多字形不见于现存中外草书字典。这些成书于千年之前的草书，为我们提供了大量的古代草书样本，对于汉字草书的书写和传承有正轨和规范的作用；给各类专业人员提供完整准确的研习资料，为深入研究和正确认识草书字体与书写方法，解决当今书法界的很多争议，正本清源，提供了具体材料；对汉字草书的书写和传承具有模板作用，从而有助于传承民族优秀文化。

总之，敦煌草书写本无论是在佛教文献的整理研究领域，或是对书法艺术的学习研究，对中华民族优秀传统文化的传承和创新方面，都具有深远的历史意义和重大的现实意义，因此急需挖掘、整理和研究。

一般来说，对敦煌草书写本的研究，是利用原件或者原件照片，在释读与校勘的基础上进行综合研究，主要包括内容分析、相关的历史背景、独特的文献价值意义、书写规律及其演变、书写特色及其意义等方面，以历史文献和古籍整理为主，综合运用文字学、佛教学、历史学、书法学等各种研究的方法手段，对精选的敦煌草书文献进行全面、深入、系统的研究,为历史古籍和佛教文献研究者提供翔实可靠的资料;另一方面,通过对草书文字的准确识读,进一步对其中包含的佛教信仰、民俗风情、方言术语等以及其所反映的社会历史背景进行深入系统的研究。同时深入认识汉字的精髓,在中国传统草书书法方面做到正本清源,又为草书文字的学习和书写提供准确、规范的样本,传承中华优秀文化。

然而,敦煌遗书出土一个多世纪以来,在国内无论是学界还是佛教界,大多数研究者们专注于书写较为工整的楷书文献,而对于字迹较难辨认,但对内容更具文献价值和社会意义的草书写本重视不够。以往的有关成果主要是零星散见于敦煌文献图录和各类书法集,仅限于影印图片,释文极其罕见,更谈不上研究,因此这部分写本不仅无法体现其内容和文献的价值意义,对大多数的研究者来讲仍然属于"天书";而且因为没有释文,不仅无法就敦煌草书佛典进行系统的整理和研究,即使是在文字识别和书写方面也造成许多误导,作为书法史文献也未能得到正确的认识和运用。相反,如本文开头所说,曾有日本学者对部分敦煌草书佛典做过释文,收入近代《大藏经》,令国人汗颜。虽然日本学者的释文讹误甚多,但敦煌文献是我们的老祖宗留下来的文化瑰宝,我国学者也应该在这方面作出自己应有的贡献。对敦煌草书文献的整理研究,今天对于中国学界和佛教界来说无疑仍然具有强烈的刺激与激励作用。因此,敦煌草书写本的整理研究不仅能填补国内的空白,而且也能丰富佛教古籍和中国佛教史的研究,并在一定程度上开拓敦煌文献与敦煌佛教研究的新领域。

(《敦煌研究》2018 年第 2 期)

敦煌遗书研究误区检讨

敦煌遗书自 1900 年面世以来,已经有一百多年的研究历史。一百多年来的研究取得了巨大成就,但也暴露出一些问题。成绩大家都看到,而有些问题不一定都能看得到。所以,笔者这篇小文结合一些具体的遗书研究实例,对研究中的问题做一简略的检讨①。

误区一:易者取,难者避

多年来,在敦煌遗书的整理研究方面,很多人的眼光都集中于那些品相好些,保存得比较完整,特别是字迹比较清楚和容易识读的文书上;而对比较残破的或字迹不容易辨认者或不合自己想法者往往视而不见。比如关于归义军史的研究,一般认为通过一百多年来诸多名家大师的染指,敦煌的归义军史料整理及研究都已经没什么可做的了。实际上,敦煌遗书中还有许多有关归义军的历史文献一直没有受到研究者们的关注,一部分甚至是无人问津。究其原因之一就是这些文献或因为是残卷,或因为字迹潦草不清,相对比较难以释读。2011

---

①本文的主要部分撰写于 2011 年,当年在敦煌研究院内部的学术报告会上进行过交流;2013 年 8 月,在北京举行的纪念中国敦煌吐鲁番学会成立三十周年国际学术研讨会并分组会上,以本文为题作报告,基本观点和内容得到大多数专家学者的认可。作为一个从事敦煌研究三十多年的学子,本着对敦煌遗书研究和敦煌事业负责任的态度,借本院院刊纪念敦煌研究院成立七十周年专号一角,刊出此文,期望得到学界同行的批评指正。

年8月在兰州举行的敦煌学会议上,我曾就S.2472《大王佛诞日开经文》的讨论提及这一问题①。这里另举几例。

一是 P.2733《大王启愿文》②(拟):

1. 夫实相凝空,随缘以呈妙色;法身湛寂,应物感而播群形。幽显异其

2. 津梁,人天资其汲引。自祥开道树,变现之迹难量;棒驾王城,神化之

3. 规叵测。发原鹿野,觉海浮浪于三千;光照鹤林,智炬潜辉于百

4. 亿。俯运善权之力,广开方便之门;貌以能仁,退哉妙觉者也!厥今

5. 虔恭奉圣,广慕良缘,增万善于国郡之中,送弥勒于宝刹之内;

6. 炉焚百宝,财舍七珍;昼夜兢心,披忻启愿者,有谁施作?时则有我府

7. 主 大王,先奉为龙天[八]部,护国护人;佛日辉盈(映),法轮常转;刀兵罢散,

8. 四海通还;疫疠不侵,挽枪永灭;所有妖邪,并迹,一切瑞色云臻;风雨膺

9. 期,物假稼丰。亦愿当今 皇帝,以日月而齐明;我府主 大王已躬,等乾

----

①《敦煌本佛出家日开经发愿文(S.2472V)小议》,提交中国敦煌吐鲁番学会理事会暨民族文献学术研讨会,兰州,2011年。

②录文用标准简化字,尽量按原字迹抄录,明显的错别字在其后"( )"内注出,"〔 〕"内为原卷缺失或删除之文字。

10. 坤而合运；夫人恒寿，以劫石而长存；太子、公主义安，比贞松而不变；司徒、

11. 司空、仆射、尚书等俊杰，怀文武以临人；合宅长欢，永承宠贵；东西

12. 道泰，使人无碍于通流；南北精遥，关山往来而不滞之福会也。伏惟

13. 我府主大王，天资英略，神假其谋，得桥上之兵符，运握中之智术；洎临

14. 蕃阃，统制貔貅；一方禀令以肃清，千里衔恩而安泰。加以殷崇三宝，

15. 轻贱七珍，财施之志不移，敬信之成（诚）无竭。因兹练心恳祷，恋想鸿门，合

16. 宅共投于善门，内外咸欢而建福。以兹擎像舍施功德，焚香启愿福

17. 因，先用庄严：梵释四王，龙天八部，伏愿镇娑婆，护法界，注剑戟，润田

18. 畴，千秋无霜雹之灾，万固罢战净之患；病消疾散，雨顺风调；四

19. 路通和，万人安乐。又持胜福，伏用庄严：我府主大王贵位，伏愿福如海岳，

20. 无竭无倾；禄比贞松，恒清怀茂；长隆善教，作定圣之国王；永宝（保）西

21. 关，为万人之父母。又持胜福，伏用庄严：我凉国　夫人贵位，伏愿体花永

22. 耀，若〔□〕里之分星；只貌恒春，同月中之闰（桂）树。又持胜福，伏用庄严：太子、

23. 司徒、司空、仆射、尚书等贵位,伏[愿]千释迦如护卫,万菩萨以名扶;帝释赠

24. 不死之方,梵王赐长生之药。然后城隍安泰,道路无危;万姓康宁,

25.（在背面）千秋宴咏。摩诃般若! ①

这里的大王曹元忠及凉国夫人得阳翟氏,另有太子、司徒、司空、仆射、尚书等人,太子应为于阗太子,元忠最晚之年为公元974年,时有司徒曹延恭,司空曹延禄,仆射、尚书应该是曹延瑞和另一人。曹宗寿年纪尚幼,985年绢画题记上还是"衙内长郎君",故不在此班僚之列。

二是 S.4306 残卷:

（前略）

坛功德,念诵胜因。上界四王,下方八[□]。伏愿大王
▭ 维城永固,盘石弥增,长为社稷之君侯,永作生灵
之父母。伏愿夫人红颜永洁,比秋月而澄明;鬓动春
▭ 之岚茹。凯伏愿尚书福隆寿永云云。
▭ 云云。应是金枝玉叶,多日哀泣之忧。讼佐
▭ 乐。伏愿近逝国太公主,三涂永脱,九品②

（后缺）

这份文献中出现了大王、夫人、尚书和近逝国太公主四位主要人物。他们都是谁呢? 这些问题在归义军史上应该是很重要的,但截至目前,尚未见到相关的研究。

---

① 录文依据法国国家图书馆网页所刊彩色图片。
② 录文依据国际敦煌项目网页所刊彩色图片。

归义军节度使称大王者,在张氏时期没有出现过;短暂的西汉金山国时代有国王张承奉,而曹氏诸节度使任期较长者,几乎都有过大王称号,如曹议金、曹元忠、曹延禄以及曹宗寿、曹贤顺等。但大王、夫人、尚书和近逝国太公主同处一个时期,似乎不是曹氏时代的情形。与曹议金同列的是回鹘夫人李氏称天公主;曹元忠之后没有哪位"尚书"能成为归义军政权的二号人物,也无"近逝国太公主"可寻。然这份文献我想并不是凭空臆造的,只是需要我们进一步深入研究。

归义军文献和归义军史还需要进一步研究。不能认为归义军史已经研究得没什么可做的了。归义军时代的文献好多还是没有开垦的处女地,特别是一些残片和比较难辨认的写本,包含着许多重要的历史信息,需要我们进一步认真和仔细地研究。

误区二:顺者采,逆者舍

因为敦煌遗书资料十分丰富,就给研究者们"各取所需"提供了极大的方便。有些研究成果在对于研究材料的甄别和取舍中,主要不是看资料本身的内容和价值,而是看这些资料能否为自己的观点提供证据。如果相符即取,如果不符即舍。包括在同一卷文书里的几份文件的取舍也是如此。这方面的例子较多,恕不一一列举。但我们在今后研究中不能再采取这样的方法了。这里,我就自己之前研究的一个问题补充一点新的资料。

敦煌遗书 S.6417 是一份曹氏归义军时期的文书汇集,大多从事归义军研究的专家学者们都使用过这卷文书。但让人颇感遗憾的是,其中有一件《国母天公主为故男尚书百日追福文》,一般的研究者们都熟视而不涉。1998 年,笔者发表《尚书曹仁贵史事钩沉》[1],提出天

---

[1]马德:《尚书曹仁贵史事钩沉》,《敦煌学辑刊》1998 年第 2 期,第 10—17 页。

公主的这位尚书即是曹仁贵的意见。这里再录 P.3085《太傅祈福文》（拟），为曹仁贵的研究提供一点线索：

1. 厥今青阳应时，请诸佛于梵天；卉木争春，阐金言于宝地。

2. 是以炉添百和，香烟雾散于翔空；财舍七珍，祈恩必遂者，

3. 有谁施作？时则有我河西节度使太傅，捧炉启愿，先奉上为龙

4. 天八部，护陬界而怙清；梵释四王，静挽枪而安社稷。疠

5. 消灾散，万人咸康泰之欢；障减福崇，百姓赖安家之业。当

6. 今帝主，永带天冠；十道争驰，八方顺化。太傅鸿寿，以五岳而长

7. 存；尚书以昆季郎君，并琼花而盛茂。次为小娘子金躯抱疾，

8. 列五内之不安；药饵无方，痛六情而未息之福会也。伏惟我

9. 太傅，天资凤骨，地杰龙胎，广含海岳之能，气齐

10. 风云之量，遂使秉安退塞，羌戎慕化而降阶；讫定边

11. 疆，邻番奉欵而来献。加以倾心大教，恳志玄门，转五部

12. 之幽宗，开一乘之秘典，是以金经罢启，玉轴还终，再收

13. 于琉璃匣中，却复于龙宫藏内。其经乃释迦留教，

14. 贝叶传芳，实理灵文，顿无涧断。一勾一偈，灭罪恒

15. 砂;一念一寻,除殃万劫。是日也,银炉发焰,金像辉容;舍

16. 无价之珍奇,施有为之锦彩,以斯众善功德,伏用

17. 庄严:上界天仙,下方龙鬼,伏愿威稜万物,降福祯

18. 祥;灭妖星于天门,罢刀兵于地户。又持胜福,伏用庄

19. 严:太傅贵位,伏愿出龙旌节,以静万方;入坐朝

20. 堂,百僚取则。来逢元日,恒保上春;命等松筠,寿同

21. 海岳。又持胜福,伏用庄严:尚书以诸郎君贵位,伏愿前

22. 星永耀,小海澄兰,磐石增高,维城作镇。又持用福(后缺)①

这里的太傅即曹元深,尚书应该是曹仁贵,诸郎君即曹元忠以下的曹氏子孙们。

误区三:名人的误导

很多的研究在涉及名家的成果时,总认为名人们说的都是对的,即使是错了也不说出来,甚至把错的也说成是对的。实际上,名家和大师们也会出错。

曾经有一位泰斗级的大学者、大名人,经常为别人的著作写序。他在一本书的序言中,先是承认对书中的内容了解不多,但极力称赞作者"用力极勤,搜罗资料,巨细不遗,想在他手下漏网,难如登天②。

---

① 录文依据法国国家图书馆网页所刊彩色图片。

② 在这里需要说明的是,为了尊重名家,避免不必要的麻烦,请原谅我不能对他们直呼其名,但我保证所讲都是事实。

事实是,就该书所研究的主题而言,书中所用资料仅仅是一部分,还有一部分文献并没有被用到。因此不仅有大量"漏网"的资料,并且还有一些似乎是作者有意识让"漏网"的。但因为作者是名人,为作者写序者是更大的名人,所以这本书自然就成了后来的学子们必读的案头书和"工具书"。很多人把名人们当成楷模,当成偶像,把名人的书当成样本,甚至沿着他们的道路一直走。不光是年轻学子,还有一些教授级的学者也对名人及其所著所言深信不疑。我这里并不是说要否定这篇序文和这部著作的价值,只是觉得这样的"名人效应"可能会误导年轻的研究者和广大读者。

我经常翻阅贺世哲先生十几年前给我的《敦煌莫高窟史研究》写的序言,开头是这样写的:"记得前些年在一张小报上读到一位图书爱好者的购书三原则,其中之一似乎是有名人(或者大官,记不清了)写序者不买。幸好我既非什么名人,更不是大官,仅仅是在敦煌莫高窟喝了三十余年苦水,对敦煌石窟有点感情的一介书生。"①贺先生是我最敬重的敦煌学前辈学者之一,他的为人治学永远都是我的楷模。他在这里首先提到名人或大官写序的问题,寓意深长,耐人寻味。当然,我这里也不是要否定名人写序,我也非常希望有名家大师为我的小书写序。但我担心的是,正是因为他们是名人,他们的广告会影响到他人,特别是年轻人。如果这影响是正面的,那还好说;但如果造成一些负面影响,那就不是一两句话、一两件事,而是对事业、对社会、对子孙后代。贺先生在这里提到的名人作序的负面影响,早就有读者注意到了。我们从事学术研究就更需要认真仔细地辨认和识别真伪虚实。

这里我要着重检讨一下自己。2012 年 8 月,在乌鲁木齐的敦煌学

---

① 马德:《敦煌莫高窟史研究》,甘肃教育出版社,1996 年。

会议上,我发表了关于《张淮深碑》的作者问题,就是提到纠正自己之前赞同的名家观点①。这里要说的是关于 S.2729《使论悉诺啰接谟勘牌子历》(或云《辰年三月僧尼部落米净辨牒》)的年代问题的研究。

　饶宗颐先生是国内外公认的大师级学者。先生早在 20 世纪 70 年代初期就发表大作《论敦煌陷于吐蕃之年代——依顿悟大乘正理诀考证》,文中支持法国戴密微先生早年提出的关于敦煌于公元 787 年陷于吐蕃的观点,并依据有关文献作了补充说明,特别强调 S.2729 为公元 788 年 3 月的作品,这份《牌子历》证明公元 788 年 3 月吐蕃对敦煌已经进行了有效的控制,或者说,从公元 788 年开始吐蕃在敦煌的统治已经稳定②。此后,学者们凡在谈到 S.2729 这份文书的论文,都无一例外地称其"辰年"为公元 788 年,几乎没有任何人对饶先生关于 S.2729《牌子历》的年代问题提出过异议。

　实际上,至少有两条证据可以说明 S.2729 非公元 788 年作品:一是 S.2729 背面《太史杂占历》有庚辰年五月廿三日题记,饶先生在文中也记录了这则题记并刊布了写本图片;吐蕃治理敦煌期间只有一个庚辰年,即公元 800 年。吐蕃统治敦煌前期使用干支纪年,后来的纪年则只有地支而不用天干。正面的辰年不可能早于背面的庚辰年,最少应该是同一年。虽然有些敦煌文书正、背两面的书写年代有一定的差距,但同一年书写的情况也更常见。从纪年看,正面不可能为公元 788 年。二是专家们早已研究确认:吐蕃在敦煌分部落之午年为公

---

①马德:《〈张淮深碑〉的作者再议:兼及敦煌写本之张球、恒安书体比较》,敦煌吐鲁番学会、新疆维吾尔自治区博物馆《丝路历史文化研讨会论集(2012)》,新疆科学技术出版社,2013 年,第 95—98 页。

　②饶先生大作见香港中文大学《东方文化》1971 年第 9 卷第 1 期,第 1—12 页,文中(第 5 页)称"S.2729 有戊辰年(788)二月三月……"直接将"辰年"认定为戊辰年(788)。

元 790 年,而《牌子历》又名《僧尼部落米净辨牒》,不可能是公元 788
年作品。

而在以往的研究中,包括自己本人在内,明明都知道 S.2729 背面
的年代题记以及众多专家对分部落午年即公元 790 年的论断, 但还
是没有对饶先生关于 S.2729 为公元 788 年的观点提出过任何疑义。

还有另一件事,就是对于英藏敦煌美术品中的巨幅刺绣《凉州瑞
像图》的研究,我在《东南文化》上发表文章时,采用了自认为是最新
的学术观点,即《西域美术》的定名《灵鹫山说法图》①,一直认为国外
学者都比较严谨,应该不会出错。实际上,这幅刺绣表现的凉州瑞像
内容是非常明确的,国内先辈学者如史苇湘先生等早就有过仔细认
真的研究和准确的结论②。而我在这里却迷信了外国人。教训深刻,希
望大家引以为戒。

我在这里还不能不说的是,我们的事业需要大师级的学者专家,
需要泰斗,需要旗手,需要执牛耳者。但大师们不是用空话、大话吹
出来的! 大师要有大师级的学识、大师级的成果。我们也提倡做学问
有时候需要跟着大师的脚步,或者追寻大师的足迹,这样做确实也
有助于我们自身研究工作的进步和发展。但冷静下来一想,大师们说
的不一定都是大师级的箴言至理。特别是当今"名流""大家"满天飞
的情况下,不管他们写得多么天花乱坠,千万不要盲目相信,跟进的
时候还要自己动脑子,不然就会误入歧途。这就给我们后来的研究者
们增加一项任务:辨别真伪。有如在学业方面需要坚实广阔的基础一
样,辨别真伪也应该成为学术研究的基础训练。

---

①马德:《敦煌刺绣〈灵鹫山说法图〉的年代及相关问题》,《东南文化》2008 年
第 1 期。

②史苇湘:《刘萨诃与敦煌莫高窟》,《文物》1983 年第 6 期,第 5—13 页。

误区四:一叶障目,先入为主

多年以来,研究者们一般认为法藏敦煌文献多为社会文书。研究者本来就不太注重写经,法藏中的写经(所谓的"疑伪经"除外)就更是无人问津了。其实这是一种错觉。法藏写经中也有十分重要的历史文献,包含着十分重要的社会历史信息。在这里,我仅就以往的研究中几乎无人问津的法藏敦煌写经中的唐代"御制经序"赘述一二。

有唐一代,先后有李世民、李治、武则天、李显等帝后们为译经大师们写过序文,这些序文都在敦煌写经中出现过。

敦煌遗书 P.2323 为唐代写经,卷轴装,轴首题:"能断金刚经一卷,金马。"卷首的失题失名序文,实为唐太宗李世民撰《大唐三藏圣教序》的后半部分,次为《皇太子臣治述圣记》全文,再次为经文正文。

据佛教史籍记载,李世民《大唐三藏圣教序》及李治《述圣记》专为玄奘法师译经而写,均撰述并宣读于贞观廿二年(648 年)六月。《佛祖历代通载》卷 11 等佛教史籍均有详细记载,《全唐文》也收录此序、记。按当时的规定,《大唐三藏圣教序》和《皇太子臣治述圣记》当时都要抄写在经文之前,P.2323 即是如此,而且抄写时间上距撰述时间仅三月有余。除本卷外,敦煌遗书中尚有 P.2780、P.3127 和 S.343、S.4612 抄写此二序,但这几卷都没有抄写于经文之前(或因后来人为将序文与经文分开,亦不得而知),其中 S.4612 为一废弃本,卷中有"兑"字;S.343 混杂于一些佛事活动的应用文书中,时代较晚。但这些写本在文献校勘方面还是有一定的价值意义。

P.2323 的特殊之处在于:李世民《三藏圣教序》及李治《述圣记》均撰述并宣读于贞观廿二年(648 年)六月,而敦煌此本抄写于同年十月一日,上距皇帝制序的时间仅三个多月;从题名看,此卷似乎是由"笔受"者杜行颛直接记录的译文;杜虽然不是书法名家,但此卷要比著名的褚遂良本早好多年。因此,我们可以将此本称之为贞观初版本。另一方面,虽然说《圣教序》和《述圣记》当时都规定要抄写在经文之前,可实际这样实行的情况并不是很多,保存下来的就更少了。而敦煌本《能断金刚经》则是极少保存序、记的写经之一。同时又是在译出后不几年由单行本并入《大般若经》本而不再单独流通,这就使敦煌本成了孤本。我们无法知道当时抄写了多少份玄奘译《能断金刚经》,但可以肯定的是,敦煌本 P.2323 是我们目前所见唯一一份抄写于贞观廿二年(648 年)的玄奘译《能断金刚经》,加上经文之前李世民、李治父子的序文,其版本价值彰显无疑。还有至为重要的一点是:杜行颐也是当时著名的佛经翻译家之一,但佛教史籍只记载他于高宗仪凤四年(679 年)译出《佛顶最胜陀罗尼经》,其时与贞观廿二年(648 年)相隔 31 年。由此我们可以了解杜行颐早年的译经和抄经活动以及与玄奘大师的关系等一系列历史花絮。同时,P.2323 抄本经名后之"金马"二字,应该是当初玄奘译经或藏经序号,这也给我们提供了重要的藏经编纂信息,值得引起研究者们高度重视。

历史上为佛经翻译写序最多的是武则天,她从皇太后和武周皇帝位上,先后为地婆诃罗(日照)、义净和实叉难陀(学喜)所译经文撰写四篇序文,这些序文都在法藏敦煌遗书中保存了比较原始的形态以及在不同文化背景下的演变痕迹。

第一件是垂拱元年(685 年)武则天为皇太后时写给中天竺国沙门地婆诃罗译《大乘密严经》之序。P.2261 为《大乘密严经》卷上抄本,抄本之首即为《大唐后三藏圣教序》,这是武氏的首篇"御制经序"。查佛教史籍,只有《金藏》第 98 册所收《大唐开元释教广品历章》第 3—4 卷在记述地婆诃罗所译经籍时提及,但此"后序"的全文,至今未见任何佛教史籍转载。《金藏》又记这篇序文还曾经抄写于日照三藏报译经文之前,如《大乘显识经》《大乘离文字普光明藏经》《大方广狮子吼经》等,易名《大唐新译圣教序》,但我们在佛教典籍中也没有发现"新序"的全文。还是敦煌遗书为我们解决了这一问题。敦煌遗书 P.2155 号第三件,题名为《大唐新译三藏圣教序》,首尾俱全。另外,敦煌遗书 P.3586 残卷,首尾俱缺,所存内容为中间部分,内容同 P.2155。直到清人编纂的《全唐文》第 97 卷收录了这篇序文全文,但标题却不是《大唐后三藏圣教序》,也不是《大唐新译三藏圣教序》或《大唐新译圣教序》,而是写成《方广大庄严经序》。此据可能源自慧琳《一切经音义》卷第 24(《大正藏》第 54 册)之"三藏圣教……皇太后御制"。看来,《大唐后三藏圣教序》原本也抄写于《方广大庄严经》之前,这可能就是《全唐文》的编纂者们看到的本子,所以直接写成《方广大庄严经序》。但慧琳在这里又注明是"皇太后御制"的《三藏圣教序》,可能慧琳依据的是《方广大庄严经》的最早的抄本,而《全唐文》的编纂者们依据的是后来的传抄本,或者是因疏忽致误,或是有意为之但其用意不得而知。有关武氏"后序"("新序"),笔者另有专文研究①,兹不赘。

第二件是武则天为皇帝(后代史学家称"天后"),于圣历二年(699 年)写给于国高僧实叉难陀所译《大周新译大方广佛华严经序》,敦煌遗书 P.2481 有抄,但序文后未抄写经文,而是与其他内容杂抄在一起。

第三件是久视元年(700 年)武则天皇帝《大周新翻三藏圣教序》,是武则天为义净法师所译佛经所撰的序文。和《后序》一样,冠以国号的"御制经序"当在所有义净所译佛经经文之前。敦煌遗书 P.3831 即此序文之残卷。值得注意的是,这件抄本上没有出现武周新字,可能

---

①马德:《敦煌本武则天〈大唐后三藏圣教序〉的几个问题》,伏俊琏、徐正英:《古代文学特色文献研究》(第二辑),上海古籍出版社,2016 年,第 277—288 页。

抄写时间在复唐之后。饶宗颐先生 30 年前发表《法京所藏敦煌群书及书法题记》①,较早地注意到敦煌遗书中的唐代"御制经序",为我们展示了新的研究视野。

第四件即最后一篇是长安四年(705 年)写给实叉难陀的经序《新译大乘入楞伽经序》,在敦煌遗书 P.2235 有抄,抄本上也没有武周新字;序文之后抄写实叉难陀译《大乘入楞伽经卷第一》,首尾俱全。

武则天一共写了四篇经序,其中给实叉难陀写了两篇,但这两篇序文都是专门的经序,没有作为冠以国号的帝王经序流传。

当然,上述唐代的"御制经序"以及本文尚未涉及的一些"御制经序",不仅在法藏敦煌遗书中,在其他如英藏、俄藏、中国国图藏和散藏敦煌遗书中也保存有很多,需要专门进行整理研究。

误区五:以今量古——《大正藏》的束缚和限制

目前,由于《中华电子佛典》的流通,关于敦煌汉文写经的研究,一般的研究者们多以日本《大正新修大藏经》作为通用的比对本。实际上,《大正藏》与敦煌写本相比,有许多遗漏和不足之处,不仅分卷和标题有一些变化,而且《大正藏》也删除了许多重要的内容,使得许多经文失去了本来面目。造成这种内容删减和卷品错乱的原因,可能是因为《大正藏》为境外版本,虽则同为佛教信仰的典籍,但移地植耕,难免受到诸多因素的干扰。比如说,我们前面讲到的唐代帝王的

---

①承饶宗颐学术馆郑炜明博士见告:"饶师此篇初稿以日文发表,见刊于他自己主编、林宏作日译的日本二玄社《敦煌书法丛刊》29 册本,1983 年至 1986 年出版;中文版后编入他主编的《法藏敦煌书苑精华》,广东人民出版社,1993 年。2003 年又以今篇名收入他的《饶宗颐二十世纪学术文集》(台湾新文丰出版股份有限公司出版)卷八《敦煌学》(上)第 11 册之中。"后收入骆慧英、黄杰华选编:《饶宗颐佛学文集》,天地图书有限公司,2013 年,第 429—524 页。

序文,在《大正藏》中基本上找不到只言片语了。而在汉地本土历代所印大藏经中,基本上都保留着这些序文。另外,敦煌写经如《大般涅槃经》,与目前通用的《大正藏》颇多异处,不仅经文有一些异文,而且在段落上前后错位,品题也不同。另外一些经文写本,《佛顶尊胜陀罗尼经》《摩诃般若波罗蜜经》《大方等大集经》等,都与《大正藏》本分卷不同。日本人近年刊出的《敦煌秘笈》,差不多所有的写经都与《大正藏》有异①。同时和敦煌写本相比,有些经文的字数在不断增加,内容也随之发生一些变化。一般来讲,宋代(包括南宋)以前的版本与敦煌写本在分卷和内容方面没有什么大的变化,如传世的《崇宁藏》《毗卢藏》《圆觉藏》《资福藏》《碛砂藏》《普宁藏》等;后来即使有变化也不会太大,如较晚所辑印的《洪武南藏》《永乐南藏》和《乾隆大藏经》,都比《大正藏》更接近一些。所以,研究敦煌写经及敦煌佛教典籍,应该多注意和汉地本土所出历代大藏经作对照。

周绍良先生曾经指出,敦煌诸写本《六祖坛经》为《坛经》原本②,因为敦煌写本比现行的传世本成止时间都要早。这给我们很大的启发,那就是作为文字资料而言,时间越早的就越具权威性。相比后来的大藏经,唐代和唐代之前的敦煌写经应该更具权威性。因此,应该以敦煌写经为标本去校勘后来的大藏经(包括《大正藏》),而不是以最晚的《大正藏》作为标准版本去检查敦煌写本的对与错。另外,既然冠名为"中华电子佛典",以日本版的《大正藏》为主体内容也有点名不符实。我期待着包括敦煌写经在内的历代版本齐全的名副其实的"中华大藏经"电子版早日问世。

---

①吉川忠夫:《敦煌秘笈·影片册》,武田科学振兴财团,2009—2013年。
②周绍良:《敦煌写本坛经原本》,文物出版社,1997年。

误区六：以古当今——废页的概念

敦煌汉、藏文写经中，曾出现过大量的废页，这是因为抄经生所抄经页经校对后发现错误太多，即由校经师批准为报废页；有一些如藏文经页，还没有写满就发现错误太多而报废，这可能是因为那些抄经生的藏文水平不高，导致错误太多而报废。

但在一般人的概念之中，既然是废页，那就没有什么用处了。2010年杭州敦煌学会议时，有学者提出这个问题：既然是废页，那还有什么用呢？实际上，废弃是当时的事，今天我们看它就有特殊的价值和意义。当时废弃了，说明当时没有使用价值了，但这并不等于说它没有学术价值，因为这些摒弃经页之中包含了许多重要的历史信息。

写本中有一部分废页，可分为兑页与报废页两种。

兑页：汉文写经上面有一"兑"字，即要是校勘后发现错误太多，甚至被修改得面目全非，所以注明作废，写上"兑"字，意思是用这张成为废品的经页去兑换一张新纸来重新抄写。汉文写经直接用废页兑换，又可称之为兑废页。

报废页：废而不弃，所以不叫废弃，称报废则无误。藏文写经发现错误太多之后，校经师在注明本页报废的同时，要在经页边缘的空白处剪一小条，写明抄经人，作为兑换新纸的凭据，所以藏文的报废经页一般不称为兑页。

值得注意的是，无论汉文还是藏文，无论是兑页还是非兑页，基本上都和写好的经页一起保存了下来，一页也没有丢弃。汉文废经兑页上一般都没有其他的杂写，而藏文废页就不同了。因为藏文经页一般都是《十万般若颂》，用纸比较厚，一般为高20厘米、长70厘米左右的双层纸，中部打孔，四周有一定面积的页边距。在当时纸张十分珍贵的情况下，这些废页也就成了可以再利用的重要物品。这些废页不仅本身就展示了敦煌古代抄经、校经制度方面一些重要信息,而且也就是在这些废页上,记录了当时一些重要的历史人物、历史事件和社会活动,一些往来书信的草稿也留在了这些废页上面,因此它具有写经和文书的双重价值和意义①。所以我们不能只从字面上一看到是废页,就认为都是没有用处的。这是因为,废页是过去的概念,不能因为它是曾经的废页,今天也就作为废页。恰恰因为是当年的废页,今天才显得更为珍贵和重要。

余论:新时期对敦煌遗书研究的认识与基础训练

敦煌遗书研究的误区还可以举出不少。归结起来,关于新时期对敦煌遗书的研究,我认为主要有两个方面:一是对敦煌遗书研究的认识,二是敦煌遗书研究的基础训练。

有一种说法在讲:"资料刊布完了,就没有可研究的了。"②他们认为敦煌遗书的研究就是为了刊布资料。殊不知,刊布资料就是为了研究,资料刊布才是研究工作的开始。敦煌遗书的研究不光是为了刊布资料,这个道理用不着多讲。何况敦煌遗书资料还远远没有像有些人认为的已经刊布完毕。笔者近几年在国内十多家博物馆、图书馆做过调查,同时不断得到敦煌遗书的流散和收藏信息。以敦煌藏文写经为例,1920 年以后,尚有三千余卷敦煌藏文《大乘无量寿经》流失,目前收回来的仅百分之十左右;而对 1910 年敦煌遗书运送北京之后的情况,众多从事敦煌文物流散研究的专家们几乎均无涉及。再如本文前述代"御制经序",在南京博物院、山东博物馆等地都有收藏。因此,无论是敦煌遗书的流散,还是对遗书本身的识读、校释和深入研究方

---

①马德:《甘肃藏敦煌藏文文献叙录·编后记》,甘肃民族出版社,2011 年。
②学界持此观点者不止一两人,恕不便在这里明示。

面,还有很多的工作要做,需要我们一代接一代地继续努力。

基础训练与综合知识的局限问题,在敦煌遗书的个案研究或专题研究中表现得比较突出。据我近年在审理《敦煌研究》送审稿件和评审博士论文所见,大部分个案或专题研究的论文,还是停留在录文、校勘的水平上,也有一些名词解释和内容介绍,但没有更深入的研究。实际上,每一件敦煌遗书,都是综合性的历史文献,包涵着十分丰富的社会信息。在研究中,除了单纯的资料介绍、录文与名词解释、内容介绍、思想性质分析等以外,更需要全方位地看待敦煌遗书和多角度地研究,如敦煌遗书中的预测类文献(相书、梦书、占卜等),目前也只是限于录文和校注。应该从道教、书仪、民间信仰以及文化背景、社会背景、礼仪制度等方面做科学性和合理性的深入研究,从更深层面上探讨其社会背景和制度影响,研究它们对社会的进步和发展有没有过或者有过哪些积极的意义,以及对今后有什么借鉴作用。

还有,在研究中需要各学科的交叉与融合,要与新型学科接轨等,这些也都需要更广阔的知识面和更坚实的基础。特别是除文史方面的基础之外,还需要有一定的自然科学与人类学等方面的更广博的知识。

今天,随着计算机技术的进步和信息业的发达,极大地方便了大家的研究,提高了研究效率,但也造成一些懒惰现象和依赖思想,使部分研究者在基础训练方面有所放松,导致研究水平下降。这方面也值得我们深入反思。当然,在年轻一代的专家学者里面,无论文史功底,还是计算机技术的应用,有才华过硬者,但人数极少。

总之,明确对新的历史条件和学术环境下研究敦煌遗书的认识并不是难事,因为有事实摆在我们面前;而加强基础训练也是通过努力才能够做到的。希望我们的敦煌遗书研究学术事业能够有长足的进步和更大的发展,这也是我们大家共同的期待。

(《敦煌研究》2014 年第 3 期,院庆 70 周年纪念专号)

开拓创新

试论开拓敦煌研究的新领域

自 1900 年敦煌莫高窟藏经洞开启以来,敦煌学成为一门世界性的学问,走过了一千多年的研究里程,各个方面都取得了丰硕成果,而且目前更广泛、更深入的研究也在进行之中。作为一个从事敦煌学研究工作 30 年的学人,现就如何开拓敦煌研究的新领域,谈几点自己的看法,向各位专家学者请教。

一、关于敦煌历史文化的价值意义研究

从事历史文化研究工作的意义,应该在于不仅在搞清楚历史上所发生的人和事,说明历史发展的过去,更重要的是要能够对现在和未来有所作用和意义。研究敦煌的历史文化遗产与社会发展关系,探讨敦煌文物的价值意义和历史作用,过去一直做得比较少。为此,笔者在这里以敦煌为例,提出文化遗产作为精神财富的永久价值,不仅说明过去,而且体现对现在和未来社会发展进步方面的作用和意义。

敦煌首先是一种精神。几千年来,敦煌的几十代劳动人民,特别是从事各种手工业劳动的工匠们,用他们的聪明和智慧,用他们的生命和鲜血在创造光辉灿烂的敦煌历史文化的同时,把他们的精神一道留给了我们。了解敦煌的历史文化,最重要的就是要了解创造敦煌历史文化的历代列祖列宗。几千年来,他们为我们创造这样伟大的敦煌艺术和敦煌历史文化,而且在创造与发展的过程中,不断体现出博大的胸怀和强劲的吸收融化能力。通过文献记载可以理解他们的奉

献精神,通过敦煌石窟艺术可领略他们的创造精神,而这正是体现我们中华民族先民们聪明智慧和吃苦耐劳的创造与奉献精神。敦煌事业培养和造就了敦煌精神和民族精神,同敦煌宝库一样属于中华民族的宝贵财富。无论社会发展和进步到什么程度,这种精神永远是促进社会进步发展的动力,而且在发展中不断得到升华,这就是我们保护、研究和宣传敦煌古代文化的全部意义。因此,保护、研究和宣传敦煌文化和敦煌精神,特别是将我们的精神留给后人,是历史赋予我们的神圣使命。今天,在建设社会主义和谐社会和实现中华民族伟大复兴的历史进程中,这种精神更应该不断地发扬光大。

而从事这方面的研究,要求从事敦煌研究工作的每一个人,首先要具有神圣的历史使命感和无私的献身精神,要进一步认识敦煌作为精神财富的永久价值,进而认识中华民族的民族精神,认识我们所担负的历史使命,正确认识敦煌文物的价值,具体地说,就是敦煌文物作为文化遗产精神财富的价值,由此正确认识新世纪敦煌工作者们自己的历史使命和社会责任。这一点,老一辈敦煌学家已为我们作出了榜样,而且老一辈敦煌专家们的献身精神,与敦煌的历史文化一样,也是留给我们一笔宝贵的精神财富,要把敦煌研究进一步推向前进,不能光靠功利思想的驱动,奉献与创造精神才是做好研究工作的基础的基础。对大家、对全社会、对历史负责,而不只是对某个人、对某件事、对某一时间内负责。这是从事敦煌事业的必要条件,也是甘肃敦煌研究的独特本色。通过了解敦煌,认识敦煌,进而把敦煌事业作为自己神圣的历史使命、社会责任,为敦煌事业奉献自己的一切,在敦煌事业中体现人生价值。这方面已经有了成功的范例,这就是:敦煌研究院的前辈们,60多年来,为敦煌事业默默无闻地奉献了自己的毕生精力,是他们让老祖宗留下的敦煌精神得到继承和发扬,并且让这种精神的境界得到了升华。

二、借鉴与创新

这里以敦煌交通文化的研究为例。

交通是人类生存和发展的主要条件之一。人类交通的起源是伴随着人类的出现同时产生的生存方式之一。而交通道路的开辟和交通工具的制造使用,是人类交通史上的两次飞跃。因此,交通的发达,便成为人类文明进步的主要标志。几千年来,作为交通要素的交通道路和交通运输工具有一个不断进步和改善的过程,但是直到今天,无论交通道路如何发达,交通工具如何先进,包括人类已经进入太空,仍然脱离不开道路与工具这两大基本的要素,而交通要道上的重镇,则是这一标志的集中体现。敦煌就是这样一处交通要塞和历史名城。

自公元前1世纪末以来,在以汉族为主体的各族人民的共同开发、建设下,敦煌地区经济繁荣,商贸发达,同时形成了以汉文化为基础的高度发达的地方文化。"丝绸之路"的开拓,使中国与外国也有了联系,象征中国同世界各国友好往来和经济文化交流;历代为保卫这条交通大道的畅通所做的努力,今天也都历历在目。佛教的传播,以敦煌莫高窟为主,包括敦煌西千佛洞、安西榆林窟等处的敦煌佛教石窟群的创建和发展,又使这一独具特色的文化得到发扬光大,同时为我们留下了一笔珍贵的文化财富。从公元4世纪到14世纪的一千多年间,几十代敦煌艺术的创作大师们,分别用他们熟悉的社会生活场景,去描绘和表现佛教世界的景象和佛教人物及事迹,以及上自帝王将相,下至贩夫走卒的善男信女们礼佛参拜的情况,为中国古代社会生活方面留下丰富的形象资料,成为今天我们研究中国古代文化史的一大资料宝库。在此一千年间,作为社会生活基本内容之一的交通情况,也在敦煌石窟壁画中得以记录和保存。

我们从敦煌石窟群现存的十六国时期至元代创建的近600座洞

窟中,看到了古"丝绸之路"开拓、经营和发展的历史面貌,看到了公元 5 至 10 世纪,中国北朝至隋唐时代 600 年间,来往于这条大道上的各族、各国的各类人物,以及他们历尽千辛万苦的情景;看到了为管理和守卫这条大道付出了巨大代价的一代又一代经营者们的形象。同时,我们在壁画中还看到了中国中原部分地区的古代交通状况,看到了马、牛、驼、象、驴等各种载人和驮运货物的牲畜。而且,在其中的百余座洞窟中,有作为交通工具的车、船及辇舆等珍贵图像资料 400 余幅。耐人寻味的是,敦煌是陆路中西交通的要塞,石窟壁画上绘制陆地上交通状况及交通工具自然顺理成章,但壁画中还同时出现了江河湖泊等水上交通运输的图像资料,而且是比较系统的图像资料! 在浩如烟海的中国古代文献中,有关车、船制造和使用的记载十分丰富,但留存至今的实物资料却极为罕见。虽然近年考古发现了不少古代车船遗物,可惜都比较零散,相比之下,敦煌壁画中的古代交通工具图像资料,则比较集中和系统地反映了公元 4 到 14 世纪,特别是隋唐时期交通工具的制造和使用情况,我们从中可窥视中国古代交通工具制造和使用的历史。特别是在敦煌壁画展示的古代交通工具中,有向来人们以为中国古代极少制造和使用的四轮车、多轮车图像,有只是在文献中读到过的通幰牛车图像,有出现于宋代家具变革前几百年的亭屋式豪华椅轿图像,有唐代制造和使用的沙船和大型舟船图像。凡此种种,都可以印证或补证文献的记载。

当然,研究敦煌交通文化,不仅仅是为了追忆过去,更重要的是要总结历史的经验,引以为鉴,从中吸取对我们现在和今后有益的东西,古为今用,这就是我们所说的创新。就交通建设来讲,无论是道路还是工具,都要在保护生态环境的基础上进行,顺应自然,这也就是我们现在常说的环保意识。这一点,也许是因为各方面条件(当然主要是生产力水平)的限制吧,古人做得比我们要好,这在敦煌石窟壁画及各类文献中可以看到。

敦煌石窟中的交通史料,是以艺术品的形式向我们展示的,交通道路、交通工具、交通运输形式,都体现着古代艺术匠师们的智慧、才华以及对美好事物的向往。事实上,我们今天的交通道路和设计建设和交通工具的设计制造,也是十分讲究艺术性的。一条道路,一台车,一条船,一处车站码头,以及更大更广阔的交通环境,都可以作为一件艺术品来欣赏,所以应该设立一门专门的学问:交通艺术学,这也是我从多年从事敦煌交通文化研究的过程中得到的一点启示。

因此,敦煌交通文化是一块十分广阔的研究领域。

三、接轨新型学科

利用古有的资料与新型学科接轨,是学术发展的另一方向。这里我主要谈两个方面:敦煌预防医学研究与敦煌设计艺术研究。

预防医学(preventive medicine)是一门独立的学科,它以环境、人群、健康为模式,预防医学针对人群中疾病发生发展规律,运用基础医学、临床医学和环境卫生科学理论、知识和技能研究社会和自然环境中影响健康和造成疾病的主要因素,应用卫生统计学方法和流行病学的原理和方法,探求病因和分析这些致病因素的作用规律,给予定量评价,并通过公共卫生措施实施预防,以达到保护健康和促进健康的目标。只有做好预防才能保证个体健康。人类为求生存而在适应环境以及与自然界各种危害因素作无止息的斗争中,通过医治疾病和创伤,掌握了防病养生之道,逐步形成了以个体为对象进行预防的医学。《黄帝内经》中早已指出:"圣人不治已病治未病,不治已乱治未乱""夫病已成而后药之,乱已成而后治之,譬如临渴穿井,斗而铸锥,不亦晚乎!"治未病,就是防患于未然,主张从生活起居、饮食劳动、精神情感等方面进行调养,以保持"正气充足,外邪无从干犯",这是预防医学的思想基础。

敦煌石窟和敦煌文献中有大量的医学资料,其中,大部分可以看作是预防医学文献。归纳起来主要可分为运动(含生产劳动)、保健、营养、预测四类。前三类好理解,而将敦煌的预测文化纳入预防医学范畴,是我这些年反复思考的一个问题。眼下是敦煌预测文化的研究盛期,有相当一批专家学者在从事这方面的研究,已经涌现出一批新的研究成果,这对我们进一步开展这一领域的研究打下了基础。预测活动是人类在总结长期生产生活实践经验的基础上进行的一项民间活动,以提醒人们在今后的活动中加以注意,这在人类自身的建设与抵御各种灾害方面有一定的积极意义。因此,将敦煌的预测文献作为敦煌预防医学的一个分支来进行研究,应该比较接近这类文献的原意。同时,从人类的健康和社会发展的角度建立敦煌预防医学研究体系,显然有一定的积极意义,今后当在这方面作出详细的研究。当然,预测活动在后来被蒙上各种封建迷信的色彩,披上迷信的外衣,甚至站到科学的对立面,这就需要我们在研究过程中认真加以鉴别,去伪存真,科学分析,还预测活动以本来面目。

设计作为人类生物性与社会性的生存方式,其渊源是伴随"制造工具的人"的产生而产生的。而设计学成为一门独立的新兴学科,并且被学者们作出思辨的归纳和理论的阐述,则是 20 世纪以来的事件。作为一门专门的学科,它有着自己的研究对象。由于设计与特定的物质生产与科学技术的关系,这使得设计学本身具有自然科学的客观性特征;而设计与特定社会的政治、文化、艺术之间所存在的关系,又使得设计学有着特殊的意识形态色彩。

艺术设计学是一门新兴的、多学科交叉的、实用性的艺术学科,其内涵是按照文化艺术与科学技术相结合的规律,创造人类生活的物质产品和精神产品的一门科学。艺术设计涉及的范围宽广,内容丰富,是功能效用与审美意识的统一,是现代社会物质生活和精神生活必不可少的组成部分,直接与人们的衣、食、住、行、用等各方面密切相关,在一定程度上影响和改变着人们的生活方式和生活质量。

我国设计史上,魏晋南北朝以来,由于佛教的传入和统治者的大力提倡,大批佛寺、佛塔、石窟等佛教建筑被兴建起来。与其他佛教美术形式一样,佛教建筑也经历了一个中国化的过程,这些外来建筑类型一经与中国传统建筑形式结合,便产生了中国特色的佛教建筑形式,敦煌石窟即是最具典型意义的佛教建筑。而在中国美术史上,中国画技法中的"六法"之五,"经营位置",即是我们所理解的绘画设计。"六法"是绘画创作之法,但创作中也需要构思和设计。敦煌石窟作为中国的佛教石窟,其壁画的绘制也是中国式的。

就敦煌石窟讲,无论是大型石窟群,还是每一座洞,以及每一面墙壁,每一幅画,都体现着艺术设计的要素,涵盖了艺术设计的诸多领域,都可以从艺术设计学的角度进行研究。如:

1. 视觉传达设计

是指利用视觉符号来传递各种信息的设计。设计师是信息的发送者,传达对象是信息的接受者。视觉传达包括"视觉符号"和"传达"两个基本概念,所谓"视觉符号",是指人类的视觉器官——眼睛所能看到的能表现事物一定性质的符号,如敦煌石窟建筑壁画、彩塑等都是用眼睛能看到的,都属于视觉符号。所谓传达,是指信息发送者利用符号向接受者传递信息的过程,它包括"谁""把什么""向谁传达""效果、影响如何"这四个程序。敦煌佛教艺术的设计创造也是这样的传达过程。

2. 环境设计

是对人类生存空间进行的设计。环境设计首先要注意协调各对象之间的关系,使其趋于和谐与自然。在设计过程中,要将分离的人与环境用"设计"来加以连接、调和;将人的主观目的性与环境的客观规律性之间的矛盾或和谐都在设计中反映出来。设计的中介性表明它是人与环境之间的过渡和联系者。中介的唯一性更意味着在艺术设计中,只有通过设计行为或设计作品才能将人与环境沟通起来。敦煌石窟无论是石窟群整体,还是一座洞窟、一尊塑像、一幅壁画,都体现着环境设计的这些意识和要素,更值得深入研究。

3. 设计美学

设计自其产生起就与审美有着不解的渊源,生活质量的提高使人们重视设计物的美,精神追求是人类高层次的追求。设计美学的主要内容,暨研究对象主要是设计作品的美学性质、设计过程的美学问题、横向的设计美学和纵向的设计美学。敦煌石窟就是一部设计美学史。通过研究敦煌石窟的设计美学问题,探讨敦煌石窟设计美学的中心问题,如敦煌人与敦煌石窟的关系,敦煌石窟的功能与形式的关系,敦煌佛教艺术设计的主观创造性与客观约束性的关系等。

4. 对设计的创作约束

艺术设计也是一种社会行为,受到每个时期社会环境的制约。这里主要是艺术创作与艺术设计的比较。第一,艺术创作可以看作是艺术家个人的行为,他可以在一定程度上无视作品的社会价值,可以不在乎人们是否喜欢;而设计也有一定的自我表现色彩,但设计必须把厂家是否接受、广大消费者是否喜欢摆在第一位;第二,艺术创作基本上是个体劳动,而设计则更多的是一种集体劳动;第三,艺术创作受科学技术发展水平的影响相对要小些,而设计则要大得多,直接得多;第四,艺术创作虽然也要接受社会时尚、审美趣味的影响,但这种影响主要是宏观的、内在层次的,而设计受时尚的影响则相当迅速、相当敏锐。所有这一切,使得设计师的工作有更多的客观约束。设计师的高明就在于将这许多的客观约束转化为主观的自由。他们都是戴着镣铐在跳舞,而且要跳得与没有戴镣铐一样好。敦煌石窟创建与发展的历史充分证明了这一切。

从敦煌石窟看,艺术设计的成分要比艺术创作的成分多得多。尽管敦煌历代的艺术匠师们在敦煌艺术的制作中充分发挥了自己的创作自由,但他们要考虑更多的客观要求,如佛经内容、社会需要、窟主施主的要求等等,他们需要更多的智慧和艰辛,付出更大的代价。这也正是敦煌石窟佛教艺术的亮点之一。

5. 文化对设计的影响

艺术设计是一种文化创造。这其中包含了两层含义:一是艺术设计是社会历史文化积淀到一定程度后的产物;二是优秀的艺术设计是对人类文化的新贡献,并构成文化的一部分。相应地,设计美的文化性也体现在这两个方面,即设计美的审美主体与审美客体既是社会文化积淀的产物,同时又是促成人类文化不断生成、发展的动因。

文化对设计的影响,主要表现在以下方面:第一,文化对设计内容的影响。文化(知识形态)设计内容的直接来源,不同的文化知识形态客观上限制着对设计内容的选择,敦煌石窟是以佛教为内容的艺术,佛教思想在艺术设计方面起主导作用。第二,文化传统对设计风格形成的影响。文化的弥散性决定了它无处不在、无孔不入的特点,文化传统深藏于设计者的心中,是一种具有内在制约作用的强大力量。敦煌石窟是建造在中国大地上的佛教研究群,尽管佛教是外来的文化,但敦煌石窟艺术自始至终都体现着中国深厚的文化传统,即在以儒家文化为核心和根基的中国传统文化背景下,设计和建造的中国式的佛教建筑。

6. 设计风格

主要体现在时代风格、民族风格和作品风格方面。设计中的民族风格取决于这一民族生活的环境。环境、地理、气候、物产决定了这一民族最古老的设计。审美习惯和生活用具的设计风格时时受到生活环境的影响。由于地理环境、气候和物产的不同,也使各民族具有特有的生活习惯及精神面貌。民族文化的差异,地理、气候与材料以及宗教观念的不同等原因,对设计风格的影响是渗透而潜移默化的,正所谓"润物细无声"。敦煌石窟的设计建造,是中华民族的民族风格,在大漠戈壁这种气候环境下的体现,和敦煌作为东西方文化交汇的中心地理位置的展示。

民族风格又并非一成不变,物质文明进步改变着人们的生活,带来了设计风格的变化,同时现代科技、现代生活方式,现代审美意识、现代信息技术等因素使各国的设计风格在不断趋同,在这种趋同中,谁坚持了自己的民族风格,谁就确立了设计的地位,所谓越是民族的,也就是世界的。敦煌文化是世界性的文化,敦煌石窟艺术是属于全人类共同的文化遗产。敦煌石窟的艺术设计风格就体现着这一点。

7. 求变是设计的永恒话题

纵观设计,任何一种设计作品都不可能是永恒的。虽然历代设计师均创造了足以流芳百世的经典之作,但是,后人的评价往往是站在充分理解当时特有的政治、经济、文化、科技背景下,而称之为"永恒"。因此,不变是相对的,每一个时代的设计观念、设计方法和设计实现过程体现在设计作品中都无不印有那个时代特殊的烙印。

敦煌石窟一千多年的创建和发展过程,就是一个不断变化的过程。在600多座洞窟中,找不到二身相同的塑像,也找不到二幅画完全相同的壁画。至于时代特征就更明显。敦煌艺术大师史苇湘先生曾密切注视到这一点,并发表过许多精辟的论断。这一切都体现着设计艺术的"变"的原则、内容和意义。

8. 设计思维

思维是人们头脑对自然界事物的本质属性及其内在联系的间接

的、概括的反映；而设计则是通过改变自然物的性质，形成为人所用的物品。人借助于思维将自己的本质力量对象化，因此设计与思维在设计的过程中是一个完整的概念，"设计"是前提，限定了思维的范畴，"思维"是手段，借助于各种表现形式，最终形成设计产品。设计思维不仅要求设计师有较高的审美敏感度和扎实的形象表达技能，心手协调，而且要求设计师能对技术和艺术的结合作出思考和研究，通晓与设计有关的自然科学和社会科学的知识，不断地激发直觉和创造力，提高设计的文化品位。爱因斯坦说："想象力比知识更重要，因为知识是有限的，而想象力概括着世界上的一切，推动着进步，并且是知识进化的源泉。"想象，是设计师对已有的感性形象综合分析、提炼、加工，创造新艺术形象的思维过程。想象是创造力的源泉，人类社会的发展离不开想象。创意，要以想象为先导，然后去拓展，去升华我们对事物的理解，最后获得创造的启示。

无论从事哪一类的艺术创造，都离不开艺术家的想象思维。这是被许多优秀设计作品的创作经历所证明的。敦煌艺术更不例外。正如史苇湘先生所说："这些壁画、塑像的构想灵感和形象诞生，完全出自古代匠师们充满想象力的头脑和驾驭这些想象力的高度熟练的双手，是他们创造了中国式的佛、菩萨与弟子天王诸像，是他们设计并描绘了别具风格的净土世界。

四、交叉科学：敦煌文化的多元化特征

敦煌历史上的任何事件，所体现的并不是单一的某件事情，而是多元化的特点，包涵着丰富的人文内容，涉及宗教学、社会学、民俗学、历史学、经济学，以及自然科学的天文、地理、环境、农业、牧业、手工业等各个学科领域，展示着社会生活的方方面面。因此，研究敦煌文化，不能单纯地就事论事，而是全面、深入地从各个方面进行考察

和探讨,真正把事情研究深、研究透,搞清楚它的本来面目。这就需要我们有各方面的基础知识,运用学科交叉的方法手段,综合研究,这也是当今人文科学的潮流。

交叉科学是自然科学、社会科学、人文科学和哲学等大门类科学之间发生的外部交叉,以及本门类科学内部众多学科之间发生的内部交叉所形成的综合性、系统性的知识体系,因而有利于有效地解决人类社会面临的重大科学问题和社会问题,尤其是全球性的复杂问题。当然也可以研究人类历史上曾经发生过的重大问题。敦煌就是需要用交叉科学的方法和手段来深入研究的历史文化。

敦煌历史文化的内容十分丰富,人类历史上所有发生过的社会问题,敦煌历史上都有,保存下来的文献相对集中和系统。敦煌的历史文化囊括了人文科学、社会科学、哲学与自然科学的全部内容,涵盖文、史、哲、经、法、教、理、工、农、医等各方面,涉及语言文字、文学、艺术、古代史、历史文献、历史地理、考古、宗教、经济史、经济管理、法制史、教育史、科技史、天文、数学、中国手工业史、农业经济、中国农业史、中医药、医学史文献、藏医药等广泛的研究领域。例如研究敦煌的某一座洞窟:就包括洞窟建筑的工程技术,绘画与雕塑,洞窟施主、建筑者、历史背景和意义,宗教信仰,民俗风情,至少需要历史、艺术、宗教和自然科学技术等学科的内容。研究一尊造像、一幅壁画、一份文献、一座遗址、一个专题、一段历史等等,同样也是如此。

总的来说,敦煌历史文化属于人文科学的范畴,从事敦煌研究首先需要奠定历史、佛教与艺术三大基础知识。从内容方面讲,敦煌的学问都是遗留下来的历史,我们所研究的敦煌的一切,文化艺术也好,经济政治也好,科学技术也好,民族关系也好,都是历史上发生过的事,都已经成为历史。因此,敦煌学是以历史学科为主体的学科交叉,或者说是在历史学科范围内的各学科的交叉。

从方法方面讲,敦煌的研究多以实证为主,思辨的成分比较少。因此,敦煌研究又是实证前提条件下的交叉。敦煌的历史文化都是一种现象,一就是一,二就是二,要求我们搞清楚是什么、为什么,然后在此基础上去探索敦煌历史文化给我们的启示。

在这里,我也顺便谈谈自己对"敦煌学"这个名词的看法。一直以来,有很多人花费了很大精力去论述"敦煌学"的定义、内容、特点、意义等。一般的说法:"敦煌学是一门世界性的学问",很明显,敦煌学(敦煌研究)作为一门学问是不成问题的。但有人说"敦煌学是什么什么学科""敦煌学包括了几十种或者是一百多种学科",显然他没有弄清楚什么叫学科、应该怎样给学科下定义,而是先入为主。学科有一二三级之分,一级学科叫学科,二级学科也叫专业,三级学科叫研究方向。不分级别和类别,而仅仅以"多少种"来概括学科问题,这不是科学的态度。"敦煌学"是因地名而叫起来的一种约定俗成的称呼,但它不是任何一级学科;尽管它博大精深,包括了许多学科的内容;但这并不是说它是这些学科的统领者。而且,每一级学科都不存在用专有名词,如人名、地名、书名等来命名的问题。说得俗一些,从事科学研究的人都是在做学问。每个专家学者都有自己的专业,但专业不可能界限分明,跨专业跨学科的研究在当今是普遍现象。以前人们曾经用边缘科学去解释"敦煌学",但并没有作出什么说明,只是把这个词套上了事。我们希望能够从科学的角度,用科学的态度,对敦煌学作出科学的解释。如果用交叉科学来给敦煌学一个定义的话,那就是:敦煌学是一门包涵众多学科和多学科交叉的学问。

五、重新认识

新的历史时期,学术观念需要不断更新,许多学术方面的问题也需要重新认识。这就算是我们所说的与时俱进吧!与时俱进这个词反映的主要内容表现了一种消极和盲目,与我们讲的开拓进取不相一致。但反过来讲,消极也好,盲目也好,总得先跟上时代发展的要求吧!另一方面,对于宗教来讲,与时俱进可以说是非常恰当和合理的。宗教如果不能适应时代的要求,就会被时代的发展所淘汰。所以,宗教本身要讲与时俱进,我们研究宗教当然也要与时俱进。这里,我专门谈谈对敦煌佛教文化的研究,新的历史时期应该如何重新认识的几个问题。

一是佛教的所谓世俗化问题。

佛教和其他宗教一样,首先是一种神圣的意识形态,在理论方面有一定的地位。尽管在佛教的实践活动中会渗入一些民间的内容,但这不应该说成就是世俗化。对世俗化这个提法应该慎重研究。世界上有那么多的人都信仰佛教,并不是因为佛教是世俗化的宗教,而就是因为它的神圣感与对人世(自然、社会与人)的深刻认识。如果今天总是用世俗化这个字眼,不用说佛教信众在感情上不能接受,就从科学性方面讲,也是不妥当的。我个人的意见是用"社会化"比较好,既科学又确切。

二是对敦煌佛教文献的更科学的分类研究。

百余年来,敦煌佛教文献的研究取得了丰硕成果,也为我们进一步的研究奠定了良好的基础。但是,以往对敦煌佛教文献的分类研究,经籍类文献主要是按原始佛教部派和中国佛教的宗派来进行;而有关佛教实践活动的文献,分类研究的成果不多,甚至有一些没有纳入佛教文献的范畴之内进行研究。敦煌佛教文献的分类问题,是对文献的性质进行再认识。敦煌的佛教文献可以分为经籍类和佛事活动类两大部分。就经籍类文献来讲,敦煌写经基本上不反映佛教宗派问题。因为敦煌远离中原,敦煌佛教史上没有形成专门的佛教学派。敦煌地区所藏佛经,一部分是由中原朝廷赐给的,一部分是敦煌当地经生们写的;这些经文大部分翻译和抄写于中原佛教宗派形成之前,在它们里面并没有多少宗派的烙印。至于佛教活动类文献,以往的研究多是从文学体裁方面做过一些, 内容方面也是近年才有成果陆续问世,使敦煌佛教文献的整理和研究工作出现了新局面。

佛教文献的研究中还有一个十分重要的问题,就是学界与教界的合作。以往的研究很少注意这方面,因此有些成果纰漏较多,甚至往往出现一些在双方看来都是常识性的错误。许多单位已经在这方面作出有益的尝试,学界教界珠联璧合,取长补短,互相促进。

三是敦煌佛教与敦煌民间信仰研究。

在敦煌石窟早期的壁画中,出现过一些似乎是非佛教题材的画面。前贤曾对此做过不少的研究,其中最著名的是段文杰先生提出的道教题材进入佛教石窟之说。而史苇湘先生则认为是佛教表现其内容而借用了一些传统的绘画题材。还有很多研究者们提出过种种观点。但截至目前,还没有见到能够有人从中国民间信仰的角度去研究这一问题。道教题材是不可能进入佛教石窟的,不管是东王公、西王母,还是什么仙人、上士之类,原创性的佛教石窟中表现的绝对不是那些道教之神。佛教借用了其他的题材来反映自己的内容,这一点是无可非议的。但这些题材都来自于民间,是中国的民间信仰影响了佛教石窟的建造,也是佛教石窟为更清楚更明白地讲述自己的道理,选取了民间喜闻乐见的题材来表现。比如出现在早期石窟中的"神怪画",如玄武、风伯、雷公、电母等,都不属于任何一种宗教的神,而是广泛流行于中国民间的自然崇拜与信仰,没有任何宗教的印迹。至于所谓的东王公、西王母,实际上是佛教的帝释天与梵天,贺世哲先生已有精辟的论述。当然,帝释天和梵天在形象上也可能借鉴了东王公、西王母的形象,但东王公和西王母也并不完全是属于道教的神祇,也是民间信仰的因素居多。这些说明了当时中原民间信仰对石窟的渗入,也是佛教界为争取更多的信众而采取的相关措施。再如,公元8至10世纪,佛教成为敦煌地区全社会的活动,但几乎在所有的佛教活动中,都穿插着一些古老的民间传统的信仰活动,而且这些活动又都打上佛教的旗号,如上元燃灯等。所以,敦煌佛教与民间信仰的关系问题,应该是敦煌研究以及敦煌佛教文化的一个新课题。

四是把敦煌佛教文化置于敦煌及中国古代社会历史的大背景中进行综合考察,研究敦煌佛教文化的历史和现实意义。

敦煌佛教文化是敦煌乃至整个中国古代社会的产物,它们的价值意义早已经远远超出了作为佛教文献本身的范围。它展示的不仅是佛教发展的历史,也是社会发展的历史。佛教中国化与中国社会,佛教社会化与社会制度对佛教的制约,佛教对社会发展的作用与反作用等一系列重大历史问题,都需要我们做进一步的努力。

具体地讲,敦煌的每一份佛教文献,如寺院的入破历,所体现的并不是单一的某件事情,而是包涵着丰富的人文内容,涉及宗教学、社会学、民俗学、历史学、经济学,以及自然科学的天文、地理、环境、农业、牧业、手工业等各个学科领域,展示着社会生活的方方面面,体现出多元化的特点。因此,研究每一份敦煌佛教文献,不能单纯地就事论事,而是全面、深入地从各个方面进行考察和探讨,真正把文献研究深、研究透,搞清楚它的本来面目。这就需要我们有各方面的基础知识,运用学科交叉的方法手段,综合研究。这也是当今人文科学的潮流。

五是通过敦煌就佛教对社会发展的历史作用和现实意义进行重新认识。

首先,社会稳定是社会发展的前提条件,而佛教对社会稳定的作用是显而易见的。就敦煌讲,敦煌石窟给人们提供了一处精神追求与文化活动的场所,在敦煌历史上成为社会稳定的重要因素。同时,佛教对处于奴隶制上升时代少数民族的进化作用也相当明显,如吐蕃统治敦煌时代自身的社会变革就是历史的铁证。

第二,佛教在启迪人的智慧、激发人的力量方面发挥过重大作用,佛教使人间力量常常发挥出超人间的形式,敦煌石窟艺术的伟大卓绝即雄辩地说明了这一点。同时,佛教在人与人之间表面形式上的平等思想也有一定的进步意义。

第三,佛教对科学技术的进步和发展发挥过一定的作用。人类最先进的技术常常最早运用于军事,其次才运用于生产和生活。而自从有了宗教,许多先进技术也是宗教活动最先运用,或者是因为宗教活动的需要,才有了某些发明和创造。如敦煌古代的印经、版画等,就是佛教内容的,它们在中国科技史、美术史上可占得一席之地,同时在中国新闻传播史上也具有划时代的意义。

第四,敦煌古代佛教寺院有过先进的经济管理模式,可以证明佛教对于经济发展的作用和意义。

第五,佛教丰富和促进了文化的繁荣和发展,文化艺术的发达是社会发展进步的标志之一,敦煌的佛教文化博大精深,是中华民族和世界人类的文化宝库。

第六,佛教在中外经济文化交流和人类共同发展进步方面起到过重大的历史作用,敦煌历史更是如此,而且可以为新的历史时期佛教本身的生存和发展以及社会的进步提供历史的借鉴,就是敦煌佛教研究的现实意义。

总之,从敦煌看佛教与社会进步的关系问题,是值得今后深入研究的课题。

(《敦煌研究》2008 年第 1 期)

从敦煌看道教对汉传佛教中国化的影响

序:前人的相关研究

道教是产生于中国本土的宗教,几千年来,深深地根植于中国社会之中,与中国社会同步发展,形成了以老子学说为主体的完整的哲学思想体系,和一整套深入民间的活动程式,得到广泛认知,并成为中国社会生活的一部分;特别是与中国传统儒学的融合,奠定了中国文化牢不可破的基础。同时作为一门学问,从古到今都受到中外高度关注,理论不断发展,实践不断进步。

佛教始入中国,开始被当作黄老之术,即道教的方术;而作为一种哲学思想,中国的大乘佛教兼容并蓄儒墨法阴阳等诸子百家,提倡自利利他,普度众生,菩萨精神,与中国儒家正心修身齐家治国平天下的思想相一致;其具体为社会谋利益的实践活动,则是借鉴或照搬道教的程式。这些在敦煌文献所记载的中国中古时代都有具体反映。

20世纪90年代,业师姜伯勤教授在研究敦煌宗教时,就敏锐地提出"道释相激"的理念,并以充足的文献证据论证了黄老道、方仙道与天师道在敦煌与佛教相遇,敦煌早期佛教对道教的依托和借鉴,格义时代的道释相融相通等①。这不仅给笔者很大的启发,也为之后的

---

①姜伯勤:《道释相激:道教在敦煌》(《敦煌艺术宗教与礼乐文明》,中国社会科学出版社,1996年,第266—320页)。

研究者们打开一条新的思路,开辟新的研究领域。

也就是在这个时期,国内外学者们就开始道教与佛教的关系进行专门研究。用功最勤、成果最丰者首推萧登福先生,他在中国道教对印度佛教的影响方面,特别是道教对密教的直接影响作过深入研究,先后出版《道教星斗符印与佛教密宗》①《道教与密宗》②《道教术仪与密教典籍》③《道教与佛教》④《道家道教与中土佛教初期经义发展》⑤《道家道教影响下的佛教经籍》(上、下)⑥等多部著作,发表了大量论文,论述中土密教受道教及中土文化影响的情形。如在综述性的《论佛教受中土道教的影响及佛经真伪》一文中,从神话传说到时令风俗,从阴阳五行符箓印咒,从经典翻译到疏释演绎,全面论述了道教思想的活动形式对佛教的影响,并强调:

"世人大都认为佛教影响道教;而佛教是否曾受道教及中土文化影响,及佛经是否存在着真伪的问题,则是长期来被忽略,甚至是被否定的。其实我们翻查佛藏,常会看到佛典中,杂有道教术仪,甚至符箓;因而佛教是否曾受道教影响,应不难辨识。两教的交流是双向的,而不是单向的。我们由经籍文献来看,佛教受道教影响者,如密宗金胎两界曼荼罗,仿自中土帝王郊天祭坛及道教九宫神坛;而《佛说安宅神咒经》《佛说北斗七星延命经》等,系由中土宅葬之说及道教南北

①萧登福:《道教星斗符印与佛教密宗》,台北新文丰出版公司,1993年。

②萧登福:《道教与密宗》,台北新文丰出版公司,1993年。

③萧登福:《道教术仪与密教典籍》,台北新文丰出版公司,1994年。

④萧登福:《道教与佛教》,台北新文丰出版公司,1995年。

⑤萧登福:《道家道教与中土佛教初期经义发展》,台北新文丰出版公司,1993年。

⑥萧登福:《道家道教影响下的佛教经籍》(上、下),台北新文丰出版公司,1993年。

斗主掌人间生死寿命说而来；又《佛说七千佛神符益算经》则是抄袭道教《太上老君说益算妙经》；《佛说三厨经》抄自道教《老子说五厨经》等；至如思想上的，则道生、僧肇杂有老庄思想，《起信论》有庄子道体说的影子，唐代宗密用道教太极图来解说唯识，清代行策以太极图来论述禅门曹洞宗风等。""中国的道教及思想习俗，不仅影响了汉地的佛教，使它产生本土化，同时也曾影响了印度本土；佛教密宗，便是中土道教和印度佛教相融会的产品。"①在其大作《道教符箓咒印对佛教密宗之影响》一文中，对佛教之符咒类袭用道教作了深入的研究，用大量的材料进行了解释，并指出："道教符印咒箓，对佛教影响甚深。佛家有咒而无符印箓三者；三者系袭取自道教。而佛教虽早已有咒语，但咒语的使用方式，在传入中土后，亦深受道教影响。"②

之后又在《论道教对印度佛教密宗的形成与影响》专门指出：

"自唐至宋，印度僧人翻译出不少密教典籍；而由这些典籍中，可以看出密教已深受道教影响。密教经典，或用中土四灵（青龙、白虎、朱雀、玄武）、廿八宿之说；或采用北斗七星主人生死之思想；或用道教祭拜星斗科仪；或沿袭中土星辰为祟之说。不仅星斗崇拜受道教影响，密教经典中，或用道教灵符以治病驱鬼，或用中土药材雄黄、雌黄等来炼长生丹药；或仿袭道教坛场仪制，以五行生克法来安置坛场；或用道教存思身神及导引、食气的修持法门；或仿袭道教男女房中术，而宣导男女双修，及女神崇拜。密教受道教的影响大抵从中土现存文献中已可推知。……由中印两边学者的研究中，已可明确地断定，道教确实影响了密教，不仅中土的密教受影响，也直接影响了印

---

① 《中华佛学学报》第九期，1996年7月，第83、95页。
② 萧登福：《道教符箓咒印对佛教密宗之影响》，《台中商专学报》第24期，1992年，收入《道教与密宗》，台北新文丰出版公司，1993年，第71页。

度的密教；不仅是密教形成后受影响，在密教形成前也已受到道士的传授修持法门及制药炼丹之法。"①

萧登福先生的研究主要集中于道教和佛教密教的关系方面，但也涉及其他诸多广阔的领域，特别是佛经和道经的对比研究，不仅取得了重大突破，也为后来的进一步研究奠定了坚实的基础。还有一点比较重要，就是萧先生的研究引用大量敦煌文献为论据。

印度学者较早地注意到中国道教对印度密教的影响。据黄心川先生研究，印度学者们关注中国道教对印度密教的影响由来已久；大量印度本土保存的文献证实，从公元 3 世纪开始，中国的道教就传入印度，远在密教传入中国前。这就是说，印度的密教在传入中国之前就已受到道教的影响；当然传入中国后，这种交互的影响更快速，②甚至二道直接融合，相互补充，共同发展。

一、敦煌道教文献中以老子道德经为主的道教文献整理

众所周知，老子的智慧举世无双！世界上所有的哲学思想都在这五千言之中。敦煌写本中保存了《老子道德经》有数百件之多，大部分写于公元 7、8 世纪的初唐、盛唐时代；与此相关的道教类写本近千件，其中近百种道经未收入《正统道藏》，成为绝世孤本。

根据一百多年间国内外学者的整理研究，敦煌道教写本包括了洞真上清部、洞玄灵宝部、洞神及洞渊部、太玄部、太平部、太清部、正一部等各部类经籍，以及目录、类书和各种斋醮、法事文书等。其中如《老子化胡经》《本际经》等，基本上都是绝世孤本。

---

①《台湾密宗国际学术研讨会（第 2 届）论文集》，台湾世界佛教密乘研究学会印，2005 年。

②黄心川：《道教与密教》，《中华佛学学报》第 12 期（1999 年 7 月）。

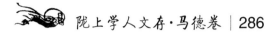

敦煌文献中的其他道教、道术类文献也十分丰富。如大量的占卜、解梦、相面、法术一类的文书,这些都属于道教的方术。

敦煌遗书斯2729、伯2610等《悬象占》《太史杂占历》等,是流行于唐代的道教方术。主要是利用自然现象和五行学说,对一年四季十二个月三百六十天会出现的各种情况进行预测。特别是在吐蕃治理时代,唐人利用编纂的机会,在用以指导农牧业生产、驾驭自然现象的名义下,不仅编造出很多耸人听闻的鬼神故事,而且把敦煌地区的动荡不安和时常发生的战乱也"预言"其中,给整个社会造成一种恐慌趋势。①但有一点可以肯定的是,这些托名"太史"的文献,是纯粹的道教文书。无论是异族统治,还是佛教流行,都没有影响他在敦煌地区的传播,更加说明唐代敦煌地区实际上也是道教盛行。这在一个方面内容主要有 "占候十二月地动吉凶""占日蚀吉凶""太史所占十二时辰善恶吉凶法""太史占候雨时日准则法""占假十二月生气法""出军大忌日法""推十二辰相刑相合法""六钩之所听法""六情来物之意(法)""推天狱所在法""休废法""六丙法""安营法""占大风吉凶法""推天煞日法""凡四宫占候随风所发言之""推孤虚法"(旬、日、时三种)、"推风法""占候风"(行军)等等,涉及众多社会问题,其中以军事方面最为丰富。

敦煌遗书伯3810是一件道教的法术文件,计有"湘祖白鹤紫芝遁法""白鹤灵彰咒""踏魁罡步斗法""太上金锁速还隐遁真诀""足底生云法"附"乘云咒"等,并绘有相关的咒符;文献最后一件是"呼吸静功妙诀"附"神仙粥"药方,为道教的部分修炼方法。②

①刘永明:《吐蕃时期敦煌道教及相关信仰习俗探析》,《敦煌研究》2011年第4期。

②郑阿财:《敦煌写卷呼吸静功妙诀试论》,《敦煌学》第十九辑,台北中国文化大学,1992年。

一百多年来，国内外学术界对敦煌道教文献作了大量的整理研究，涌现出一批又一批的专家学者。做得最多的是中国和日本学者，刘屹教授有多篇论文详细介绍①。这里只列举一下在文献整理方面主要的奠基性成果：

日本学者大渊忍尔于1960年编写出版《敦煌道经目录》②，1978和1979年分别完成《敦煌道经目录编》和《敦煌道经图录编》，收入敦煌道教写本近500件③；加上他多年的相关研究成果，被认为是敦煌道教文献研究史上贡献最大、最值得敬佩的学者之一。

1999年12月，中华全国图书馆文献缩微复制中心出版李德范辑《敦煌道藏》，5巨册，收录其中道教遗书抄本五百余件，其抄写时期在南北朝后期至唐朝中期约二百年的时间，尤其以唐高宗、武后至唐玄宗时代的抄本最多，其内容包括道家诸子、道教经典、科仪等一百多种道书，其中约有半数抄本是《正统道藏》未收入的早期道教典籍。④

王卡先生多年从事敦煌道教文献的整理研究，著有《敦煌道教文献研究——综述、目录、索引》⑤，之后又策划了《敦煌道教文献合集》，包括图录、释文、目录三部分；不幸的是王卡先生凤愿未酬而先归道山。但目前此项目在王先生生前所在单位中国社会科学院世界宗教研究所继续进行，已获得社科院创新文库出版资助，并与出版社签订

---

① 刘屹：《论二十世纪的敦煌道教文献研究》，《敦煌吐鲁番研究》第七卷。
② 大渊忍尔：《敦煌道经目录》，法藏馆，1960年。
③ 大渊忍尔：《敦煌道经目录编》，法藏馆，1978年；《敦煌道经图录编》，法藏馆，1979年。
④ 全国图书馆文献微缩复制中心，1999年。
⑤ 王卡：《敦煌道教文献研究——综述、目录、索引》，中国社会科学出版社，2004年。

出版合同;《合集》的第一册即将出版,全部六册合集预测需要三至五年的时间完成。这一成果将成为敦煌道教文献整理研究的世纪总结和里程碑。

补充说明一点的是:在这些年的研究中,术数类的研究比较活跃,出版了许多专著。但仔细检讨一下,感觉需要做的工作还很多。像占卜、相面、解梦等类文献,牵扯到天文地理和社会生产生活各个方面,而研究成果多为就事论事,对它的积极意义方面论述极少。要知道,占卜也好,解梦也好,相面也好,都是古人一种生活经验的总结,都具有一定的实践根据;一般都是根据过往的经历来预测日后会发生的事。

从传说中伏羲创立八卦以来,道教在中国大地上慢慢形成、发展,逐渐成为中国人精神生活的一部分,构成中国传统文化的主要内容之一。佛教作为外来的意识形态,想在中国得到传播和发展,必然要与本土文化相结合以适应社会,而道教则是佛教立足中华大地上最佳帮手,特别是道教的方术在佛教传播中被广泛应用。敦煌文献就是用大量的事实证明了这一历史现象。

二、早期的敦煌疑伪经与道教的关系

传入中国的佛教,为了能在中国生存和发展,中国的僧人们假以佛祖的名义和口气,从佛经中挑选出适用于中国社会的内容,重新编纂整理了适合中国人容易接受的"佛经",赢得了中国社会各个阶层的广泛认可,让佛教直接进入社会生活,从而使佛教在中国本土得到进一步的发展。如各种《报恩经》,除了自己撰写内容外,还从《贤愚经》等经典中辑录相关或相近的章节内容一起编入。这些由中国本土的僧人们撰写和编纂的"佛经",被称为"疑伪经"。敦煌藏经洞出土的写本中保存了 50 多件被认定为"疑伪经"的写本,下面试举二例:

（一）敦研 007 大慈如来十月廿四日告疏

1. 大慈如来十月廿四日 告疏

2. 告阎浮地内诸众人民：长……

3. 九年头。应著勾阑加沙（袈裟）。济渡……

4. 散。作高绳银坐（座）。汝等人民尽是吾……

5. 衣服。四月八日，常出教化。诸众生悉……

6. 布施一飧受（授）我者，尽听见吾功德……

7. 是报。若得吾书，隐而不传者，死入地〔狱，无〕

8. 有脱期。若传与他人者，即得无量无〔边功德，告〕

9. □（诸）贤者，见之莫亭（停）；吾不避远近……

10. 勒佛。一心敬礼，称十方诸佛。一心牟尼佛，白佛

11. 称世尊。一心礼拜，稽首和南。言：吾去此后，一

12. 坐奴为沙门，婢为尼僧。五道应亡，留离口谤

13. 弥勒宝王。污吾形体，毁经法。时阎浮地口

14. 教化。河东河西，当各出神，永冶一亿人。尔时口

15. 为普修佛法者，门无斯役。若有问（闻）知者，庶

16. 莫使断绝，功德无量。告诸贤者，咸使问（闻）〔知，〕

17. 出治百病

18. 　　　兴安三年五月十日谭胜写

19. 　　　　　传教人愿生生之处，长直（值）弥勒①

这件文献反映的是对公元 5 世纪北魏时期的社会需求之呼应。"经文"撰写者假借佛教中关于"弥勒下生"的意义，告诫广大民众，弥勒佛即将在人间出现，并施教化；号召人们信奉佛教，尊崇弥勒；并督

①王惠民：《北魏佛教传帖原件〈大慈如来告疏〉研究》，《敦煌研究》1998 年第 1 期。

促大家将这些告疏广为传播。同时还强调了佛教的好处,能够给河东和河西的广大地区带来神水,让一亿人受益。河东和河西应该是指中国北方今天的山西和陕西的中北部的广大地区,历史上一直为农业区,但干旱缺水;北朝时期这一带又是佛教文化传播和流行的区域;《大慈如来告疏》正是看到了这一地区的自然现象和社会需求,号召人们通过信奉佛教来解决生活问题,让佛教在全社会得到普及和推广。这样的"告疏",是道教在中国很早就使用的发动民众起事的惯用形式。

(二)敦研 370 佛图棠所化经

1. 佛图棠(澄)所化经

2. 和平四年正月一日,河内缊(温)县刘起之等十五人,入山斫材(柴),卒(猝)遇治王天,飙

3. 风卒(猝)起,迷沉(程)失道,经过风山,白日便现。见一鸿鹄,从西南来,自投而下。

4. 化为壹老公,手提九节杖,而便自谓:吾是佛图棠(澄),故来语汝罪福。

5. 泰山东门崩,泰山遣鬼兵千九万人,提赤枪,持赤绳,取九万男、女,三十万人

6. 治东门崩,十千九万女治袍袄。自今以后,当行毒肿病,十伤九死,无

7. 门不有。汝急作福,可得度世,三家五家,随村大小,共作龙虎舌(蛇)饼,人各

8. 持七枚食之,一日一夜转经行道,可得度世。期(其)诽谤不信受者,受(寿)终

9. 致恶,必作□,病厄右七月八月,想难可度世。男女大小,各写一通,仆(袱)著肘后,

10. □鬼不来近人,殃精(精)不至,寿命得长,得离此

苦。见者写取,其身受福,见者

11. 不写,身寿(受)长病;写不转者,死灭门。见者急急通读,如律令。

这里讲的是佛教的灵验与感应故事。[①]佛图棠即中国佛教史上著名的神僧佛图澄,史载他具有诸多神通,特别是预言未来吉凶。本文叙述了刘起之等十五位砍柴人在山林里遭遇狂风后,见到自称是佛图澄的神人,告诉他们将要发生的各种灾难与疾病,以及通过写经传道的手段达到消灾免难、长寿多福。这里提及的都是关系到每一个人的生老病死等切身利益的事,而且合理吸收和运用了中国民间传统的鬼神崇拜与道教"法术",以达到宣传和普及佛教信仰的目的。

上述两件"疑伪经",属于早期敦煌地区出现或流行的,代表了两种不同的方式:借佛起事、灵验感应,是发生在古代社会中与统治者及广大民众生活息息相关的身边事。而那个时候还没有佛法密教,所以这些形式都是来源于道教。

晚唐以来,地藏信仰在敦煌地区广泛流行。《地藏菩萨行愿经》(即《十王经》),以佛教的名义在敦煌传播,十来件图文并茂的《十王经》,石窟壁画中上百幅《地藏》与《十王经》《地狱变相》等,无一不是道教思想及形式的翻版。这方面的研究成果比较丰富,兹不一一列举。

三、佛教斋会照搬道教斋醮

(一)佛教斋会源于道教斋醮仪式

敦煌遗书伯2940《斋琬文》保存有完整的序言及目录,现将目录移录如下:

---

①邰惠莉:《敦煌写本佛〈图棠所化经〉初探》,《敦煌研究》1998 年第 4 期。

一、叹佛德　王宫诞质逾城出家　转妙法轮　示归寂灭

二、庆皇猷　鼎祚遐隆　嘉祥荐祉　四夷奉命　五谷
丰登

三、序临官　刺史　长史　司马　六曹　县令　县承
（丞）　主簿　县尉　折冲

四、隅受职　文武

五、酬庆愿　僧尼　道士　女官

六、报行道　□役　使　东　西　南　北　征讨　东西
南北。

七、悼亡灵　僧尼　法师　律师　禅师　俗人　考妣
男　妇　女

八、述功德　造绣像　织成　镌石　彩画　雕檀　金
铜　造幡　造经　造堂

九、赛祈赞　祈雨　赛雨　赛雪　满月　生日　散学
阇字　藏钩　散讲　三长

　　平安　邑义　脱难　患差　受戒　赛入宅

十、佑诸畜　放生　赎生　马死　牛生　驼死　驴死
羊死　犬死　猪死①

（后略）

这个目录包括了社会生产生活的各个方面,其具体内容和程式,
在千余件"斋文""愿文"等都有详细记述。

而伯 3562 道教杂斋文范:存斋愿文、邑愿文、亡考妣文一、亡考
妣文二、亡师文、女师亡文、僧尼亡文、(邑愿文)、当家平安愿文、病差
文、征廻平安愿文、兄弟亡文、夫妻亡文、亡男女文、亡考文、廻礼席

---

① 黄征、吴伟:《敦煌愿文集》,岳麓书社,1995 年,第 452 页。

文、东行亡文、岁初愿文、又亡考文、亡孩子文、入宅文、造宅文、斋法、报愿文。类似的文集保存较多。

在这里我们看到,不仅仅是佛教的各类斋会、道场完全照搬道教仪式,而且一开始,包括佛教僧尼亡故,都是由道教的师士们为其举办斋会进行超度和追念,有些时候是僧人和道士共同联合举办道教斋会。

(二)佛教的坛法来自道教仪轨

在敦煌遗书中有两份文献,一名为《金刚峻经金刚顶一切如来深妙秘密金刚界大三昧耶修行四十二种坛法经作用威仪法则 大毗卢遮那佛金刚心地法门密法戒坛法仪则》,四卷本,托名"大兴善寺三藏沙门大广智不空译奉 诏译",目前所见近十件写本中,存一至三卷、部(种)第一至部第三十五,及《结坛廻向发愿文》;另一为《金刚峻经金刚顶一切如来深妙秘密金刚界大三昧耶修行四十九种坛法经作用威仪法则 大毗卢遮那佛金刚心地法门密法戒坛法仪则》,不分卷,亦托名"大兴善寺三藏沙门大广智不空译奉 诏译",目前所见仅一件,即北敦二〇七四号,存部第一至部第二十五。两份"坛法仪则"在各类数目分别为四十二和四十九(均保存不完整),现存的坛法种类和顺序也有一些区别。①这些坛法也多来自于首都的斋醮仪轨。另外,敦煌文献中还保存有一些"坛城图",描绘坛法布局,名为密教法则,其实也是由道教的斋仪演变而来。相关的问题,前述萧登福先生的研究成果中多有涉及,兹不赘。

(三)佛教符印照搬道教符印

敦煌莫高窟藏经洞出土过一批 10 世纪的木雕版画,基本全部

---

① 两份文献均参见侯冲整理稿(方广锠主编:《藏外佛教文献》第十一辑,中国人民大学出版社,2008 年,第 17—231 页)。

为佛教题材,其中陀罗尼类占了很大一部分,主要有大佛顶如来陀罗尼、无量寿陀罗尼、大随求陀罗尼、圣观自在菩萨千转灭罪陀罗尼等。陀罗尼意译为总持、能持、能遮。指能令善法不散失,令恶法不起的作用,后世则多指长咒而言。这些版画大批量制作,有些是用于悬挂,而更多的是用于众人佩戴于身,以期消灾免难。这种形式和内容都源于道教的符印。

佛教在具体的行事过程中,将佩戴符咒与相应的法事结合进行。现以供产妇佩戴的"护身符印"为例:观音菩萨千转灭罪陀罗尼(救产难):《圣观自在菩萨千转灭罪陀罗尼》是敦煌印本中比较典型的一件,保存近30幅,其中包括若干残页,主要集中在英、法两国的图书馆、博物馆里。该图为木雕浮水印于普通麻纸上的版画,画幅宽17、高14厘米,一般为单纸拓印,即一纸一幅,也有个别为一纸印多幅的。主尊观世音菩萨,头戴化佛冠,结跏趺坐于莲台上,火焰纹头光背光。外三层梵文排列成圆形。中四角为莲花。再外两层梵文组成方形。其咒语均用梵文雕刻,左边3行发愿文用汉文雕刻:

此圣观自在菩萨千转灭罪陀罗尼有

大威力能灭众罪转现六根成功德体

若带持者罪灭福生当得作佛。

愿文里讲得很明确:圣观自在菩萨千转灭罪陀罗尼,祈祷的对象是观自在,即观音,方式是需要随身"带持"。那么这种千转灭罪的陀罗尼是作什么用的呢?伯4514.9.6是一幅比较特殊的《圣观自在菩萨千转灭罪陀罗尼》,此图除了中心主图外,在其两边及下部还整齐、对称地捺印了11幅纵长方形画咒,咒文字也是左汉右梵,左边的汉字是:"念尼千陀菩萨普愿一切分解平善",在梵文咒语前面有六个汉字为"救产难陀罗尼"。因此通过伯4514.9.6得知,这类需随身"带持"的陀罗尼,"千转灭罪"的目的是为了妇女生产顺利,也就是说这种陀罗尼当时主要是妇女所持带,用于救助产难。

敦煌文献记载:佛教对于产妇的关注在未产时已经开始,这就是举办相关的法会。在敦煌文献中,产妇分勉之月称难月;而关于难月的法事,一般是在分勉之前举办,一般情况下妇女将要临盆,会举行法会,读诵为临产孕妇祈福的《难月文》,内容主要是祈愿产妇及婴儿母子平安,同时也表达对其家族众人的美好祝愿。《难月文》在敦煌文献中保存较多,内容基本相同。其中如伯3765《难月文》:

1. 难月文 夫玉毫腾相,超十地以孤游;金色流辉,跨万灵而独出。

2. 权机妙用,拔朽宅之迷徒;感应遐通,[导]昏城之或(惑)侣。归依者,苦

3. 原必尽;回向者,乐果斯深。大哉法王,名言所不测[矣]! 厥今

4. 坐前施主捧炉虔跪、舍施启愿所申意者,奉为厶人患难之所

5. 建也。惟患者乃清贞淑顺,妇礼善闲;智德孤明,母仪咸备。

6. 遂因往劫,福凑今生。感居女质之躯,难离负胎之患。今者

7. 旬将已满,朔似环周;虑恐有伤毁之唆(酸),实惧值妖灾之苦。故即

8. 虔心恳切,望三宝以护持;割舍珍财,仰慈门而启颡。伏闻三宝,

9. 是济危,拔苦之能人;大士弘悲,不(无)愿不从而惠化。以兹舍施功德、

10. 念诵焚香,总用庄严患者即体:惟愿日临月满,果生

奇异之神

11. 童;母子平安,定无忧嗟之苦厄。观音灌顶,受不死
□(之)神方。药

12. 上扪摩,垂惠长生之味。母无痛恼,得昼夜之恒安;
产子仙童,

13. 以被莲而化现。又持胜善,伏用庄严持炉施主、合门
长幼

14. 等:惟愿身如松岳,命等苍冥;灵折(哲)之智朗然,
悟解

15. 之心日进。父则常居禄位,母则盛德恒存;兄弟忠孝过

16. 人,姊妹永终□(贞)洁。然后四生离苦,三有获安;
同登菩提,

17. 成正觉道。①

以上佩戴陀罗尼及念诵祈愿文,有一定的助产功能;具体的实施方法是佩戴与念诵互为补充,为产妇及其家人在心理上给予安慰,保佑母子平安。这种形式一般被认为是唐朝前期传入中国的密教的修为,但实际上都是源于道教。萧登福先生已经做过详细考证。②当然,从另一方面讲,用宗教的形式帮助人们解决各种社会问题,应该是古人在艰难探索社会治理的有效途径,也有一定的积极意义;特别是在生产力比较低下、人们认识十分有限的古代社会,从精神上给人们以安慰,对社会的稳定和发展也会起到一定的作用。

---

①马德、李翎:《敦煌版画救产难图研究》,《敦煌研究》2013年第4期。

②萧登福:《道教符箓咒印对佛教密宗之影响》,《台中商专学报》第24期,1992年,收入《道教与密宗》,台北新文丰出版公司,1993年。

四、佛家医方源于道家

敦煌文献中保存了近五十件、上千种古代的医方、药方,用于治疗各种疾病。这些医药文献基本上都属于中国古老的中医学文献,部分还有传世本并一直应用于中医临床和服务于社会。这些文献原本都浸有浓郁的道教色彩,或者是出于道教道家之手,但大多数的医药方里都被贯上"佛家方"的名头,如斯 5598 背面有一方内容如下:

毗沙门天王奉宣和尚神妙补心丸方

干薯蓣、乾地黄、杜仲、百节、方(防)风

芒(人)参、丹参、茯苓、茯神、贝母、乳

糖、五味子、石菖蒲、麦门冬去心

甘草炮过、远志、柏子仁。右

上件药十七味,细剉,法去尘,干焙

为末,练(炼)白粉(蜂)蜜为丸,如弹子

大,每日空心嚼一丸,徐徐咽津,

去滓,细爵(嚼)咽下。服十日、二十日□

清雅,三十日骨健身安不惊疑,

开心益智,补髓,久食驻颜,功力广

大不可述。①

这个很明显属于中医药方,集治病与养生为一体,原本就属于道家和道教,但在这里经佛教护法"毗沙门天王"的身份出现,就是外来佛教利用本土道教的突出实例。敦煌遗书中还有许多这类文献,谈养生保健、治病疗伤,同时念佛诵经,把医药治疗与精神治疗有机结合

---

① 马继兴等:《敦煌古医籍考释》,江西科学技术出版社,1988 年,第 492 页,有改动。

在一起。

实际上,这种形式很早就在敦煌开始了。敦煌遗书敦研 010B《佛说祝毒经》就是一件与治疗因中毒而患疾病相关的"佛经":

1. 佛说祝毒经

2. 南无佛,南无——南无比丘僧,南无

3. 过去七佛,南无诸佛,南无

4. 诸佛弟子,南无诸师,南无

5. 诸师弟子,南无他比罗鸠

6. 惒罗精舍,礼是已,便说是

7. 祝。令我所呪,皆从如愿。

8. 多逅梨离　摩摩兰泥

9. 迦和罗牟提　殴梨

10. 酸梨忮　摩梨忮

11. 阿迦絺移　贲足少梨移

12. 尼卑提移　阿那褥罗俗

13. 富咤罗兮　鸠罗罗兮

14. 鸠兰鞠咤罗兮

15. 其有闻神祝者,其人毒虵

16. 七岁不得嚙,毒亦不得行。若

17. 有犯者,头破作七分,如鸠罗

18. 勒菩。若复有特者,毒虵尽

19. 形寿不得嚙其人,毒亦不行。山北(后缺)

苏晋仁先生早年做过详细研究,认定此经系东晋县无兰所译《灌顶七万二千神王护比丘经》的另一个传本,历代经录均著录为《咒毒经》,[①]

---

①苏晋仁:《敦煌逸经〈祝毒经考〉》,《中国史研究》1986 年第 3 期。

实际上就是由中国和尚们改编的"疑伪经"。而本卷抄写于《佛说祝毒经》之前的《佛说坛特罗麻油述经》则有记载为昙无兰译。

《佛说祝毒经》"祝"的意义等于其他经文中的"咒",实际上也就是祝愿的意思;"毒"在这里专指蛇毒。"经文"借用"佛说"的名义,念诵佛法僧三宝诸师,能使毒蛇不啮人,或啮了人蛇毒不起作用;并提醒毒蛇不得啮人,如不遵守会头破血流。这是用咒语的形式来清除毒素、驱逐病魔。毒蛇伤人在农业社会是一个普遍现象,严重影响着广大民众的生产活动和生命安全。佛教僧侣们正是看准了这一直接关乎百姓生命安全的问题,恰如其分地使用佛法来安抚饱受毒蛇困扰的劳动百姓,从而让人们认识并接受佛教,提高僧人的社会地位。

有意义的是,这件《佛说祝毒经》与后来的密教使用的形式十分接近。但众所周知,印度密教是唐代才传入中国的,尽管在后来有很大的发展,但东晋时代,或者是此写本所在的南北朝时期,真也好,伪也罢,无论如何也不会出现密教文献。那么我们只能理解为佛教在这个时期已经吸收和融进了许多道教的因素,如这里的咒毒疗伤,就类似于道教的斋醮仪轨。实际上,印度密教可能也是吸收了中国道教的一些成分,而重新开启的佛教法门。

余论:佛道一家——同属中国传统文化

道教为中国本土最古老的宗教,作为方术,创立于传说中的伏羲、轩辕时代;作为思想,完善于老子时代。五千年来,从高深的哲学思想理念,到具体的民间民众生活,形成一整套完整的理论体系与实践仪轨。而后佛教从印度传入中国,在道教和儒学的影响下形成本土特色的汉传佛教;经学出身的"敦煌菩萨"竺法护,按照自己的理解大批量翻译大乘经典,奠定了中国大乘佛教的理论基础。法护从幼年开始所习经学,不应该仅仅是儒学,也应该包括诸子百家,自然也少不

了道家、道教的成分；恰恰是因为有道教和儒家等，佛教才能在中国有今天这样的大发展。因此，汉传佛教实际上已经成为中国人自己的宗教，成为中华民族传统文化的一部分。

敦煌作为历史上的佛教圣地，近代以来又与道教发生难解难分的关系。最突出的有两件惊天动地的大事：一是在同属敦煌石窟的瓜州榆林窟，为了保护国宝象牙佛，几代道长付出了生命和鲜血的代价，谱写了一曲悲壮的颂歌。二是由守护在敦煌莫高窟的道士开启莫高窟藏经洞，不能不说是一种历史的机缘。这不是单纯的信佛还是信道的问题，而应该看成是民族优秀传统文化的共识和回归。

敦煌的历史现象给我们提供了借鉴，这就是从关心民间疾苦入手，为社会和民众谋福祉，继续尽力发挥道教的作用，通过造福社会而汲取道教文化的有益成分，传承民族优秀传统文化，继续为促进社会进步和历史发展发挥作用。

（《光影千年》，香港，2019 年）

进一步开创敦煌研究的新局面

从莫高窟藏经洞开启以来，敦煌研究已经走过了 120 多年的里程，在资料整理和内容考证方面取得了巨大成就，厘清了石窟和文献记载的历史、政治、经济、宗教、文化以及中外交流、自然科学诸方面的许多重大问题。但这并不是意味着我们的研究工作就像一些专家所说的"资料都公布完了，也就没什么可做的了"。恰恰相反，我个人认为，和 2000 多年间老祖宗留给我们的相比，120 年的工作也只是一个起步，奠定了一些基础。所以，我们的敦煌研究工作需要深入发展；《敦煌研究》任重而道远。

（一）"为新时代坚持和发展中国特色社会主义提供精神支撑"——关于敦煌文化的价值意义的研究

2019 年 8 月 19 日，习近平总书记在敦煌研究院和专家们座谈时指出："敦煌作为中国通向西域的重要门户，古代中国文明同来自古印度、古希腊、古波斯等不同国家和地区的思想、宗教、艺术、文化在这里汇聚交融。中华文明以海纳百川、开放包容的广阔胸襟，不断吸收借鉴域外优秀文明成果，造就了独具特色的敦煌文化和丝路精神。""研究和弘扬敦煌文化，既要深入挖掘敦煌文化和历史遗存背后蕴含的哲学思想、人文精神、价值理念、道德规范等，推动中华优秀传统文化创造性转化、创新性发展，更要揭示蕴含其中的中华民族的文化精神、文化胸怀和文化自信，为新时代坚持和发展中国特色社会主义提供精神支撑。"敦煌拿什么提供精神支撑呢？笔者认为，敦煌历史文化提供给我们丰富的知识和高超的技艺是一个方面；但更为重要的，敦煌历史文化本身就是一种精神，敦煌历史文化体现着中华民族的民族精神，敦煌作为精神财富对人类社会的进步发展将永远发挥着巨大的历史作用。

历史文化遗产是精神财富，这实际上是一个常识性的问题。我们常常会遇到一些朋友，特别是普通观众的提问：你们花这么大代价，保护和研究这些古人的东西，即不能吃又不能穿，到底有什么用？那么作为研究者，首先必须回答这个问题，而且你的回答一定要让众人满意。这就是从精神层面来解释。

注重敦煌历史文化价值意义方面的研究，不仅要认识敦煌历史文化在知识、技艺方面的价值意义，还要认识她作为精神财富的价值意义；不仅要看过去，还要面向未来。正如习近平总书记指出的：历史文化遗产不仅生动述说着过去，也深刻影响着当下和未来；不仅属于我们，也属于子孙后代。保护好、传承好历史文化遗产是对历史负责、对人民负责。习近平总书记讲得非常明确，我们就应该沿着这个思路，好好探讨敦煌历史文化的民族精神。我们不光是为了自己，也是为列祖列宗，为子孙后代；敦煌属于全人类，我们的事业也是属于全人类的事业。我们有了对自己工作的价值意义的认识，就会喜欢和敬业，把事情当事业，尽社会责任，肩负起并完成历史赋予我们的神圣使命。

无论是历史，还是艺术，都是一种精神。如果认识不到这一点，所有的文化艺术史的研究都是白干。因为你知道了是什么，但认识不到为什么，认识不到有什么用，有什么价值意义。所以你干得再多，对自己来讲意义都不大。只有正确认识到敦煌历史文化的价值意义，才能更深入地研究敦煌历史文化。这一点，我们的老前辈专家如史苇湘先生就做得非常好。史先生在敦煌历史与艺术的研究方面，至今还没有人能够超越。比如说他的一篇5000字的《世族与石窟》，为后来者奠定了雄厚的研究基础；四十年来有关敦煌和河西的世家大族与石窟方面的项目、著述加起来大概有三四百万字了，但在研究的观点和深入的程度上并没有超出史先生文章的范围，只是在资料上堆积得更多了一点。这不仅仅是对敦煌的感情问题，更重要的是对自己的工作的价值意义的认识程度，决定着研究工作的高、精、深、广的程度。大家读他的文章，就会感受到这一点。

（二）学术不能永远服从于约定俗成——概念的科学性与规范性

约定俗成阻碍了学术的进步，还有的人津津乐道。主要表现在一些基本概念。比如"敦煌学""丝绸之路"等，以前已经提过多次了，不再赘述。这里就另外几个问题作些补充说明。

一是"中国化"。这个概念不好界定。中国幅员辽阔，人口众多。特别是历来就是一个多民族的国家，各个民族在大一统的共同体意识下，也各有自己的民族特色；即使是同一民族，各个地域之间也有各自的地域特色，但这些都属于中国文化，都是中国人的，中国化的文化。从佛教来说，有汉传、藏传、南传系统，每一个地域又有自己单独的特征，但这些都是中华民族的各族人民自己创造和拥有的文化，都属于中国文化。所以最好不要要求已经在中国土地上生根开花的文化"中国化"，因为她们本来就是中国的。当然，随着人类社会的进步发展，一些文化现象需要适应时代并服务社会，这与"中国化"等概念关系不大。

二是不规范的"学会"名称限制了学术交流与合作的空间。我这里指的是和我们有关的所谓的"中国敦煌吐鲁番学会"。敦煌文化是人类古代文明的结晶，敦煌研究是世界性的学问，无论任何一种古代文明都可以与敦煌对接。但在"敦煌"后面缀个"吐鲁番"，不要说是在国外，就在国内，连与敦煌联系最紧的几大石窟如云岗、龙门等，都无法联合举办上哪怕是一次学术会议。

三是大师们的语录并非全部是金口玉言,道理对不对只是一个方面,还有一个语言逻辑问题。

大家都知道被封为学界泰斗的季羡林的话:"世界上历史悠久、地域广阔、自成体系、影响深远的文化体系只有四个:中国、印度、希腊、伊斯兰。……而这四个文化体系汇流的地方只有一个,这就是中国的敦煌和新疆地区。"这句话到今天还被奉为圣旨,到处宣扬。但稍微仔细一点,就可以看出其中明显的常识性的错误:

首先是语言逻辑上的错误:把"只有一个"说成"敦煌和新疆",因为中间加了和字,实际上说的就是两个地方。如果说敦煌新疆一带,还勉强点;敦煌在甘肃,但与新疆相接。或者干脆像西方学者一样,把敦煌和新疆统称西域;但西方学者讲的西域还包括中亚。因此就需要一个准确的表达。

其次,所谓的四个文化体系中,中国、印度、希腊代表了人类古老文明的三种地域文化体系;而伊斯兰是宗教,只是一种文化现象。后者虽然也很伟大,但与前面的三种文明并列在一起,显然也是牛头不对马嘴,属于基本的逻辑错误。

再次,"四种文明交汇"的时代概念不明确。历史分古代、近代、现代,而这里没有说出时间概念。如果是近现代的新疆,说包括伊斯兰在内四种文明交汇当然没有问题;但就新疆的古典文明而言,其"黄金时代"应该是"伊斯兰到来之前"的事。如果说真正意义的敦煌文化或者是敦煌的文明,实际上与伊斯兰一点关系也没有。因为不仅敦煌古代的历史文化内容中没有伊斯兰成分,而且在新疆地区也有一样的存在。

古人云"行成于思毁于随"。从事学术研究,无论是实证还是思辨,都不能不动脑筋思考,不能没有起码的是非观念,特别是不能拘泥于一两个人的一两句话的限制,特别是不能盲目崇拜名人。

这里附带说一点:杜绝垃圾文章,从《敦煌研究》做起。这也是份责任,一项使命。多年前,和同行谈起这事的时候,有位专家动情地说:敦煌研究搞了一百多年,成就显著;但是垃圾也不少,怕是再有一百年也清理不完。看看这些年各处所出的一些粗制滥造的东西,和不断涌现出来那些"大师""名家",那些不仅是让人啼笑皆非,更重要的是亵渎敦煌,糟蹋敦煌,让人心里流血!当然,之所以有那么多垃圾,说到底,还是对敦煌这份老祖宗留下的文化遗产的价值意义认识不足,只是利用它来追求名利。

(三)突破"先入为主"与"画地为牢"等旧习——研究高度的提升

先入为主,主要是指由大师们定调,不能超越。而在这方面,抱残守缺似乎成为进入这个行业都必须遵守的规则。不能有新突破,不能对大师的哪怕是错误百出的说教有一点点的质疑。

一些具体问题的研究中也存在先入为主的问题。比如说考证石窟内容,一般是都从汉文佛经中找根据。石窟早期的壁画绘制不一定都是依据汉文佛经,因为当时好多佛经还没译成汉文,但这并没有影响壁画绘制及汉文榜题的书写。早期壁画中没有大段的经文,只有一些佛名,可以在绘制时临时翻译并题写于画壁。所以我们看到一些佛名题榜与后来"正规"的译本还是有所区别。另外,至少在北魏前期之前,从事敦煌及整个河西地区石窟营造的高僧、僧团及工匠团队,基本上都是来自西域,敦煌本地除个别僧人之外,其他人基本不参与石窟营造。石窟中有中原和本土风格的壁画出现,是北魏后期以后的事。先辈专家们如段文杰、史苇湘等,在论述敦煌壁画的民族风格的时候,所列举者均为北魏后期以后的例子,具体地说,是莫高窟第249、285窟壁画的例子。而这种风格的绘画,在敦煌及河西地区的墓葬中,在早于壁画200年前的西晋时代就出现了。

再说画地为牢。

就是对我们的研究对象的内容有一些需要重新认识。以往的敦煌文献研究,各个领域都有点跑马圈地的倾向,自己的范围不让别人侵入,自己也不去碰别人的领地。比如说敦煌文书的性质方面,不能一直受制于传统的类别、类型的限制。我这里举敦煌的"社邑"与"契约"文书为例。这是我前不久在一个契约文献研究的会议上发言的一部分。之前的研究中,这两类文书还是分得比较清楚,各作各的。但社邑文书实际上也都是真正的契约文书。这一点前人的研究也意识到了,包括敦煌契约研究的大师沙知先生,以及后来者王旭、孟宪实、乜小红等。但所有这些都只是羞羞答答、遮遮掩掩地提一下,说的都不是理直气壮。也可能是社邑文书研究的团队实力强大,传承有序,集大成者又是大腕,所以做契约文书研究一般不去碰他。即使是明明知道那都是真真切切的契约,但也是望洋兴叹。不仅如此,被学界认定为会计文献或经济文书的,好多都有契约性质。

更为重要的是,敦煌的社邑文书和其他的契约文书体现了中华民族的传统道德与家国情怀,比如五常八德,扶难济困、协作进取等等方面,比起西方文明社会的"契约精神"内容丰富,境界崇高。这些内容,最直接地体现在社邑一类的契约文书之中。

在不久前举行的"讲信修睦——西域契约文书研究学术研讨会"上,法学专家蒋浩教授的一席评语更值得深思:"对敦煌契约的研究,要在深入挖掘敦煌文化和历史遗存背后蕴含的哲学思想、人文精神、价值理念、道德规范的前提下,还要结合我国当下的民事立法特别是去年刚刚通过的《民法典》相关立法精神及立法原则做比较研究。重点集中在民法典合同篇部分的立法精神。2020年通过的《民法典》主要体系及结构是依据大陆法系的德国立法体系,但立法精神及契约(合同)精神,要结合敦煌契约的研究成果,倡导本民族的民事契约精神,最好有具体条款及案例的比较研究;要将敦煌契约精神放在当时的社会背景下进行法社会学的研究。同时,通过具体契约订立的内容,研究唐代社会的边疆立法及社会发展状况,如果能结合《唐律疏议》中的具体内容来展开研究,则显得内容更加丰富,研究问题更加深入。对新时代的社会主义法律建设(特别是民法)方面有重要的参考价值意义。"

敦煌研究领域内,社邑文书也好,契约文书也好,之前都是单打独斗,更不要说和法律文献结合在一起研究了。在国外的一些研究中,这类文书也是多以社会经济文献进行整理研究。忽视了社邑文书作为契约和法律文献的性质,研究的深入显然是受到了限制。蒋先生从一个全新的视角提出敦煌契约文献对新时代社会主义法律建设方面的借鉴作用,为我们开拓了新的研究视野,可以进一步彰显敦煌历史文化对社会进步发展的意义。

学术研究是没有止境的。你从自己的角度看,好像没什么可做的了;但别人从另外一个角度可能会发现许多需要做的东西;你的领域做完了,别的领域也许才刚刚开始。所有的工作,文献整理也才是第一步的基础性工作;而多学科、多视角正是当代的学术潮流。我们不能因为自己不是从事其他学科研究的,就不允许或看不惯别人从其他学科的视角进行有意义的研究。现在学科这么发达,你是从自己的专业角度看没什么可做的了,而别人从他的专业角度看会发现很多有意义的问题需要做;你觉得从你的角度已经做得差不多了,别人从他的角度来讲可能才刚刚开始。当然,我这里不只是指社邑或契约或其他的经济文书,所有的敦煌历史文化都可以多角度、多学科地进行研究。还有一个门派师承问题,学生们都是站在老师的肩膀上的,所以学生们就应该看得更高更远,在学术研究方面,包括师生共同的研究领域内,能有不断的创新和突破。

(四)"五重证据法"与"五幕背景"——拓展历史与艺术的研究方法

对历史研究而言:

在历史学的方法方面，一百多年来一直奉行的是"二重证据法"，主要讲的是传世文献与出土文献的结合研究，虽然因为有了出土文献而比起几百年前的乾嘉考据学进步了一大截，但实际上走的还是一条从文献到文献的路。一百多年来，学术事业在不断进步和发展，二重证据法显然已经不能适应学术研究的要求，而需要新的起点来重新审视。为此，我将自己在二重证据法基础上梳理而成并一直倡导的"五重证据法"在这里加以整理，供大家参考：

1. 传世文献：仍然是第一重证据，提供研究对象的主线，但也有真伪问题需要辨别。

2. 地面遗存：主要是地面上的历史文化遗迹，是历史与社会的直接记录，应该排第二。可能是零星的，不系统的，研究需要借助于其他文献的文献佐证。

3. 出土文献：文字和图像，以往主要是指文字数据；这里也包括了通过考古发掘而获得的文字及图像文献。

4. 考古资料：主要是通过田野考古发现的遗址、墓葬等，以及除文字文献和图像文献以外的出土文物。

5. 社会调查：用人类学的田野方法，深入社会现场，与当地人对话；根据历史遗存与当代现状由现世观往世。通过了解文化传承而从今人看古人。

也许运用了五重证据法，就能够让我们认识历史文化的价值意义。特别是在敦煌历史文化的研究中，更应该是行之有效的。

对艺术研究而言：

这里主要谈文化艺术背景方面的研究。作为人类古代文明中心象征的敦煌文化，至少也需要注重本土元素、外来影响的交流融合、社会发展阶段的时代特征（制度制约）、艺术家的个人条件，从而总结出发展变化的规律，也概括为五个方面的因素。

先说本土元素。常言说：一方水土养一方人。一方水土也培育出一方文化。本土的自然和人文环境是这个地区的文化基础，敦煌也不例外。敦煌的史前有相当于中原的青铜时代和石器时代的农业文化，有游牧民族文化的遗迹和人类早期活动的轨迹。西汉开发以来，铸就了本土文化的根基与特色；在魏晋南北朝时期得到稳步发展，隋唐尤盛。敦煌石窟为我们展示了北朝时代的大漠交通奇景，隋唐盛世的繁荣景象与戈壁烽烟，归义军时代的社会风情，各民族时期的民族风貌等等，以及在各个时代的制度制约下的演变，展现了这块地域一直是个"特区"——无论是中原王朝辖下，还是民族政权治理；而作为独立小王国则更凸显其本土特色。莫高窟第 148 窟唐代壁画中的先秦马车图像，更是蕴含着丰富的民族情怀。

再说外来文化和来源、影响和交流、融合。敦煌的地理环境与交通条件在东西方经济文化交流方面得天独厚，历史上由于地广人稀，家族间的各自为政，在文化方面没有形成强大的排外能力，这就给外来文化提供了生存土壤和发展空间，所以在敦煌石窟早期从事营造活动的都是西域来的僧侣与工匠团队；但外族入侵影响到生存则是另一番景象。如，北朝早期艺术受外来影响的交融与逐渐渗透；而北魏统治者自己有个改制和汉化的举措，这样就在敦煌地区形成了一个包容的传统，让敦煌敞开了千年的宽阔胸怀，造就了海纳百川的包容精神，成为中华民族宝贵的精神财富。而且这个由自然和人文环境造就的包容精神，为我们和子孙后代留下了取之不尽、用之不竭的文化精神财富！外来交流的背景在敦煌研究中是无法回避的，各个时代的文化艺术都打上了交流与整合的烙印。

第三是时代特征，包括制度制约。发展进步中的人类社会，包括改朝换代在内，每一个阶段的制度制约与时代特征，这些时代特征都明显地表现在文化方面。敦煌石窟和出土文物就是这两千年的各个朝代、各个时代的表征。如北魏时代：大镇的治理及其影响，民族汉化特色，恢复汉晋文化，莫高窟第 249 窟内展示；隋唐盛世的中原文化，吐蕃文化与各民族文化，归义军时代的唐文化，藏传佛教与党项、蒙古文化等等。每一个时代都有自己的特征，反映的是各种不同的制度，文化受到各种制度的制约。

第四是个人因素。每一位艺术家，不管他处在什么时代，无论他处在什么样的背景下，受到什么样的制约，只要他是在从事艺术活动，或多或少还是有些个人的因素表现，包括个人的信仰观念、技艺才能以及愿望等，都会发挥和表现出来；不过在外界宽松时发挥的多一点，外界严酷时发挥的少一点。

第五是敦煌历史上文化艺术发展变化的规律。任何一种文化艺术，都会因为上述四个方面的原因而发生种种变化，但是这种变化是有规律可循，这个规律就是这种文化艺术传承的主线到脉络，万变不离其宗，螺旋式地前进和大时空下的回归，等等。这些我们在敦煌都看到了，比如儒家思想两千年的统治地位基本无动摇，佛教和道教在敦煌社会的共存与共识等，都是在研究中不能忽视的现象。

无论是历史还是艺术的研究，都是研究人的学问；在敦煌来讲，都是和古人对话。所以，人类学的方法十分重要。敦煌研究领域内所有的学科，包括历史、艺术、宗教等文化，都可以用人类学的方法来深入研究，即可以得出准确的认识。

这些年，研究工作从西方引进很多新的学科概念，体现出学术与国际接轨，与新型学科接轨，但需要看准中国古人的智慧与现代学科的关系。西方新型学科的方法手段，在中国古人手里就已经驾轻就熟了。如艺术设计，中国古代叫经营位置。引进西方学术研究的新观念，从西方人的角度审视敦煌历史文化，可以让中国古人的智慧和创造国际化、现代化，让更多的人认识中国古人的伟大，这也是一件好事。

有许多新的概念,对局部和细节的研究有一定的帮助作用,也可以借鉴。但也有很多五花八门的名词,并不一定适合于敦煌历史文化研究,所以需要区别对待;或者说,有一些超前的观念,当下并不一定得到认可,但若干年以后历史也许会证明它的真理性。

学术乃天下公器。任何工作都会有出错的问题,学术研究也一样。学术是追求真理,是一个不断学习和探索的过程。百花齐放,百家争鸣;通过争鸣而发现真理,认识真理,坚持真理,改正错误。敦煌研究也不例外:老祖宗留给我们的太多太丰富,这就需要我们一直把研究工作进行下去,弘扬真善美,剔除假恶丑,在学术研究的过程中不断有所发现,有所创造;在追求真理的道路上不断迈上新台阶,开创新局面。

(五)敦煌遗书数据库建设与海外敦煌文物的数字化回归

习近平总书记 2019 年 8 月 19 日的敦煌讲话中专门强调:"敦煌文化属于中国,但敦煌学是属于世界的。把莫高窟保护好,把敦煌文化传承好,是中华民族为世界文明进步应负的责任。希望大家再接再厉,努力把(敦煌)研究院建设成为世界文化遗产保护的典范和敦煌学研究的高地。""(敦煌)研究院要坚持引进来和走出去相结合,开展多种形式的国际性展陈活动和文化交流对话,展示我国敦煌文物保护和敦煌学研究的成果,努力掌握敦煌学研究的话语权。要通过数字化、信息化等高技术手段,推动流散海外的敦煌遗书等文物的数字化回归,实现敦煌文化艺术资源在全球范围内的数字化共享。"作为党和国家的最高领导人,这样关心一个单位的发展,确立两大奋斗目标,并专门就一项学术研究工作下达具体任务,在敦煌研究及整个中国学术史上都具有划时代的意义。

敦煌藏经洞文物出土后,由于保管不善,大部分流出敦煌,散落多处,保留在国内的部分散布于多个省份公、私藏家,流散域外的部分主要收藏于英、法、俄、日、美等多个国家,海外各国藏品的总量占到了全部文物的百分之六十。文物的流散虽然开启并壮大了后来被誉为世界显学的敦煌学，但也为相关资料整理和学术研究工作带来了极大的不便，这一问题在文献的故乡，同时也是敦煌学主要研究国度的中国表现得尤为突出。在过去很长一段时间里，国内学者研究文献主要依赖于经过整理刊布的纸本再生文献，后晚些时候的缩微胶卷。20世纪80年代初，法国学者已经着手探索计算机文献信息处理技术，从而开启了敦煌文献数字化整理和研究的先河。90年代以来，在海内外陆续启动了多项涉及敦煌文献的数字化工作，其中多国联合的国际敦煌项目（IDP，总部设在英国国家图书馆）成就尤为突出，国内也在相关各项目的基础上推出了规模不同的数据库。这些项目和数据库的出现，为敦煌文献的保护、整理和研究带来了很大的便利。

搜集整理全球敦煌遗书的信息资料，一直是敦煌研究院的主要工作之一。早在20世纪40年代敦煌艺术研究所成立之初，这项工作就和石窟保护、美术临摹与研究等同步进行。1980年敦煌文物研究院成立敦煌遗书研究室，1984年升格为敦煌研究院敦煌遗书研究所，1994年改为敦煌研究院敦煌文献研究所。也是从那个时候起，敦煌遗书的数字化工作也随之启动，先后有敦煌遗书总目索引新编、敦煌遗书人名索引、敦煌历史文献集成等小型数据库的尝试。2000年出现的"让敦煌文献回归故里"的响亮呼声，给人们提供了用数字化的形式先实现文献资料回归的有益启示。之后有敦煌研究院敦煌文献研究所以及国内外相关机构先后建立不同类型的敦煌文献数据库，但各方面都明显不尽如人意。2009年法国国家图书馆先行一步，将所藏全部敦煌汉文文献的数字图片在其馆内网站上进行公布，同时也积极共享到国际敦煌项目之中，但在使用方面还是无法满足学界及敦煌爱好者的要求。2015年4月26日，法国国家图书馆向敦煌研究院赠送法藏敦煌文献的数字化副本，并授权于非商业领域无偿使用。此举意味着敦煌文献首次以高清数字彩色图像的形式实现虚拟化回归,开启了海外敦煌文献回归的新时代。

2012 年 10 月,以敦煌研究院文献研究所时任所长马德(即笔者)为首席专家的研究团队,通过竞标拿到国家社科基金重大项目《敦煌遗书数据库建设》,项目内容分敦煌遗书的基本信息、数字图片、录文和研究文献四大部分。在申请投标书和 2013 年 1 月的开题报告中,明确提出本项目是为学界提供完整的敦煌遗书数据和敦煌文物的数字化回归两个方面的意义;同年,笔者发表论文《敦煌文物数字化之我见》,向世人公开了本项目在这两个方面的重大意义。

国家社会科学基金重大项目《敦煌遗书数据库建设》分敦煌遗书数据库理论研究、敦煌遗书数据库关键技术研究及软件系统开发、敦煌汉文遗书库、敦煌藏文遗书库、敦煌遗书研究文献库和数字化成图像摄影采集和数字图像编辑工作等六个子课题,在对敦煌遗书数据库建设的目的、意义、方法、手段及其前景分析等方面探索的基础上,开发完成了敦煌遗书数据库软件系统,支持敦煌遗书的录入、检索浏览、输出等管理与使用功能,具体包括数据录入功能、检索浏览功能、输出功能、数据库维护功能等,为其他子课题的研究成果数据入库提供了技术支持;此外还开展了遗书缀残技术研究,实现了遗书残片关联检索功能; 完成敦煌研究院及甘肃省内藏敦煌汉文遗书 700 余件的基本信息、数字图片 4300 幅的编辑、录文(约 3000000 字)等全部数据;完成国内外各地(中国国家图书馆、英国国家图书馆、法国国家图书馆、俄罗斯艾尔米塔什博物馆等)藏敦煌汉文遗书 60000 件的全部基本信息和部分录文(计约 21000000 字);完成敦煌研究院及甘肃省内藏敦煌藏文遗书 6700 余件的基本信息、数字图片编辑、录文(约 1100000 字)等全部数据;完成国内外各地(中国国家图书馆、英国国家图书馆、法国国家图书馆等)藏敦煌藏文遗书 7000 件的全部基本信息和部分录文(计约 500000 字);完成敦煌藏经洞开启以来全球各地有关敦煌遗书研究文献的搜集和整理,计 70000 余条,500 万字;整理编辑甘肃省境内所藏敦煌汉、藏文遗书数字图片 80000 余幅,已全部导入数据库平台。完成甘肃境内 17 家收藏机构(或单位、个人)藏敦煌汉文遗书研究文献著录,计 31000 余条,160 万字;同时出版了《俄藏敦煌文献叙录》,全球第一部全彩印大型敦煌文献图录《甘肃藏敦煌藏文文献》,工具书《甘肃藏敦煌遗书研究文献引得》);分类整理《敦煌历史文献集成》《敦煌草书写本识粹》系列也启动了出版程序。

相对于本领域已有研究成果,《敦煌遗书数据库建设》项目具备以下特色和独到贡献:一是理论创新。及时总结经验,并针对新发现问题提出相应对策。通过更加广阔的视角,系统探讨了涉及敦煌遗书数字化及敦煌学数字化的基础问题,为项目推进和今后开展同类项目建设提供了有益的理论依据。相较于既往研究,本项目理论研究成果由于密切结合数据库建设的具体实践,具有较好的实证性和可行性;同时由于相关基础研究涉及面广泛,考察深入,再结合之前已开展的、与项目相关成果具有传承关系的前期研究成果,其结论也更具先进性、系统性和前瞻性,敦煌学网、海外藏遗书数字化回归、遗书数字化演进相关阶段划分等论述都是显例。二是平台创新。利用先进高科学技术,采集敦煌遗书的高清数字图片为适合原始格式、数据库存储、出版、网页上传浏览阅读以及展览展示等不同要求的图像格式;敦煌遗书数据库软件系统,支持敦煌遗书的数据录入功能、检索浏览功能(包括统一全文检索各元数据字段的单个/多个并发条件检索遗书图像的放缩与快速浏览、图像与录文的对照浏览)、输出功能,以及数据库维护功能;为其他子课题的研究成果数据入库提供支持。三是完美性。建成后的"敦煌遗书数据库"的主要内容分为遗书基本信息、遗书数字图像、遗书全文录文和遗书研究文献信息四大部分,广大专业工作者和敦煌遗书的爱好者们随时随地都可以轻松、方便、快速地从中找到需要的任何信息,其中汉、藏文遗书的录文及直接检索和复制使用是一般数据库所不具备的。2021 年 5 月,经全国哲学社会科学规划办公室批准,由甘肃省社会科学规划办公室和敦煌研究院聘请国内专家对《敦煌遗书数据库建设》项目进行会议评审鉴定。

《敦煌遗书数据库建设》已经取得的成果与实际计划和要求相比,还有很大不足:主要是敦煌藏经洞出土遗书数量庞大,国外各地藏敦煌遗书数字图像难以获得,国内其他机构的藏品也同样一图难求;数字图像采集巨大,后期图像编辑处理、研究成果的入库等,需要超高的多学科的数字技术;加上工程庞大而且十分耗时,都需要大量的人力资源;敦煌遗书中的录文数据一般都是通过向各个学科各方面的专家征集才能获得。所以本数据库目前的数据只不足总量的十分之二。但无论如何,该项目的成果为全球敦煌文物的数字化回归奠定了坚实的基础。

习近平总书记代表党和国家,为我们下达了做好敦煌文物数字化回归这一光荣而艰巨的任务,为"敦煌遗书数据库建设"及相关工作提供了强大的政策支持,也为我们下一步的工作指明了方向。无论是作为文物保护的典范还是敦煌研究的高地,敦煌藏经洞文物的数字化回归和数据库建设都至关重要。因此,为了尽快全面落实习近平总书记的指示,《敦煌遗书数据库建设》项目结项之后,在敦煌研究院的支持下将继续进行。新一轮的"敦煌遗书数据库建设"项目将在原基础上,扩大数据采集范围,充实项目团队,增加项目内容,扩大项目规模,以建成资料完备、功能齐全、技术先进、使用方便的敦煌遗书数据库,用数字化的形式实现敦煌遗书的"团聚",为全世界的研究者和敦煌文化爱好者提供全面、系统、可靠、翔实的共享资料。具体的目标和内容是:中国和世界各地所藏敦煌遗书数字化(基本信息、图片、录文、研究文献信息等)与整理,基于以上数据的强大的数据库平台建设与维护,与敦煌藏经洞文物数字化回归及数据库建设相关的理论研究。具体内容包括:敦煌遗书的数字图像采编,敦煌遗书数据库平台建设,敦煌汉文遗书全文数据库,敦煌藏文遗书全文数据库;新增敦煌回鹘及粟特等民族与外文遗书全文数据库。立足于现有的条件和基础,先将甘肃省境内的各种文字的敦煌遗书数据做完整,同步进行国内外敦煌遗书基本信息、图片、录文、研究文献信息的采集,并导入数据库平台。同时,在数据库建设的基础上,分类编辑出版敦煌遗书的纸质文本;有条件的时候,全部彩印出版敦煌文献图录。

"敦煌遗书数据库建设",是贯彻落实习近平总书记关于将敦煌研究院建成文物保护典范和敦煌研究高地的标志性工程之一,也是全球敦煌文物数字化回归的基础工作。我们相信,有党和政府的大力支持和项目团队的共同努力,我们一定能够完成这一历史使命,给习近平总书记、国际敦煌学界及广大爱好敦煌文化的人们交上一份满意的答卷。

参考文献:

[1]习近平:《在敦煌研究院座谈时的讲话》,《求是》2020年第3期。

[2]《习近平在中央政治局第二十三次集体学习时强调建设中国特色中国风格中国气派的考古学,更好认识源远流长博大精深的中华文明》,《人民日报》2020年9月30日。

[3]史苇湘:《敦煌历史与莫高窟艺术研究》,甘肃教育出版社,2002年,第124—136页。

[4]季羡林:《敦煌学、吐鲁番学在中国文化史上的地位和作用》,《红旗》1986年第3期。

[5]马德:《敦煌文化遗产数字化保护之我见》,《敦煌学辑刊》2013年第2期。

(《敦煌研究》2022年第1期)

前辈楷模

神圣的使命　执着的企求
——纪念敦煌艺术与学术先辈大师
史苇湘、欧阳琳伉俪

一

　　敦煌研究院的老辈专家史苇湘、欧阳琳伉俪，先后于 2000、2016 年的岁首，扔下他们毕生为之奋斗的敦煌事业而撒手人寰。作为后学，缅怀二位老人的丰功伟绩，追忆与他们一起度过的岁月和受到的教诲，思念之情久久不能释怀。

　　1943 年 9 月，四川省立美术专科学校迎来了新一届的青年学子，其中就有 23 岁的史苇湘和欧阳琳；开学不久，被后世誉为国画大师的张大千先生带着他和弟子们在敦煌的石窟壁画临本两年零七个月，在成都举办"临抚敦煌壁画"展览；大千从四川艺专借调了部分学生进行短暂培训后充当展览的讲解员，史、欧二位有幸参与，这就让他们与敦煌结下了不解之缘，而且也为他们的结合奠定了基础。史苇湘后来说："在我三灾八难的一生中，还没有一次可以与初到莫高窟时，心灵受到的震撼与冲击可以比拟，当时我回忆起 1943 年在成都为张大千先生'临抚敦煌壁画'展览会上服务时，见到那些大幅壁画临本，如何使我动心，大千先生对我说'要做一个中国画家，一定要到敦煌去。'……也许就是这一点'一见钟情'和'一往情深'，造成我这近五十年与莫高窟的欲罢难休……"所以两个人在艺专毕业后谁也没有犹豫,直接奔赴敦煌。欧阳先生是1947年按期毕业后先到敦煌,史先生则是在1944年参加远征军奔赴中缅抗日前线,一年后回学校,于1948年完成学业直奔敦煌的。共同的执着追求和神圣使命,成就了他们共同的事业和美满的家庭,让他们为敦煌、为艺术、为国家和民族贡献了一生,为后人留下了丰富而宝贵的文化、精神财富,也为后来的学子艺匠们树立了光辉的典范。当然,他们更是我本人最为敬仰的恩师和忘年之交。今逢丁酉清明前夕,敦煌研究院在莫高窟为史、欧二老举行骨灰安放仪式之际,在之前撰写的纪念文章的基础上,草拟此文,以志纪念。

二

我是1978年10月在赴敦煌工作途中与史先生相识的,先生是我见到的第一位敦煌人。史老师作为老一辈的敦煌研究专家,在为人、治学方面所表现的崇高品德和献身精神,以及他给我在学业上的精心指导和谆谆教诲,永远激励我在人生道路上开拓进取。

史苇湘老师1924年出生于四川省绵阳市,青少年时代一直在求学,十八岁开始学习绘画艺术。1948年8月,24岁的史苇湘怀着对中华民族传统艺术的炽热之情,践行与欧阳琳的约定,来到远在大西北沙漠中的敦煌,开始了他一生执着追求的敦煌艺术事业。50多年来,他将自己融入敦煌的历史长河之中,融入敦煌石窟之中;将对敦煌炽热的感情化为研究工作中的历史使命感和社会责任感,以及这些感情驱使下崇高的敬业精神。他将全部的精力投入敦煌文物保护、敦煌壁画临摹、敦煌石窟内容调查、敦煌历史、敦煌石窟艺术史及艺术理论研究等工作,以及在长期担任敦煌文物研究所资料室主任和敦煌研究院资料中心主任期间,对敦煌研究院资料中心的建设和敦煌学术队伍的建设等事业中,一个人做了几个人的工作,从不计较个人的名利得失,为敦煌事业默默地奉献了一生。共临摹壁画 300 余幅,发表学术论文 80 余篇,已出版和即将出版的专著及各类画册、图录、资料辑录、论文集共 10 多种。先生的论文是在他去世后,根据生前的意见,选编为《敦煌历史与莫高窟艺术研究》于 2002 年出版;2012 年又编辑出版《陇上学人文存·史苇湘卷》。

敦煌研究院的工作分保护、研究和宣传三大块。文物保护工作是每一位敦煌工作者的责任,不管从事何种专业,不管是什么时候、什么情况下,只要在莫高窟,便都要自觉担负起石窟文物保护的责任。史苇湘先生从 1948 年到莫高窟起,更是以文物保护为己任,与敦煌研究院同仁一道,在极其艰苦的生活环境与工作条件下,主动承担起了文物保护的重任。特别是在"文化大革命"时期,全国各地的文物古迹都遭到不同程度的破坏,而敦煌石窟在研究院全体工作人员的保护下完好无损。当然,这里面饱含着敦煌研究院广大干部群众的辛劳与酸楚。

史老师的工作,除了与大家共同承担的文物保护以外,主要分壁画临摹、资料整理和理论研究三个方面。史老师成就敦煌事业的基础也主要是三个方面:壁画临摹、雄厚的文史功底和对敦煌资料的熟悉。

史苇湘先生是学油画出身,但他到敦煌后一直从事壁画临摹工作,工作间隙也从事一些创作。他的作品富有时代气息,1956 年在全国美术作品展览中曾获得二等奖。但他对壁画临摹非常投入和执着,他和段文杰、李其琼先生临摹的敦煌壁画被公认为一流水平,多次发表和在国内外展出,受到美术界极高的评价;史先生是以壁画临摹作为敦煌艺术与历史研究的起点,在长期的工作实践中认识壁画、认识艺术,通过壁画认识中国古代社会等方面,总结出一套系统的壁画临摹方法和理论,在中国乃至世界美术史上独树一帜,贡献非凡。先生曾几次对笔者提出学习绘画技术与理论的建议,但我天生愚钝,身上没有艺术细胞,不仅辜负了先生的期望,而且也是很自然地影响到研究工作的进步。恩师姜伯勤教授多次对笔者说过,如果史老师现在去画画,那一定会创作出了不起的惊世和传世名作!姜老师的话无疑也是科学的判断。遗憾的是,史老师晚年潜心于理论研究工作,直到逝世也没有能够再操起他心爱的画笔。1999年11月底,笔者又一次陪姜老师去看望病中的史老师。当时史老师已因中风失语达半年之久,住在长女史敦宇家中。他曾几次挥动着尚能活动的左臂,指着墙上挂的史敦宇同志临摹的画,似乎是运足全身的力气,反复说道:"画画!画画……"今天,回顾史老师一生以绘画、临摹壁画为基础的艺术和学术成就,对他老人家一生那样钟爱事业的心情,也就不难理解了。

史老师非常钟情于读书,博览群书,通晓中外,纵古横今,又智力过人,记忆超凡,随口即能说出古今中外从人类起源、四大文明古国、希腊罗马、文艺复兴、西方艺术哲学,从柏拉图到康德,从黑格尔到贡不里希;三皇五帝、夏商周秦、汉魏晋隋、唐宋元明清、民国、新中国的历史人物、历史事件、经济变化、政治军事、诗文辞赋、名胜古迹甚至每一本书、每一幅画、每一首诗。被人们誉为"活资料""活字典"。而史老师对敦煌的资料熟知到无以复加。他对五百多座石窟的内容如数家珍,随口即能说出一幅画;对敦煌的历史,大到改朝换代,小到某一平民百姓的生活活动,都能讲得十分详细和具体。他一生中都在调查石窟资料与敦煌史地资料,他曾多次对笔者及一些年轻的同仁们说过他多年在洞窟中抄写题记的情景;即使是在"文化大革命"时下放到乡下"劳动改造"的过程中,他也没有放松对敦煌历史地理的考察;他第一个提出敦煌代家墩古城为汉敦煌郡效谷县城遗址的论断!更早一些的是在50年代后期,因为在研究方面无人能替的角色,幸免了去"农场"劳动教养甚至葬身大漠的命运,只在莫高窟从事农事体力劳动,研究有需要则招之即来;这就是我们今天还能看到他还没放下地里的活,甚至连衣服都来不及换,就坐在桌前研究壁画的情景,真是令人百感交集!

在敦煌壁画内容的辨认方面,史老师的贡献是不可磨灭的,特别是其中一些有重大历史价值的内容(如"曲辕犁"),一些重要的经变(如《福田经变》),脍炙人口的故事画(如《微妙比丘尼缘品》《刘萨诃》等佛教史传故事等等),都是史老师最先发现的。正是资料调查工作和壁画临摹工作这两大研究领域里的突出成就,使史老师始终处于敦煌研究的前沿阵地,敦煌研究又是 20 世纪的显学,而集敦煌研究院几代学者的心血,最终以史老师为主完成的《敦煌莫高窟内容总录》,史老师制作的《敦煌历史大事年表》等等,这些基础工具书,不仅在敦煌历史和敦煌石窟内容方面为后来的研究者奠定了坚实的基础,而且也具有指导作用。

史老师治学严谨,富于开拓和创新。对敦煌艺术理论的研究,刻苦钻研,孜孜不倦,用他自己的话说,他一直都在做基础性的研究。他的资料工作是基础研究工作,他的敦煌研究理论也同样是基础理论。在敦煌研究基础理论方面,先生有三大贡献:第一,本土文化论。史先生提出并一贯坚持敦煌文化是以汉文化为根基,不断吸收、改造、融合外来文化所形成的具有地方特色的本土文化的理论,特别强调中古代敦煌人的信仰和审美心态的新思路,同时也涉及国内其他地方的佛教艺术研究。先生常说,一方水土养一方人,一方人养一方神,就是宗教艺术本土文化论的形象概括。第二,石窟皆史。史老师将石窟作为历史来读,用石窟论证历史,用历史说明石窟。他经常说,敦煌石窟装着中国古代一千年的历史和社会。他仔细地考察和精辟地分析过每一个时代所建造的每一座石窟,甚至每一幅壁画、每一尊塑像的社会历史现象。并将这些现象与敦煌文献的记载结合起来研究。第三,敦煌艺术社会学。西方学术界关于艺术社会学的理论,关于文化艺术与社会制度、组织关系的理论,史老师早就已经成功地运用于敦煌石窟艺术和敦煌历史文化的研究之中,史老师通过临摹和调查,从石窟中看到了中国古代社会的方方面面,进而上升到理论高度作深入研究,将石窟的内容及艺术形式置于各个时代的社会大环境中,全方位、深入细致地考察敦煌文化的历史背景。他还在探讨敦煌石窟艺术与敦煌文学作品相互关系的基础上,一起将其纳入这一文化史领域里作了深入研究。可以说,在敦煌文化艺术理论的研究方面,史先生的成就和贡献是开创性、突破性的。特别是在中国大陆,史先生的研究,不仅顺应和赶超世界学术潮流,而且对今后敦煌石窟艺术研究仍有启发和指导意义。早在 1980 年,日本敦煌学专家代表团访问敦煌,史老师挥毫为著名敦煌学家、《中国古代籍账研究》一书的作者池田温先生赠诗一首:"残篇断简理遗书,隋唐盛业眼底浮。徘徊窟中意无限,籍账男女呼欲出。"这不光是一首即席赠诗,它里面包含着十分广博的敦煌研究理论及方法的内涵。

史先生在研究中,特别是一些理论性的论文,在理论和方法方面,如本土文化论、石窟皆史论、艺术社会学、艺术哲学甚至人类学等方面都相互交叉,相互印证。如先生晚年力作《临摹是研究敦煌艺术的重要方法》,不仅仅是讲临摹工作本身,实际上是敦煌石窟艺术研究理论方法的总结。史先生论著的大部分章节,都发表于 20 世纪80年代,写作时间更早一些;而当时的研究条件是十分有限的,首先是资料的匮乏,特别是连敦煌遗书的资料都很难看到;再就是基本上没有什么研究经费,没有办法出去考察。大概没有人会相信:研究了一辈子敦煌石窟艺术的史苇湘先生,连新疆都没有到过,没有看到过吐鲁番和龟兹石窟!另外,先生一直是个人孤军奋斗。整理资料、临摹壁画、博览群书、慎思明辨,史先生一生就是在这样的勤奋中度过。他整理的敦煌石窟资料为后来的研究奠定了坚实的基础；史先生成功地创立并运用敦煌本土文化论、石窟皆史论等完整的敦煌历史与艺术研究的理论体系，并始终站在国际学术的前沿阵地，在长期从事壁画临摹、熟知敦煌艺术内容的基础上，得心应手地运用各学科的方法手段研究敦煌石窟佛教艺术。史先生的研究成果在今后一个较长的时期内将在敦煌学术领域内有重要的指导作用。

史先生的学识不光是保存在自己的记忆里，而是更多地嘉惠他人。我就是史先生的受惠者。对很多人来说，有了史先生，会省去对浩如烟海的史籍的翻检之劳和对壁画的追寻之苦。史先生对每一个热爱、学习和研究敦煌的人，都是这样毫无保留地传授自己平生所学，真正做到了"学而不厌、诲人不倦"。史先生受聘兼任许多学术团体的领导职务。五十年间，他曾为数以千计的美术家、历史学家、考古学家、文学家、艺术家们讲解敦煌石窟艺术，耐心而准确地回答他们提出的各类专业问题，帮助他们学习和掌握敦煌文化艺术的真谛。他曾为国内外专业人员举行过百余次学术演讲，在敦煌石窟艺术的继承、借鉴、弘扬、创新等方面做了大量的启蒙、指导和帮助、提高工作。他像蜡烛一样燃尽了自己，照亮了别人。多年来一直在国内外享有盛名的舞剧《丝路花雨》就凝结着先生的巨大心血；先生的教诲和精神，一直是这出剧的编导和演员们永久的话题。类似的例子还有很多。应该说，二十多年来，无论是国内还是国外敦煌学的成果，至少有一半是在史先生奠定的基础上进行的；至少一些以别人名义出的成果，都凝结着史老师的心血和汗水。史老师的成就、贡献及精神、情操，堪称敦煌研究的一代尊师、学界典范。

史老师不仅在敦煌学事业方面锲而不舍，同时也在人生的道路上不断进行自我完善。他具有强烈的民族自豪感和责任心，青年时代就参加民族解放运动；后来尽管两次受到不公正待遇，但他并没有动

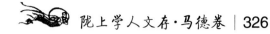

摇对党的信念和对祖国前途的希望。1985年6月,先生在年逾花甲之际,光荣加入了中国共产党。实现了他多年的夙愿。他曾经当选为甘肃省第六届人大代表。尽管他的研究工作受到各方面条件的限制,但他从来没有忘记自己担负的社会责任与历史使命,并将其与中国共产党人的远大理想结合起来,精神境界得到升华,研究水平也一直在不断提高,实现了完美的人生价值和意义。

三

和史苇湘老师相比,欧阳琳先生的经历稍为单纯一些。欧阳先生1924年出生于四川彭县,1947年毕业于四川成都省立艺术专科学校,同年9月经导师沈福文先生推荐,与四名同学长途跋涉一月余来到敦煌莫高窟,成为敦煌研究院一名美术工作者,从事敦煌壁画临摹和研究,直到1986年以副研究员职务退休。欧阳老师从事壁画临摹工作五十多年,包括退休后的前十三年,她一刻也没有停下手中的画笔。她的绘画工作就只有壁画临摹这一项,这就是说,她一生就专心致志地做着一件事,而这是一件需要几十代人才能做完的事,又是一般的美术家们极不愿意做的事。从事绘画的人一般都自称或被称为艺术家,而欧阳老师和她的同事们都自诩为“画匠”,她心甘情愿地一辈子做画匠,一辈子默默地从事着敦煌壁画的临摹工作。她所临摹的敦煌壁画大小计1000余件,曾在日本、法国、苏联、台湾、北京、上海、兰州等地展览,并被日本、法国出版图录画册《中国敦煌壁画展》。主要著作有《敦煌图案》《敦煌纹样拾零》,合著《敦煌图案》《敦煌壁画线描集》《敦煌图案临摹本》《史苇湘、欧阳琳敦煌壁画选》《敦煌壁画复原图》等。在繁忙而又紧张的壁画临摹工作的间隙,也按照自己的方式从事敦煌艺术的研究工作,发表过一些敦煌图案研究方面的文章,在学术界和美术界都有较大影响。

欧阳琳老师来敦煌的那个时候,当时的敦煌艺术研究所全部工作人员只有十几个人,主要的工作就是壁画临摹。如果说大漠的风情让初来乍到的年轻人忽略了饮水困难、缺乏蔬菜的种种不适应,那么他们从事的壁画临摹工作也让人不再有与世隔绝的孤独沉闷。那些美轮美奂的艺术形象,让年轻的艺术家神游物外。一画入眼里,万事离心中。这一干就是四十年! 1986 年退休后,到 1999 年不幸腿摔伤前,她继续像上班时候一样临摹敦煌壁画。无论是住在敦煌还是在兰州,她的画室就在卧室旁,随时会拿起笔调上颜色画画。那 13 年里,"我整日临摹敦煌壁画,不停地放稿、修改、印稿、描稿、上色,再描最后一道提色线或定稿线描,完成每一幅画的所有工序,年复一年,日复一日,老伴活着的时候也协助我修改、上色,共同完成各类临摹画幅,这期间,大型、中型、小幅的敦煌壁画都尝试过、涉猎过,后来用面积计算过,这些临摹品有 100 平方米以上。使用的技法是略加整理,是研究性地临摹敦煌壁画,可以肯定的成绩和收获不小。13 年中,我整日站在画板旁边握笔图画,从宣纸到布画到绢上作画,我都使用过。"欧阳琳老师的临摹早已到了别人无法企及的地步,尤其是图案,几乎无人超越,已经成为一个不争的事实。临摹那么多,既不办个人展览,又不出画册,到底为什么?"就是喜欢它,觉得画着美丽,好看。还有,如果有一两天不临摹,心里就空落落的,只有拿起画笔,心里才会平静下来。"先生也经常这样回答亲友们、记者们的提问,或者时不时地自问自答。

从 2002 年年初开始,欧阳老师想到应该把自己一生的经历和对敦煌的认识写出来,介绍给大家;欧阳老师用了一句很时髦的话:换一种活法!她说,只知道临摹,不评价,是很遗憾的事。毕竟自己临摹过不少敦煌壁画,就以小品文的形式对壁画进行深一层、再深一层的探索和解释,让别人认识它并喜爱上它。所以开始就她在敦煌的经

历、对敦煌艺术的认识、对自己工作和生活的感受等方面，陆续写出
了一批短文，并配上她精心绘制的插图，先后分类编辑为《感悟敦煌》
《敦煌壁画解读》《敦煌图案解析》等著作出版。分别就敦煌的地理环
境与石窟艺术、敦煌壁画的内容和风格、敦煌壁画图案的种类与规律
性等问题，进行了系统的诠释，发表了独到的见解。稍微细心一点的
读者都不难看出，这三本图文并茂的著述，基本上是一气呵成；而且
深入浅出，通俗易懂。因为这不是普通的文集，它是欧阳老师一生心
血的结晶。它深入浅出地向我们介绍了敦煌艺术的丰富多彩，也向我
们展示着欧阳老师一生的忍性、悟性和为事业奋斗终身的崇高品
德。而且，为了出版这几本书，欧阳老师卖掉了单位分配给她的一套
房子作补贴。

欧阳老师谱写了自己的辉煌事业和完美的人生，特别是对敦煌
贡献巨大。但从来也没有人从她那里听到什么豪言壮语或高谈阔
论。每当提起当年为什么要来敦煌时，她总是淡淡地说："听老师说那
里可以画画，正好常书鸿先生在四川院校聘招人员，就过来了。"在大
漠深处的山沟里半个多世纪的艰辛岁月，她更是简简单单的一句带
过："能待那么多年，是敦煌使我们安下了。"她特别不愿意提过去的
事，只往前看不往后看，认为"老回忆过去是浪费时间"。和很多老辈
知识分子一样，欧阳老师经历了"反右""文化大革命"等政治运动，养
过猪，放过羊，种过菜，栽过树，也经常遇到不公正的事，但她把所有
的一切都看得很淡，心里只有工作和事业。当然，她也是在饱经沧桑、
洞察世事的基础上，甘愿默默无闻，与世无争。在她的眼里，世界总
是那么美。

实际上，无论是艰辛的岁月、坎坷的经历，失衡的天平，不公正的
待遇，欧阳老师经历的并不比同代的任何人少，但她都能泰然置之，
心无旁骛，几乎达到了真正超凡脱俗的境。当年欧阳老师写出《感

悟敦煌》书稿后,我有幸作为第一个读者,仔细阅读了全文,重新认识了欧阳老师的人生和事业成功的秘诀,就是两个字:忍和悟。忍,需要宽阔的胸襟和坚强的毅力;悟,需要对事业执着的追求。半个多世纪坎坎坷坷、风风雨雨的人生里程,造就了欧阳老师独特的、常人无法想象的忍性;特别是在史苇湘老师几度身陷囹圄的岁月里,欧阳老师独自承受了来自生活、工作、家庭、社会等各个方面的巨大压力,独自撑起一片蓝天。对敦煌艺术的挚爱,又培育了欧阳老师极高的悟性。欧阳老师不求名不求利,默默无闻,无论在什么样的大风大浪中,无论在如何险恶的环境中,都用她一生的沉默,冷眼面对,忍辱负重,在沉默中悟人生,在临摹中悟敦煌。欧阳老师就是在这样的前提下,于忍中悟,于悟中忍,越忍悟得越透,越悟忍得越宽。有容乃大,无欲则刚。欧阳老师用自己独到的思维,独特的眼光,独有的做法,悟出了敦煌艺术的博大精深,成就了自己钟爱一生的敦煌事业并作出重大贡献,也悟出了人生的真谛。

四

史苇湘、欧阳琳先生身上,集中展示了敦煌研究院广大知识分子的优秀品质。

敦煌是我们中华民族的老祖宗留给子孙后代的文化财富,但敦煌首先是一种精神,是两千年间几十代人的前仆后继、锲而不舍的创造与奉献精神和海纳百川的包容精神,这也应该是每一位敦煌工作者所具有的精神。而在史老师、欧阳老师身上,这种精神得到了充分的体现。五十多年来,他们相濡以沫、同甘共苦,都最终成为在国内外享有盛誉的一代宗师,一起为铸造敦煌事业的辉煌贡献了毕生精力。不仅如此,二位老师又把自己用一生心血悟到的关于人生和事业,关于对敦煌艺术的认识,毫无保留地奉献给大家。他们在这里所展示的高度的社会责任心和神圣的历史使命感,就是我们所处的这个新的历史时期,敦煌精神和中华民族的民族精神的升华,值得我们后人永远继承和发扬光大。

敬爱的史苇湘老师、欧阳琳老师永垂不朽!

(《丝绸之路》2018 年第 5 期)

新时期敦煌文献研究的奠基人

——纪念唐耕耦先生

唐耕耦先生于 2017 年 11 月 7 日以九十高龄与世长辞。国图刘波同志约我写篇文章以示纪念,我和唐先生接触不多,但他一直是我和很多像我一样的一代又一代的学子们心目中的大神。虽然他没有那些所谓的大师、泰斗们的赫赫威名,但他的贡献,特别是对敦煌文献研究的巨大贡献,在国内学界还没有哪位大师能和他比肩。因此,作为一名直接受惠于唐先生、长期从事敦煌文献研究的后学,我非常愿意写这篇小文,以表达对先生的崇敬与怀念之情。

一

今天在中国从事敦煌文献研究的人,上至耄耋之年的前辈,下至初涉学界晚生,没有人不知道,也没有人不阅读和使用《敦煌社会经济文献真迹释录》。这部数百万字的煌煌巨著,即是唐耕耦先生奉献给敦煌学界的基础入门读物和资料依据。因此,说起唐先生,首先想到的就是这部著作。2009 年,唐先生写了《我的"敦煌学"经历——〈敦煌社会经济文献真迹释录〉编辑回忆》①(以下简称《回忆》),详细介绍了这部书的编写和出版过程。作为过来人,笔者自然熟悉那个年代人文科学研究和成果出版的艰难,对先生的精神更是万分钦佩!先

---

① 刘进宝:《百年敦煌学:历史·现状·趋势》,甘肃人民出版社,2009 年。

生一生为人低调,只做不说。《回忆》中的过程尽管很详细,但对其贡献几乎只字未提。为此,笔者在这里首先就自己对《敦煌社会经济文献真迹释录》(以下简称《释录》)的几点认识作些补充。

第一,《释录》是唐先生在极其艰难困苦下的敦煌文献整理,是所有从事敦煌文献整理研究的学者中,短时间内阅读敦煌文献最多的学者。

唐先生整理释录是在 1980 年,当时要出国看原件,真比登天还难;而且也没有像今天这样高清的出版物,主要是在缩微阅读器上看 135 的单色胶卷。缩微胶卷和阅读器这种东西现在已经很少见到了,也很少有人使用;但在三四十年前还是很先进的阅读工具,特别是唐先生天天泡在图书馆里看胶卷的 1980 年前后。笔者从 1978 年到敦煌工作开始,就接触和使用缩微胶卷和阅读器。尽管先进,但用起来十分费劲,阅读器是手摇的,单色图片需要一张一张过目,阅读器上看起来很吃力。如果阅读器出了毛病,就得自己拿着放大镜直接看胶片。王重民先生当年谈到编辑《敦煌遗书总目索引》时,还专门谈到刘铭恕先生工作的艰辛①。

从先生的《回忆》中得知,先生从开始到完成《释录》,前后仅 1980 至 1982 年三年时间。唐先生接触的敦煌汉文文献应该有 50000 多件,当时手头的英、法和国图的缩微胶卷加起来长达 10000 米左右,从头到尾摇上一遍。还将一般来讲写的都不是很工整,又漫漶不清的社会文书全部抄录下来,满打满算只用了三年时间,这个速度是相当惊人的。这个工作体现了唐先生广博的知识和坚实的基础。当然,唐先生早在 1959 年就参与中国科学院历史研究所的《敦煌资料》第一

---

①王重民:《敦煌遗书总目索引·后记》(《敦煌遗书总目索引》,商务印书馆,1961 年,第 544 页)。

辑的整理,多年来一直关注敦煌研究,取得这样的成就并不意外。特别是之前国外关于敦煌文献整理研究的大量成果,在《释录》中也有比较详细的信息。20 世纪 80 年代,敦煌研究院文献研究所所长施萍婷先生就几次说过:唐先生把整理工作都做完了!那个时候,《释录》筚路蓝缕的奠基之功,让刚刚起步的敦煌文献研究插上了翅膀!新人和成果大量涌现。《释录》则是敦煌文献研究者们的案头必备。

第二,《释录》的内容十分丰富,几乎囊括敦煌汉文文书的所有,包括历史地理、军事政治、僧团组织、寺院经济、社邑、契约、科学技术、文化交流、碑铭赞颂、人物传记等包罗万象的社会记录,涵盖了众多学科和专业;所有的初学者都是因为有了《释录》,就可以根据自己研究所长,比较轻松地从中选择自己的研究领域,找到和确立自己的研究方向。尽管先生以极其朴实的语气十分低调地说,《释录》"对于有志于敦煌学而苦于缺乏资料的外地学者,尤其是年轻学者,我想还是有用处的。"[1]但一个不争的事实是:《释录》成就了一批又一批的敦煌学者、经济学家、历史学家,科技史家等等;粗略地估算一下,《释录》问世三十年来,至少有上百篇博士论文和数百篇硕士论文,以及数十种著作和千余篇论文都是在此基础上撰写的。虽然这些论文论著中指出过《释录》中不少的识读和校勘失误,但大家心里都明白,按当时的研究条件,任何人也不能苛求《释录》做到完美;而且尽管有所失误,《释录》仍然是研究者们必备的基础资料。

笔者自己即是多年受益于《释录》:无论是作为关于敦煌石窟、敦煌历史及敦煌工匠研究的基础资料,还是作为敦煌文献整理的方法手段,三十多年来《释录》一直是我的业师。

---

①唐耕耦:《我的"敦煌学"经历——〈敦煌社会经济文献真迹释录〉编辑回忆》(刘进宝:《百年敦煌学:历史·现状·趋势》,甘肃人民出版社,2009 年)。

第三就是《释录》对唐先生自己的学术研究。因为对敦煌文献有全面系统的掌握,所以做起研究来如蛟龙入海,得心应手;加上当年从事敦煌文献整理研究的人不多,好多问题都没有涉及过。唐先生为天下先,他首先集中在法律和寺院经济方面。他用最快的速度为《中国珍稀法律典籍集成》编写了《敦煌法制文书》①;接着出版了《敦煌寺院会计文书研究》。特别是后者,在国内首倡敦煌会计文书,首创敦煌会计学,梳理和确认了敦煌寺院会计四柱结算法,无论是在敦煌研究,还是中国会计史、经济史的研究,都是突破性的重大成就!为后来的研究者们作了坚实的铺垫!

因为掌握丰富的第一手的敦煌资料,加上个人广博的知识和雄厚的基础,无论是在哪个领域都运用自如,游刃有余。从唐先生发表的论文中就可以看到,几乎每一篇文章都是敦煌文献为基础的一个新的研究领域的开拓,大到土地制度、兵制徭役,小到粮食品种、物价计算,以及民间社邑团体、契约法规、姓氏郡望、经目抄写等,②无一不是开研究之先河。对历史人物、事件的考证也是独具慧眼;③同时,也是唐先生从敦煌文献中认定中国的邸报是世界上的第一张报纸。④

唐先生的文献整理和学术研究都是在国内敦煌研究的起步阶段的成果,限于条件,自然不可能做到尽善尽美。但可以肯定的是,在今后一个比较长的时期内,唐先生的成果依然会是任何一位从事敦煌文献研究的学人必须要读的基础训练。

---

①《中国珍稀法律典籍集成》甲编第三册,科学出版社,1994年。
②参见文末《唐耕耦先生论著目录》,兹不一一列举。
③《曹仁贵节度沙州归义军始末》,《敦煌研究》1987年第2期。
④《邸报:世界上最早的报纸》,《八小时以外》1980年第1期。

二

在这个世界上，所有的事情和做事情的方法实际上就只有三种：生活、生意和事业。在维持生存的前提下，从衣食住行、学习教育到生儿育女，人们的生活方式各有不同，这是谁也躲不开的。生活之外，无论任何事情也就只有事业的两种做法。当生意做，就是一切都为了名为了利；当然在不损害他人和社会的前提下，为名利而奔波并不一定都就是坏事；做好了，生意也可以变成事业。而一开始就以事业为重的人，就不会计较个人名利，只是默默无闻地埋头苦干。唐先生就是在维持基本生存条件的境遇下一心一意做事业的人。从我与唐先生为数不多的几次短暂的接触中，就深切地感受到了这一点，和众多老一辈专家学者一样，唐先生身上体现着中国知识分子的优秀品质。

首先是孜孜不倦、持之以恒的治学精神。唐先生的工作条件十分简陋，但却一直没有放弃对事业的追求。2016 年 7 月在先生家中拜访时，看到的还是 20 世纪 80 年代的普通学者家中的情景：简陋的旧楼房两居斗室，可能还是五六十年代修建的吧？没有任何装修；除了书架、书桌和一张单人的硬板床，一台不知道用了多少年的电风扇，家里几乎就没有什么像样的家具和电器。如果不是当时已经把绝大部分的书稿捐赠给国家图书馆，满屋的书籍会让来访的客人无立足之地。30 年间国家发生翻天覆地的变化，百姓生活有了很大提高，而唐先生依然还是甘守清贫，维持着最低的生活水平，耄耋之年还笔耕不辍。

其次，对老一辈学者专家的尊崇，对有过帮助的同行，甚至青年学者们的启发，是学术研究的基本条件：先生在《回忆》中多次提到前辈学者的提携之恩与同行们的帮助，感激之情溢于言表。唐先生晚年

发表的纪念王永兴先生的文章,①是其治学经历和体会的真情流露。在历史发展的长河中,什么都可以过去,留下来的只有人心和人情。当然,人无完人,尊崇前辈、长者并不等于迷信他们;特别是学术研究,任何人,包括最权威的泰斗大师们,都不可能做到天衣无缝、尽善尽美,我们崇敬的许多老前辈也是如此。他们的奠基功勋和启迪作用永远彪炳青史,但总会留下一些有待商榷和需要继续深入研究的问题。唐先生纪念王永兴先生的文章对这一点也毫不避讳,在纪念前辈专家和师长的同时,对他们学术研究中的一些结论有不同看法,也会提出中肯的意见,开拓自己和其他后学新的研究思路。这就是我们常说的"踩在巨人的肩膀上站得更高",是促进学术研究发展进步的必经之路。

再次,对学术界和学术成果的全方位的密切关注,特别是对一代接一代的成长起来的年轻学者的成果,都是过目不忘。正如他自己在《回忆》中所说:"中国敦煌学在一代一代继承下去,要老中青三结合,而以年富力壮、学有根底的为骨干来挑大梁,为项目主持人。只有大批的中青年学者为学术带头人成为主流,敦煌学才算兴盛发达。"②记得21世纪初在北京举行的一次敦煌学术会议的间隙,我特别受到唐先生的赞扬和鼓励,得知先生多年来一直关注着年轻一代敦煌学人的成长。当时我正值盛年,先生虽然离我比较远,平时又很少联系,但他一直关注我和所有从事敦煌研究的一代又一代的莘莘学子。有老一辈专家们的关注,这是我们的荣幸。但遗憾的是我们缺少当面聆听教

---

①《纪念王永兴先生》(《通向义宁之学:王永兴先生纪念文集》,中华书局,2010年)。

②《我的"敦煌学"经历——〈敦煌社会经济文献真迹释录〉编辑回忆》(刘进宝:《百年敦煌学:历史·现状·趋势》,甘肃人民出版社,2009年,第156页)。

诲的机会,让我们的工作可能会走不少弯路。中国有句古语:听君一席话,胜读十年书。对年轻的学子们来讲,能有机会经常当面听到老一辈专家的教示,会让自己的研究工作突飞猛进,同时也让老前辈们少些遗憾。我想这也是我们纪念唐先生和其他学界先辈们时都会有的感受。

和很多从事敦煌研究的老前辈们一样,唐先生有着高度的社会责任心和神圣的历史使命感及奉献精神,他不仅教我们做学问,也以自己的实际行动教我们如何做人,其道德文章堪为后世典范。

(2018年5月1日于兰州)

唐耕耦先生论著简目(太史政/整理,来自网络)

一、编著:

《敦煌资料》第一辑

唐耕耦、陆宏基编:《敦煌社会经济文献真迹释录》第一辑,书目文献出版社,1986年。

唐耕耦、陆宏基编:《敦煌社会经济文献真迹释录》第二辑、第三辑、第四辑、第五辑,全国图书馆文献缩微复制中心,1990年。

二、专著:

唐耕耦:《敦煌寺院会计文书研究》,新文丰出版股份有限公司,1997年。

三、文章(不全,敬请补充):

唐耕耦:《从敦煌吐鲁番资料看唐代均田令的实施程度》,《山东大学学报》1963年第1期。

唐耕耦:《关于吐鲁番文件中的唐代永业田退田问题》,《山东大学学报》1964年第2期。

宋家钰、方积六、唐耕耦:《历史上的武则天与"四人帮"的复辟术——评〈法家女皇武则天〉一文的反革命实质》(《彻底揭发批判"四人帮"》(八),山东人民出版社,1977年)。

唐耕耦:《唐代水车的使用与推广》,《文史哲》1978年第4期。

唐耕耦、张秉伦:《唐代茶业》,《社会科学战线》1979年第4期。

唐耕耦:《邸报:世界上最早的报纸》,《八小时以外》1980年第1期。

唐耕耦:《唐代的资课》,《中国史研究》1980年第3期。

唐耕耦:《西魏敦煌计帐文书以及若干有关问题》,《文史》第九辑,1980年6月;收入沙知、孔祥星主编:《敦煌吐鲁番文书研究》,甘肃人民出版社,1984年。

张秉伦、唐耕耦:《试论唐朝茶树栽培技术及其影响》(《科技史文集》(三),上海科学技术出版社,1980年)。

唐耕耦:《唐代前期的兵募》,《历史研究》1981年第4期。

唐耕耦:《唐代前期的杂徭》,《文史哲》1981年第4期。

唐耕耦:《唐代均田制的性质——唐代前期封建土地所有制的形式》(王仲荦主编:《历史论丛》第二辑,齐鲁书社,1981年)。

唐耕耦:《唐代前期的户等与租庸调的关系》(中国社会科学院历史研究所魏晋南北朝隋唐史研究室编《魏晋隋唐史论集》第一辑,中国社会科学出版社,1981年)。

唐耕耦:《唐代前期的临时别差科问题的提出》,编委会编《中国古代史论丛》一九八二年第三辑,福建人民出版社,1982年。

唐耕耦:《唐代课户、课口诸比例释疑》,《历史研究》1983年第3期。

唐耕耦:《敦煌四件唐写本姓望氏族谱(?)残卷研究》(《敦煌吐鲁番文献研究论集》第二辑,北京大学出版社,1983年)。

唐耕耦:《敦煌写本天下姓望氏族谱残卷的若干问题》(中国社会科学院历史研究所魏晋南北朝隋唐史研究室编:《魏晋隋唐史论集》第二辑,中国社会科学出版社,1983年)。

唐耕耦:《唐五代时期的高利贷——敦煌吐鲁番出土借贷文书初探》,《敦煌学辑刊》1985 年第 2 期。

唐耕耦:《关于唐代租佃制的若干问题——以吐鲁番敦煌租佃契为中心》(王仲荦主编《历史论丛》第五辑,齐鲁书社,1985 年)。

唐耕耦:《吐蕃时期敦煌课麦粟文书介绍》,《中国社会经济史研究》1986 年第 3 期。

唐耕耦:《曹仁贵节度沙州归义军始末》,《敦煌研究》1987 年第 2 期。

唐耕耦:《吐蕃时期敦煌课麦粟文书补》,《中国社会经济史研究》1987 年第 4 期。

唐耕耦:《敦煌所出唐河西支度营田使户口给粮计簿残卷》(《中国历史博物馆馆刊》第十期,文物出版社,1987 年)。

唐耕耦:《关于敦煌寺院水硙研究中的几个问题》,《文献》1988年第 1 期。

唐耕耦:《敦煌写本中释教大藏经目录与有关文书》(一),(《图书馆学通讯》1988 年第 3 期)。

唐耕耦:《房山石经题记中的唐代社邑》,《文献》1989 年第 1 期。

唐耕耦:《李世民是杰出的军事家吗?》,《社会科学战线》1989 年第 3 期。

唐耕耦:《〈古代长江中游的经济开发〉一书介绍》,《中国史研究动态》1989 年第 6 期。

唐耕耦:《8 至 10 世纪敦煌的物价》(秘书组编:《纪念陈寅恪教授国际学术讨论会文集》,中山大学出版社,1989 年)。

唐耕耦:《乙巳年(公元九四五年)净土寺诸色入破历算会牒稿残卷试释》(中国敦煌吐鲁番学会编《敦煌吐鲁番学研究论文集》,汉语大词典出版社,1990 年)。

唐耕耦:《均田制的实质》(云南大学历史系编《纪念李埏教授从事学术活动五十周年史学论文集》,云南大学出版社,1992 年)。

唐耕耦:《敦煌寺院会计文书》,《国家图书馆学刊》1996 年第 1 期。

唐耕耦:《敦煌研究拾遗补缺二则》,《敦煌研究》1996 年第 4 期。

唐耕耦:《敦煌净土寺六件诸色入破历算会稿缀合》(季羡林主编:《敦煌吐鲁

番研究》第二卷,北京大学出版社,1996 年)。

唐耕耦:《四柱式诸色入破历算会牒的解剖——诸色入破历算会稿残卷复原的基础研究》(白化文、邓文宽主编:《周绍良先生欣开九秩庆寿文集》,中华书局,1997 年)。

唐耕耦:《〈癸卯年(943)正月一日已后净土寺直岁广进手下诸色入破历算会稿〉残卷缀合》,《文献》1998 年第 3 期。

唐耕耦:《我的"敦煌学"经历——〈敦煌社会经济文献真迹释录〉编辑回忆》(刘进宝主编:《百年敦煌学:历史·现状·趋势》,甘肃人民出版社,2009 年)。

唐耕耦:《纪念王永兴先生》(编委会编:《通向义宁之学:王永兴先生纪念文集》,中华书局,2010 年)。

敦煌艺韵
——《陇上学人文存·郑汝中卷》编选前言

一

郑汝中老师 1932 年出生于北京，1944 年在延安参加革命，1952 年开始在北京中央机关从事行政工作，1956 年响应党向科学进军的号召，来到安徽，先后在安徽艺术学院和安徽师范大学从事音乐艺术教学工作。1986 年又从安徽来到地处西北大漠戈壁深处的敦煌研究院，从事敦煌壁画音乐舞蹈图像的研究和敦煌壁画乐器仿制，以及作为资深的中国书法家协会会员，从事敦煌书法的研究。1987 年加入中国共产党，1993 年离休。

2004 年，郑老师 72 岁，他在总结自己大半生经历的时候觉悟地写道：

今逢甲申猴年，是我的本命年。六十年前的甲申，我还是个 12 岁的孩子，在日本统治下的北平，经人带领投奔了解放区，徒步走到延安。从此，我这条命就交给了国家，卷进了革命的洪流，犹如一叶小舟转向沧海，任凭风云变幻，随波逐流，漂泊了六十个春秋。六十年峥嵘岁月，我目击了封建社会的解体，日本投降，国民党旧中国的垮台，解放区的天，延安战时共产主义的供给制时期。在一种朦胧的理想主义的熏陶下进入了社会主义，进入青年时代，命途不幸多舛。政治运动接踵，我也未能幸免。直到八十年代拨乱反正，社会平稳，我才算出

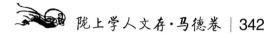

局。总之是经历了风雨见了世面。转瞬六十年，我已年逾古稀。离休之后，远避尘嚣，终得一片净土。

二

郑老师到甘肃工作比较晚，从1986年调入敦煌研究院至1994年离休，实际上正式的工作时间只有8年左右。但这8年，郑老师像一个长跑运动员一样跑完了一般人需要十多年或二十多年的里程。那是8年什么样的日月啊！来甘肃之前并无敦煌方面的基础，一切都是从头学起，昼夜不停地努力，不辞劳苦，跑洞窟，爬楼梯；接着是睡地下室，下车间，十分努力敬业；也正是由于身处山中，田野考察也好，资料整理也好，一切做起来得心应手；加上他为人正直诚实，生活朴实，敦煌研究院老先生们如史苇湘、贺世哲、施萍婷、李其琼等对他的工作都称赞不已，也乐于帮助他；他在社会上也有很好的口碑，得到过很多关注。这也是他能短时期内取得如此重大成就的原因之一。

从1986年春夏之季调入敦煌研究院到莫高窟，开始石窟壁画乐舞调查，速度之快，在科研领域也属罕见。一年后1987年国际学术讨论会上一篇论文一举轰动学术界！特别是日本泰斗级学者藤枝晃对其赞赏有加。1990年"敦煌乐器仿制研究"经甘肃省科委立项后即行仿制，1991年完成第一批，1992年年初由文化部组织的大型专业技术鉴定会，由吕骥、阴法鲁为主任，20位专家鉴定签名，最后形成鉴定书，明确是中华人民共和国成立后最全面的一次乐器改革，定位于中国民族乐器复兴之起步。后荣获文化部科技进步二等奖。由于兴趣和勤奋，他争分夺秒，潜心研究洞窟壁画乐舞，写出许多重要的论文，后续集成书十余年，一直到现在是唯一的开拓、创新敦煌乐舞研究的学者；他的论著是各音乐舞蹈院校有关乐舞方面的最权威的教材。

郑老师对自己的敦煌壁画乐舞研究进行过如下总结：

以音乐考古学为坐标，以图像音乐学的学科观点来研究敦煌壁画中的音乐图像。用调查、统计、分类、比较、分析的方法，来诠释其中的史学价值和文化内涵，重点放在图像研究方面。

郑老师指出：

全部研究（论文）有两个重点话题，即"乐伎"和"乐器"的研究。

乐伎，是指在壁画中音乐的表演者（舞蹈都称为舞伎）。这些乐伎各有名目，各司职守，在洞窟不同角落，表演乐器。总的来说都是对佛的奉献和礼赞。但她们的等级、地位不同，出现的场合也迥异，笔者经过考证与归纳，进行分类，列表说明。其中可分两大在类："伎乐天"与"伎乐人"，两类中各又分出不同的十余种名目的乐伎。

敦煌壁画乐器，是学术界极为瞩目的一项研究，它之所以受人关注，首要是其历史意义，它经历了北凉—北魏—西魏—北周—隋—唐（初、盛、中、晚）—五代—宋—西夏—元十个朝代。可以说，在世界上还找不出第二个遗址，能有如此连续近千年绘制乐器图形的地方。再就是它本身确是丰富多彩，品种多样，充分体现了我国古代社会音乐的繁荣兴盛。

壁画乐舞，毕竟是古代的美术作品，因此，不能当作实物来考查，它只是间接地反映历史的真实，因此，笔者比较重视这些壁画的产生和创作过程、创作的思维方法，也必须和绘画的技巧、构图形式的发展联系起来思考。这些乐舞壁画，具有原始、思维的认识过程，有强烈的世代承传的集体创作意识，因此它的创作绘制，是一种程式化的表现方法，具有中国独特的审美意识和独特的表现效果。

郑老师还特别强调：

佛教在中国文化中曾占有很大的比重。可以说在传入中国两千年的过程中相当成功，它深入到社会生活的各个领域，帝王和百姓都虔诚笃信,形成特定文化。而敦煌壁画中的音乐舞蹈图像,也就是这种特定文化的产物。其实,佛教的发展促进了中国文化艺术的发展,而文化艺术的发展也促进了佛教的传播。因此,不能低估佛教文化的积极作用。

2002年,离休后的郑老师居住北京期间,应国家图书馆敦煌资料中心的邀请,为该中心举办的敦煌与丝路文化讲座作了"敦煌石窟音乐研究"的演讲,深入浅出,全面、系统地介绍了敦煌音乐,包括乐伎、乐器、乐谱等各方面的遗存和近人的研究情况,并提出许多新的研究设想。这篇讲座稿可以看成郑老师敦煌音乐研究的总结,收在本文集的"音乐文物研究"栏目中。

在研究方法和研究意义方面,郑老师的见解也是十分独到:

其实,"敦煌音乐"一词,并不十分确切,我们今日所言之"敦煌音乐"并非敦煌地区之音乐,而指古代的音乐,它包括壁画和藏经洞出土文献两个方面的研究,据此,应称之为"敦煌音乐史料研究"较为妥当。但是,专家们已成口语,约定俗成,亦无庸为之正名。

中国音乐博大精深,虽然它遗存丰厚,历史悠久,流传广泛,但非常遗憾,今天的学者欲知古代真实的音乐状况,犹如隔雾看花,十分茫然。甚至,至今尚无一本可以依据的、系统的、清楚的音乐史著作。尽管古代文献有大量的音乐历史记述,甚至在正史廿四史中,都设有各朝代的"音乐志""乐志""乐记""律志"等专栏,但却是一些难以断定虚实的传说、典故、或以人物为中心的趣闻、轶事。如果把这些材料集中在一起,充其量,也只能算是一堆与音乐有关的史料。而且内容驳杂,含糊不清,世代相袭,道听途说。因此,从严格的意义上讲,不能算是音乐史。历史上也有过志士仁人修过乐史,只不过是缀接成集材料之汇编而已。主要的不足之处,其弊病是:从文献到文献,缺乏科学的调查与研究,缺乏系统的、综合的论证和分析;还有一个主要的症结,就是它只关注了帝王将相、上层社会的音乐历史,而缺乏民间的、民族的、下层社会的音乐调查,更没有过图像的搜集。

本世纪末,音乐史学发生了重大的变革。随着音乐考古学、音乐形态学、图像音乐学的出现,以及时有关人文科学、人类社会科学与自然科学技术的进展,音乐史学队伍也日益扩大,在观念上、研究方法上,有了许多新的突破和进步,开始了重新考虑改善音乐著史的设想。虽然起步较晚,现在仍属学科之骥尾,但它是进入了一个新的里程。

离开工作岗位之后的二十多年,郑老师一直在不断地研究和改进敦煌壁画仿制乐器,有大量的创新和改革设计,重做过一百多件并申请过专利。其中有几项,如方响、定音鼓等,有重大发明性质。郑老师将敦煌壁画仿制乐器定位于恢复、传承、创新和发展中国民族乐器。就鼓类乐器讲,中国历史上鼓类很多,用途甚广。但今天在世界鼓行,没有作为乐器的中国鼓的一席之地——中国没有定音鼓!这不是历史事实!敦煌壁画中的鼓类乐器即反映中国古代就有定音鼓的!如壁画中的雷公鼓,可以通过仿制复原成为中国传统的定音鼓。这本身就是一项有重大意义的突破性的研究成果和发明创造。郑老师研制开发的方响,复原了已经失传的唐代打击乐器;依据壁画仿制的花边阮、葫芦琴等,在作为弹拨乐器使用的同时,改造成为拉弦乐器后,就成了西洋大型拉弦乐器(如大提琴)的鼻祖;而壁画中的箜篌,本身就是西洋竖琴的祖宗。因此,敦煌壁画中的乐器不仅是中国民族乐器的集大成者,而且也是全人类共同的艺术文化财富,数量大,品种多,总成大的体系,分成小的系列,乐队组合科学合理,发挥想象丰富多彩。

三

郑汝中老师又是资深的中国书法家协会会员,不仅自己的书法造诣很高,而且对中国书法有深入的研究和了解。所以到敦煌以后,在从事壁画乐舞研究的同时,在敦煌莫高窟又开拓了敦煌书法的研究领域,撰写高水平的敦煌书法论文,出版敦煌书法图录,实际上成为继香港饶宗颐先生之后的第二位敦煌书法研究的大家。郑老师主持编辑出版了《敦煌书法库》《敦煌书法精粹》和《敦煌行草书法选粹》,将自己对敦煌写本书法本身的价值、意义、风格、特色等重要问题的精辟见解公之于世,对敦煌写本书法的研究和宣传起到了极大的推动作用。与此同时,郑老师在朋友和学生们的帮助下,先后自费出版了三册个人书法选集。谈到自己的书法,郑老师更是充满感情:

进入晚年,唯对书法兴趣未减,如痴如醉。余之作书,非借今沽名,居其射利,纯属个人游戏,消遣而已;没有社会义务,因之不须张扬,无庸褒贬,微不足道也。

汉字书法是个什么玩意儿?这是个颇为有趣的问题,至今未见哪位高贤能说清楚。古人书论甚夥,以愚之见,全是一些比附和形容;或喻为山崩雷电,或喻为禽兽龙蛇之形态,虽极富浪漫和想象,但未道出书法意义和真谛。近现代出现"书法美学",所述多为源流、历史人物评价及感人书论的诠释,对于书法的性质,作用于人的科学特征,还是不甚了了。看来,书法之妙,是不可言喻的。

余本庸才,亦不可能说透彻,但是觉得说来也简单:书法,它只不过是一种符号,本身并没有独立意义,但它依附在文学和绘画这两个方面,就变成了一种独立的高雅艺术,一种中国文化。此外,书法和音乐有相同之妙,只能心领神会,凭籍个人的悟性和感觉,联想和附会,见仁见智,形成不同的审美效果,捉摸不定的意识形态。

余长期耽于书法,乐趣即在笔墨之间,瞬间的变化,出奇制胜的效果。较好的作品多为偶成,多出于漫不经心,信手拈来。包括题款,都是临时的发挥。漫附数言,忽加赘语,或篇末补遗,与正文相映成趣。因之，我的创作原则就是即兴和率意，仅此而已！

余崇尚理想，恪守道德，希望国家强盛，百姓安宁富裕。让每个人都活得有尊严，平等，自由，是为大愿也！

四

二十年前的 1996 年，业师姜伯勤先生应邀为还是一堆手稿的《敦煌壁画乐舞研究》(出版于 2002 年)作了序，对郑老师的研究做了高度的概括和实事求是的总结评价。这是姜先生一生之中所写的唯一一篇序言，先生曾多次提及为什么只写这篇译文的原因：一方面是因为郑先生的工作的意义和价值；另一方面也对郑老师的功底和水平，工作态度、吃苦精神等非常敬佩。在这里，我毫无任何悬念地将姜师这篇序文全文移录如下：

《敦煌壁画乐舞研究》一书，集结了郑汝中先生在敦煌十余年辛勤工作的丰硕成果。当本书出版之际，我回想起在 1987 年敦煌石窟研究国际讨论会上初识汝中先生的情景。那天，我拿着一幅有琵琶图像的粟特壁画图片，向郑先生请教。汝中先生谆谆教诲，至为恳切，至今仍令人不胜怀想。

也是在那次会上，我们恭听了郑先生《敦煌壁画乐器研究》的讲演。汝中先生绘制了一幅《敦煌壁画琵琶形态图》，绘出了琳琅满目的 50 种敦煌壁画所见的琵琶图式。讲演指出："这 50 种图形，基本可以概括一千余年的中国琵琶流传的形态，若再与今日基本定型的琵琶对照，可以看出这件乐器在我国发展的脉络。"日本著名敦煌学家藤枝晃先生听了这一讲演，当即赞赏说："只有真正在莫高窟做研究的人，才能写出这样的文章。"

藤枝先生的法眼十分犀利，他道出了汝中先生近十年工作的一个非常重要的特色：他的全部工作都来自莫高窟石窟现场。和一般从文献到文献的研究不同,也和一般走马观花的工作迥异。他一头在洞子里扎下来,一扎就是十几年。汝中先生在本书中采取的朴质而卓有成效的方法是值得称道的,这个方法的特色是:

1. 穷尽敦煌壁画乐舞图像的第一手资料。在以往前人对"壁画乐舞"图像调查的基础上,反复穷搜,如 50 种琵琶图像,则是在调查 492 个洞窟中有乐舞洞窟 240 个、绘有乐器 4000 余件、乐伎 3000 余身、不同类型乐队 500 余组、乐器 44 种的总的情况之后,逐个遴选出来的。

2. 十分重视分类方法。这是一个极有成效而又常被人忽视的方法。段文杰先生近年在《段文杰敦煌论文集》中,反复运用分类方法进行研究。宿白先生 1962 年在敦煌所作讲演《敦煌七讲》中,也反复强调石窟研究中的各种分类方法。收入本书的《敦煌壁画乐器分类考略》,是极见功力的大作。

3. 在全面分类的基础上,进一步作特异性个案的分析,作出发明或证伪。一方面,发千古未发之覆,如对"花边阮"的发现和研究就是一个颇有新意的发现;另一方面,从乐理、乐器制作机理、文献等视角,对壁画乐器图形进行去伪存真的考辨。如指出画家想象出的一根弦的弯琴,不能将弦按及品柱,因而不可能用于演奏。

4. 作者严谨地界定了"壁画乐舞""壁画乐舞图式""壁画乐伎""壁画乐器""壁画经变乐队"这些特定概念的界限,始终把握住作者分析的对象是壁画图式或壁画乐舞图像。一方面,进行了类似图像志要求的分类研究,如《敦煌壁画舞伎研究》,将壁画舞伎分类为"装饰性的舞蹈造型"和"写实性舞蹈造型",另一方面,也指出画工制作这些图式、图像时,"必然有一定的杜撰和虚构"。作者说:"经过仔细核对,一些文献、诗篇,都与壁画不十分吻合,因此实事求是地说,查无实据"。由此,作者与对历史文献及现代舞蹈术语用于解读壁画乐舞图像的生搬硬套现象,划清了界线。作者不同意把宗教曼陀罗图像解释为舞蹈,也不同意把佛之"手印"解读作舞姿,从而显示出作者严肃、严谨的治学态度,由此,得出了许多更加接近真实的结论。

5. 本书不是为研究乐舞图像而研究壁画乐舞图像,而是作出了图像的文化诠释。如对礼佛舞伎造型的研究,论及其所表现我国舞蹈史上的"身韵";又如指出壁画摹拟的缩小了的宫廷乐队的图像,乃以隋唐燕乐的"坐部伎"为主要摹拟根据。更进一步把乐器图式的研究工作引向古乐器的复原仿制工作。

近世以来,研究隋唐燕乐的凌廷堪、邱琼荪诸氏,精于律吕;研究敦煌乐的饶宗颐先生,本人即是一位古琴家。娴于律吕及古器乐,是攀登中国音乐史研究高峰的重要前提。郑汝中先生多年从事琵琶教育,桃李芳菲。娴熟古乐,这也成为郑先生近年来致力于敦煌乐器复原仿制研究工作的一个重要出发点。

汝中先生的仿制乐器工作,是基于十余年研究工作所得的一个重要的学理上的实践。作者指出:"中国乐器的发展历史是枣核形的兴衰过程",敦煌壁画所见乐器,是其发展中最兴旺的时期。"宋元之后逐渐衰落,以致有些乐器泯灭无存了,现今民族乐队所用的乐器,品种远不如敦煌古时丰富多彩。"由此,雄辩地论证了仿制敦煌古乐器的必要性和紧迫性。而收入本书的《敦煌壁画乐器仿制研究》,可以说是作者近年来心血的结晶。

郑汝中先生是一位性情中人。他的"率性由真"的个性,表现在他的"自由率意"的书法作品中。郑先生曾出版《雪墨书法选集》,他的作为"心画"的书法作品及风格,曾得到我的前辈肖弟先生的激赏。汝中先生在《敦煌书法管窥》一文中写道,"每览敦煌写卷,笔者有骤然惊绝之感。"认为敦煌书法的特点,"表现在自然,质朴,自由率意,不矫饰做作,不故弄玄虚","富于创造","泼辣大胆,不受什么法度的约束。"这些也正是汝中先生所追求的美学理想,是汝中先生的夫子自道。

当本书出版之际,殷切希望本书作者在台建群先生及诸同道的支持下,把本书中已经开拓的工作坚持下去,祈望今后取得更大的成果。

五

乐舞研究也好、乐器仿制也好,书法研究也好,郑老师一个突出的特点,就是他自己本身为这几方面的内行专家,置身于山中识得山之真面目者,以此山识彼山,以今山识古山由己及他,由表及里。

乐舞是艺术,书法在郑老师手里也是艺术。郑老师的演奏高山流水,荡气回肠;郑老师的书法挥洒自如,出神入化;在郑老师身上,时时都展示着一股艺术家的气质和神韵,这种气韵在敦煌发挥到了极致。敦煌石窟的艺术氛围使得郑老师如虎添翼,不仅找到归宿,而且发挥出更大的能量!郑老师的敦煌壁画乐舞研究和乐器仿制活跃在国际学术前沿,而且在敦煌壁画艺术中最具魅力,展现最高艺术境界的飞天壁画,也有深刻的领悟和独到的见解。《敦煌飞天艺术》一文高屋建瓴,在以往众多艺术大家之后进一步展示了其艺术魅力的理想境界。

郑汝中老师粗通水墨。1987年到敦煌的第二年,曾绘过一幅《少女吹絮图》并题诗曰:"小小姑娘吹蒲公,随风飘逸入太空。轻轻飞上虚幻界,远离人间喧嚣声。"是他对艺术生活的追求。寥寥数笔,一种崇高的境界跃然纸上。

一个人在这个世界上度过一生,都要受到这个社会对他的检验,一般分为三个层次:敬业精神、社会责任心和历史使命感。对于一般人来讲,有一定的敬业精神就已经很好了,能做好自己分内的工作,完成各项任务,作出自己应有的贡献,提供一定的社会价值,应该就很圆满了。社会责任心者则进一步以服务于全社会为己任,把自己的每一份工作都与其对整个社会的贡献联系在一起，为全社会尽更大的义务。而历史使命感则是人生的最高起点，即视天下为己任，把自己的一举一动都与全人类共同进步发展绑在一起，也为这个目标而无私奉献自己的才能与智慧。这就需要每一个人根据自己的实际情况，在人类社会进步与繁荣、创造与发展的历史长河中找到自己的位置。郑汝中老师少年时就参加革命，先后从事过行政和管理等工作。但到了青年时期便放弃了优越的工作和生活条件，甘愿做一名教师，为国家和社会培养了许多杰出的人才。再后来到花甲之年，依然远赴大漠戈壁，潜心研究中国民族乐器与乐舞，作出重大贡献。一步一个台阶，一步一个层面，在不断地奉献与创造过程中，发挥着巨大的作用，无愧于历史赋予的神圣使命！尽管后来在事业发展中受到限制，但郑老师还是用自己的努力，从小八路、老革命到教育家、艺术家，谱写出最完美的人生颂歌！

二十多年前，在研究敦煌石窟营造史的过程中，同时也在研究敦煌石窟的营造者——敦煌古代工匠——那些为我们留下取之不尽、用之不竭的文化艺术财富的历代创造者们。敦煌工匠的历史告诉我们：敦煌是一种精神，是中华民族的先民们留给我们的包容、奉献和创造精神！这种精神与敦煌艺术一样是世界人类最宝贵的财富。身处戈壁深山中默默奉献的一代又一代的敦煌人，都用自己的人生努力传承着这种精神。我为自己有郑老师这样的众多老前辈级的同事们而感到光荣、骄傲和自豪！无论是多年前编辑史苇湘先生的文集，还是今天编辑郑汝中老师的文集，我都是在这种精神的感召下，含着激动的泪水，用颤抖的双手，为了列祖列宗，为了子孙后代，为了敦煌赋予我们的神圣的历史使命，责无旁贷，义不容辞！

（《陇上学人文存·郑汝中卷》编选前言，甘肃人民出版社，2015 年）

实证求是，温故知新

——《汉唐佛史探真》增订本感言

　　1992年冬天，我在中山大学历史系读书时初次见到谭世宝先生，即获赠大著《汉唐佛史探真》，多年来一直作为必读书之一，从中得到佛教文献与佛教史方面的许多有益的启示，对我的敦煌历史文化研究帮助很大。此后近三十年间，藉同门同道，学习交流始终不断。2019年年末，世宝兄积历年与佛教史论及佛教传播发展的相关大作，拟补入《汉唐佛史探真》，以飨学界。这是方便读者的盛事一桩，可喜可贺。

　　《汉唐佛史探真》（以下简称《探真》）初版于1991年，分上下两编。上编是对隋开皇间费长房编纂的经录《历代三宝记》（又称《开皇三宝录》《房录》）的辨伪，下编是对汉唐之际佛教若干重要史实的探讨。出版不久就受到好评，有学者称："该书学术功力深厚，见解新颖深刻，为研究者深入汉唐佛史堂奥扫清了障碍，是一部难得的好书。"这次增订，除对上篇进行少量的校订之外，大部分还是对汉唐之间中外佛教史事的继续探讨。全书内容丰富，涉及面广，每一篇都有新的见解和惊人的突破，再次展示出"学术功力深厚"的特色！

　　相比在专业研究方面受到的教益，更让我看重的是世宝兄的治学风格、态度和方法。

　　文如其人。书名曰"探真"，一曰探，博览群书，大海捞针，刻苦钻研，孜孜以求；二曰真，真实、真情、真理。世宝兄对先辈大师尊重的基础上把学问向前向深推进。早在《探真》初版关于《历代三宝记》的研究中就有展示。而注重实证,细读精研是世宝兄的一贯风格。一文一事一议,博览群书,大海捞针,用功至深;所得出的结论往往经得起考验和推敲。当然,他研究的许多问题都是前人已经说过的写过的,世宝兄则是更深入地探讨和补正,诚所谓踩着巨人的肩膀,百尺竿头更进一步。这里就面临一个问题:现行的学术风气,有些"大师""泰斗"好像是碰不得的,无论他们说什么,即使众人都明白说错了的,却是老虎屁股千万不能摸。如果对于有鉴别能力的人讲,不碰就不碰,反正知道那是错的,不跟着跑就行了;但问题是,面对着广大青年学子,那些"大师"和"泰斗"们往往是他们的偶像和目标,他们中很多人并不具备识别对错的能力,所以一味地追求,只要是"大师"和"泰斗"们说的,都是至理名言、无上圣尊。这样下来,贻误的可不是一两个人,而是一两代人甚至更多。有时候你对年轻学子讲某些说法有问题,往往会招来非议:你说人家不对,可人家都是万人敬仰的"大师"和"泰斗";而你说你对,你怎么混成今天这个样子? 在这样的形势下,你还能有什么可说的呢? 不过,世宝兄就不信这个邪,他立足于实证,坚持真理,敢于在太岁头上动土。收入本书的好多文章就是与一些"大师"和"泰斗"们挑战的。在这个过程中,有人说他,也有人劝他,可世宝兄就是一根筋,谁说什么也不管用。表现了一个知识分子应有的作风和品质。我想,平时谁也不会反对做学问先做人,人格高尚学问才能精进的道理,但眼下能做到这方面的人确实是凤毛麟角。世宝兄牢牢地守住自己的阵地,除了自身的学习和修养之外,可能也有点家世和渊源关系吧。

很多人都知道,世宝兄为素以"史家风骨士子魂"为人称道的中山大学历史系刘节教授(1901—1977)的外甥女婿。20 世纪 50 年代以后的中山大学历史系,以名流云集著称:陈寅恪先生地位最尊,与岑仲勉先生并称"二老";加上刘节、梁方仲,号称"四大教授"。刘先生一度担任历史系主任,其学术水准及成就自不待说。刘先生和陈先生早年为师生关系。从1952年到1969年,刘先生长期陪伴在老师左右,在自身遭受磨难的同时,又替老师遭受磨难。作为一个学者,刘节奉行"独立之精神,自由之思想",终生不移。在治学上他坚持求真、自信。他说:"考据学是求真之学","历史学家要有很强的自信力,一个历史学家要坚定不移,不要为一时的风浪而动摇不定"。因此,自50年代始,他屡屡遭受批判但从未屈服。先生在"文化大革命"期间的《我之信条三则》表达其根本的人生观:"我相信为学同做人当相一致,二者之中如果有了矛盾,必定是其中有一方面的信仰发生动摇。……人格同学问是一致的,决没有学问好而人格有亏的伟人。假定有这样的人,我们来仔细考查他的学问,其中必定有欺人之谈。因为他心中根本是不光明。凡是不光明即是无力的表现,学问的好坏全在他的力之强弱上。为学同做人能打成一片,这样的学问才不仅是为谋生的职业,而是造次必于是、颠沛必于是的真生活。"正如先生所言,历史已经证明,以往对他的那些批判都是错误的!刘节父亲刘景晨(1881—1960)先生,清末民国至中华人民共和国初期爱国爱乡温州著名士宦,卓有成就地传承永嘉学派经世致用的教育家、文史专家;秉性耿直,因直言犯忌曾被错划右派。刘节教授的为人治学,可以说是得其父之真传。

世宝兄虽然没有和刘先生直接交流的机会,但道德文章受其影响十分巨大,这在他的书和文章中都能见到:注重实证,深入探求,坚持真理,锐意创新;不屈服于权贵,不受制于大腕,完全是刘节先生的一脉相承。当然,可能还有一个原因,应该与世宝兄所处的比较宽松的学术环境有关。世宝兄长期在澳门大学教书育人,澳门没有那么多学阀学霸,让世宝兄无后顾之忧,对养成他的学术风骨有一定的客观作用。世宝兄后来到山东大学从事教学与研究,这种风骨并没有受到影响,而是在追求真理的道路上始终如一。"不忘初心,方得始终。初心易得,始终难求。"难求者没有难倒世宝教授。

读着世宝兄的《探真》,让我进一步认识到"做事先做人"的老生常谈。简单回顾一下自己六十多年的人生历程,经历过历次政治运动,经历过从贫困到安居乐业,看到过云卷云舒、潮起潮落,看惯人间冷暖贫善达兼,特别是年轻时从"文化大革命"十年动乱后得到一个做人的基本信条,就是在诚实本分的基础上,一不上当二不害人,而要做到这一点就得有基本的是非观念,要明辨是非,而不是盲从,这需要有一定的辨别是非的能力;要有这个能力就得多读书多阅世。幸运的是我也走上了一条读书人的道路而且读的多为古人的书,面对着先民们创造的光辉灿烂的敦煌文化,让自己的境界不断得到提高,人生不断得到完善。所以我非常尊崇刘节先生——尽管我在中大读书时他早已不在人世;不过我从世宝兄身上能看到刘先生的影子,使他在为人治学方面也成为我的楷模。

中国自古有"格物、致知、诚意、正心、修身、齐家、治国、平天下"的祖训,有"为天地立心,为生民立命,为往圣继绝学,为万世开太平"的文人情怀。但人生苦短,我希望看到《探真》增订本的同辈学者们能够或多或少进行一些反思,希望后辈学子们能够树立正确的人生观和学术观,希望我们的学术研究能够沿着正确的轨道前行。

(《汉唐佛史探真》增订本《序》,中山大学出版社,待出版)

附录

马德论著要目

一、专著

1.《敦煌莫高窟史研究》,甘肃教育出版社,1996年。

2.《敦煌工匠史料》,甘肃人民出版社,1997年。

3.《敦煌藏文吐蕃史文献译注》(合译,第二作者),甘肃教育出版社,2000年。

4.《敦煌石窟知识辞典》(主编,个人撰写3万字),甘肃人民美术出版社,2000年。

5.《敦煌石窟全集·交通画卷》(主编、撰稿),香港商务印书馆,2000年。

6.《敦煌石窟营造史导论》,台湾新文丰出版公司,2003年。

7.《中古敦煌佛教社会化论略》(合著,第一作者),中国社会科学出版社,2010年。

8.《甘肃藏敦煌藏文文献叙录》(主编,144万字),读者出版集团,2011年。

9.《敦煌古代工匠研究》,文物出版社,2018年(2017年国家出版基金项目)。

10.《甘肃藏敦煌藏文文献》131册(主编),上海古籍出版社陆续出版(2016年国家出版基金项目)。

二、论文

1.《从一件敦煌遗书看唐玄宗与佛教的关系》,《敦煌学辑刊》1982 年第 3 辑。

2.《〈敦煌廿咏〉写作年代初探》,《敦煌研究》1983 年创刊号。

3. 《关于 P.2942 写卷的几个问题》,《西北师院学报》,1984 年增刊《敦煌学研究》。

4.《敦煌廿咏》,《阳关》1985 年第 3 期。

5.《沙州陷蕃年代再探》,《敦煌研究》1985 年总第 5 期。

6.《吐蕃占领敦煌初期的几个问题》,《敦煌研究》1987 年第 1 期。

7.《〈莫高窟记〉浅议》,《敦煌学辑刊》1987 年第 2 期。

8.《吴和尚、吴和尚窟、吴家窟》,《敦煌研究》1987 年第 3 期。

9.《十世纪中期的莫高窟崖面概观》,《1987 敦煌石窟研究国际讨论会文集·石窟考古编》,辽宁美术出版社,1990 年。

10.《灵图寺、灵图寺窟及其它》,《敦煌研究》1989 年第 2 期。

11.《都僧统之"家窟"及其营建》,《敦煌研究》1989 年第 4 期。

12.《莫高窟崖面使用刍议》,《敦煌学辑刊》1990 年第 1 期。

13.《敦煌遗书莫高窟营建史料浅论》,《1990 敦煌国际学术讨论会文集·石窟考古编》,辽宁美术出版社,1995 年。

14.《曹氏三大窟营建的社会背景》,《敦煌研究》1991 年第 1 期。

15.《〈乘恩帖〉述略》,《敦煌研究》1992 年第 1 期。

16.《"KROM"词义考》,《中国藏学》1992 年第 2 期。

17.《吐蕃占领敦煌前后沙州史事系年》,《敦煌学》(台北)1992 年第 19 辑。

18.《敦煌李氏世系订误》,《敦煌研究》1992 年第 4 期。

19.《九州大学文学部藏敦煌文书"新大德造窟檐计料"探微》,

《敦煌研究》1993 年第 3 期。同上文日文稿（坂上康俊译），日本九州大学文学部《史渊》1994 年第 131 辑。

20.《敦煌文书〈营窟稿〉研究》,《1994 年敦煌国际学术会议文集》,甘肃民族出版社,2000 年。

21.《敦煌文书题记资料零拾》,《敦煌研究》1994 年第 3 期。

22.《〈莫高窟再修功德记〉考述》,《社科纵横》1994 年第 4 期。

23.《三份莫高窟造窟文书述略》,《敦煌研究》1994 年第 4 期。

24.《张淮兴敦煌史事探幽》,《敦煌学辑刊》1994 年第 2 期。

25.《敦煌莫高窟吐蕃、归义军时代的营造》《九州学刊》（台北）,1995 年 6 卷 4 号。

26.《敦煌壁画交通工具史料述论（上）》,《敦煌研究》1995 年第 1、3 期。

27.《敦煌壁画交通工具史料述论（下）》,《敦煌研究》1995 年第 1、3 期。

28.《敦煌的庶民与莫高窟营造》,《华学》1995 年创刊号（广州）。

29.《敦煌莫高窟的窟主与施主》,《中山大学史学辑刊》,第 3 辑,广东人民出版社,1995 年。

30.《敦煌的世族与莫高窟》,《敦煌学辑刊》1995 年第 2 期。

31.《论莫高窟与敦煌佛教教团》,《敦煌吐鲁番研究》1996 年创刊号。

32.《论莫高窟佛教的社会性》,《社科纵横》,1996 年增刊《敦煌佛教文化研究》。

33.《莫高窟张都衙窟及有关问题》,《敦煌研究》1996 年第 2 期。

34.《九、十世纪敦煌工匠史料述论》,《潘石禅教授九秩华诞纪念敦煌学论集》,1996 年。

35.《敦煌工匠与石窟》,《段文杰敦煌研究五十年纪念文集》,北京世界图书公司, 1996 年。

36.《〈董保德功德颂〉述略》,《敦煌研究》1996 年第 3 期。

37.《敦煌绢画题记辑录》,《敦煌学辑刊》1996 年第 1 期。

38.《论慧能对九、十世纪敦煌佛教的影响》,《六祖慧能思想研究——慧能与岭南文化研讨会论文集》, 学术研究杂志社（广州）, 1997 年。

39.《敦煌阴氏与莫高窟阴家窟》,《敦煌学辑刊》1997 年第 1 期。

40.《敦煌文书〈某使君造大窟〉的几个问题》,《敦煌研究》1997 年第 2 期。

41.《敦煌文书"窟上岁首燃灯文"辑识》,《敦煌研究》1997 年第 3 期。

42.《十世纪敦煌寺历所记三窟活动》,《敦煌研究》1998 年第 2 期。

43.《同光四年马圣者造窟考》,《敦煌研究》1998 年第 4 期。

44.《论敦煌佛教艺术的社会性》,《澳门佛教》1998 年第 5 期。

45.《尚书曹仁贵史事沟沉》,《敦煌学辑刊》1998 年第 2 期。

46.《敦煌文书〈道家杂斋文范〉研究》,《道家文化研究》第 13 辑。

47.《敦煌壁画中的大船图象》,《中国航海史研究会 1998 年年会论文集》, 人民交通出版社。

48.《论唐代敦煌佛教石窟的社会化》,《法门寺文化研究通讯》1998 年第 11 期。

49.《散藏美国的五件敦煌绢画》,《敦煌研究》1999 年第 2 期。

50.《敦煌石窟与敦煌文献研究》,《21 世纪敦煌文献研究回顾与展望研讨会论文集》, 1999 年。

51.《敦煌文书〈诸寺付经历〉刍议》,《敦煌学辑刊》1999 年第 1 期。

52.《敦煌莫高窟"报恩吉祥窟"考》,《敦煌研究》1999 年第 4 期。

53.《九、十世纪敦煌僧团的社会活动及其意义》,《法源》1999 年总第 17 辑。

54.《敦煌文物流散的反思》,《档案》2000 年第 6 期。

55.《敦煌文献对敦煌石窟研究的意义》,郝春文主编《敦煌文献论集——纪念敦煌藏经洞发现一百周年国际学术研讨会论文集》,辽宁人民出版社,2001 年。

56.《关于敦煌工匠研究的几个问题》,2000 年香港国际敦煌学术会议发表。

57.《以史论窟,以窟证史》,《2000 年敦煌学国际学术讨论会论文集》,甘肃民族出版社,2003 年。

58.《史苇湘先生的献身精神与学术成就》,《敦煌研究》2000 年第 3 期。

59.《敦煌〈五台山图〉之五台山进香道》,《敦煌学与中国史研究论集——纪念孙修身先生逝世一周年》,甘肃人民出版社,2001 年。

60.《敦煌壁画中的多轮车与椅轿》,《敦煌研究》2001 年第 2 期。

61.《敦煌石窟与栖霞石窟的历史渊源试探》,《南京栖霞石窟与敦煌学国际研讨会论文集》,2001 年。

62.《浙藏敦煌文献〈子年金光明寺破历〉考略》,《敦煌研究》2001 年第 3 期。

63.《莫高窟新发现的窟龛塔墓遗迹》,《敦煌佛教艺术文化论集》,兰州大学出版社,2002 年。

64.《敦煌写经题记的社会意义》,《法源》2001 年第 19 辑。

65.《敦煌学史上的丰碑——史苇湘〈敦煌历史与莫高窟艺术研究〉编校手记》,《敦煌学辑刊》2002 年第 2 辑。

66.《炳灵寺第 169 窟十方十智佛臆测》,《炳灵寺石窟学术研讨会论文集》,甘肃人民出版社,2003 年。

67.《敦煌佛教版画的社会功能及其意义》,上海玉佛寺《"都市寺院与人间佛教学术研讨会"论文集》,2003 年。

68.《966 年莫高窟北大像的二期工程》,《敦煌研究》2003 年第 5 期。

69.《世界屋脊的远古足音——西藏山南记行》,《人民日报》(海外版)2003 年 6 月 30 日"中华文物"专栏。

70.《敦煌石窟崖面上的王公窟》,《麦积山石窟艺术文化论文集》,兰州大学出版社,2004 年。

71.《辛普德搜集敦煌写经残片内容辨识》,《敦煌研究》2004 年第 5 期。

72.《〈敦煌工匠史料〉补遗与订误》,《敦煌学》第 25 辑,2004 年 9 月。

73.《敦煌版画的社会功能和背景意义浅述》,《觉群》学术年刊 2004 年总第三辑。

74.《敦煌文书所记南诏与吐蕃的关系》,《西藏民族学院学报》2004 年第 6 期。

75.《敦煌佛教文献的再认识》,《中国佛学院学报(法源)》2004 年总第 22 期。

76.《俄藏敦煌写经残片内容考辨》,《戒幢佛学》,2004 年总第三辑。

77.《敦煌版画的社会背景及其意义》,《敦煌研究》2005 年第 2 期。

78.《敦煌高僧昙猷与浙江佛教》,《敦煌学辑刊》2005 年第 2 期。

79.《新见敦煌本唐人草书〈大乘百法明门论疏〉残卷述略》,《敦煌研究》2005 年第 5 期。

80.《敦煌石窟社会化佛教浅论》,《中国佛学院学报(法源)》2005 年总第 23 期。

81.《敦煌新本〈杂集时要用字〉刍议》,《兰州学刊》2006 年第 1

期。

82.《敦煌册子本〈坛经〉之性质及抄写年代试探》,《敦煌吐鲁番研究》第九卷,2006 年 5 月。

83.《甘肃藏敦煌藏文文献概述》,《敦煌研究》2006 年第 3 期。

84.《敦煌石窟艺术的中国化与中国南系佛教艺术散论——兼论南北"丝绸之路"的有关问题》,《中外关系史论丛》第八集,香港社会科学出版社,2005 年。

85.《〈敦煌历史文献〉数据库编纂设想》,《敦煌学知识库国际学术研讨会论文集》,2006 年。

86.《特蓄考》,《兰州大学学报》(社科版)2006 年第 5 期。

87.《关于藏敦煌藏文文献保护的设想》(与傅立诚合作,第一作者),《融摄与创新:国际敦煌项目第六次会议论文集》,北京图书馆出版社,2007 年。

88.《从敦煌史料看唐代陇右地区有后吐蕃时代》,《丝绸之路民族古文字与文化学术讲座会文集》(上),三秦出版社,2007 年。

89.《中华文字始祖与白水民间信仰》,《中国俗文化研究》第四辑,巴蜀书社,2007 年。

90.《敦煌吐蕃文献新论》,《转型期的敦煌学》,上海古籍出版社,2007 年。

91.《从敦煌看佛教的社会化》,《敦煌学辑刊》2007 年第 4 期。

92.《试论开拓敦煌石窟的新领域》,《敦煌研究》2008 年第 1 期。

93.《敦煌刺绣〈灵鹫山说法图〉的年代及相关问题》,《东南文化》2008 年第 1 期。

94.《敦煌报废写本〈因明论三十三过〉简介》,《因明》第一辑,甘肃民族出版社,2008 年。

95.《敦煌古代工匠的艺术特色浅议——兼论史苇湘先生的对敦

煌艺术工匠的研究》,《敦煌壁画艺术继承与创新国际学术研讨会论文集》,上海辞书出版社,2008年。

96.《敦煌画匠称谓及其意义》,《敦煌研究》2009年第1期。

97.《敦煌吐蕃文化研究前景广阔——"敦煌吐蕃文化学术研讨会"的启示》,《新疆师范大学学报》2009年第2期;又分别被中国人民大学书报资料中心复印报刊资料《历史学》2009年第11期及甘肃人民出版社2009年出版的《百年敦煌学》转载。

98.《西藏发现的〈喇蚌经〉为敦煌写经》,《敦煌研究》2009年第5期。

99.《敦煌绢画上的"邈真"与"邈真赞"》,《转型期的敦煌语言文学——纪念周绍良先生仙逝三周年学术研讨会论文集》,甘肃人民出版社,2010年。

100.《论敦煌在吐蕃历史发展中的地位》,《敦煌吐蕃文化学术研讨会文集》,甘肃民族出版社,2009年;又被《中国民生报》2009年12月1日及《21世纪教育》2009年第12期根据网络版转载发表。

101.《敦煌的农民工匠及其"兼业"》,《敦煌研究》2010年第5期。

102.《敦煌壁画上的丝路交通风景》,《丝绸之路图像与历史论文集》,东华大学出版社,2011年。

103.《吐蕃国相尚纩心儿事迹补论》,《敦煌研究》2011年第4期。

104. 王晓玲、李菇《敦煌艺术论著目录类编》序言篇,甘肃教育出版社,2011年。

105.《陇上学人文存·史苇湘卷》编选前言,甘肃人民出版社,2012年。

106.《关于散藏敦煌遗书的调查》,《敦煌研究》2012年第5期。

107.《从高台画像砖看4世纪的建康社会》,《高台魏晋墓与河西历史文化研究》,甘肃教育出版社,2012年。

108.《小议敦煌壁画中的蕃装人物》,《敦煌吐蕃统治时期石窟与藏传佛教艺术研究》,甘肃教育出版社,2012年。

109.《敦煌艺术人类学》,《庆贺饶宗颐先生九十五华诞敦煌学国际学术研讨会论文集》,中华书局,2012年。

110.《敦煌壁画所见赞普帽首述略》,《交流、互动、发展——全球视野中的西南各少数民族》,民族出版社,2013年。

111.《敦煌文化遗产数字化保护之浅见》,《敦煌学辑刊》2013年第2期。

112.《艰难的起步——敦煌研究创刊记忆》,《敦煌研究》2013年第3期。

113.《〈张淮深碑〉作者再议》,《丝路历史文化研讨会论集(2012)》,新疆科学技术出版社,2013年。

114.《敦煌与天台的佛源》,《吴越佛教》第八卷,九州出版社,2013年。

115.《敦煌版画〈救产难图〉研究》(合著,第二作者),《敦煌研究》2013年第4期。

116.《敦煌白伞盖研究》(合著,第二作者),《敦煌学辑刊》2013年第3期。

117.《敦煌所出印沙佛木板略考》,《2010丝绸之路与西北历史文化学术讨论会论文集》,甘肃人民出版社,2013年。

118.《敦煌的入世佛教及其社会实践》,《敦煌哲学》第一辑,甘肃人民出版社,2013年。

119.《论敦煌石窟的民族精神》,《佛教与当代文化建设学术研讨会论文集》第一编,西北大学出版社,2013年。

120.《敦煌遗书研究误区检讨》,《敦煌研究》2014年第3期,院庆70周年纪念专号。

121.《敦煌行城与剑川太子会及其历史传承关系初探》,《敦煌研究》2014 年第 5 期。

122.《敦煌本唐代"御制经序"浅议》,《敦煌学辑刊》2014 年第 3 期。

123.《敦煌石窟大势至菩萨造像管窥》,《美育学刊》2015 年第 2 期。

124.《佛教意识形态下的敦煌民众生活及其影响》,《佛教与亚洲人民的共同命运——2014 崇圣(国际)论坛论文集》,宗教文化出版社,2015 年。

125.《民族精神——敦煌石窟艺术美学内涵》,《敦煌哲学》第二辑,甘肃人民出版社,2015 年。

126.《阿叱力教散议》,《大理大学学报》2016 年第 1 期；又载《2015 崇圣国际论坛文集》,宗教文化出版社,2016 年。

127.《唐前期敦煌石窟营造展示的综合国力》,《大明宫研究》2016 年第 1 期。

128.《敦煌古代民间信仰中的佛教意识》,《宗教与民族》第十辑,宗教文化出版社,2016 年。

129.《敦煌历史文化研究三题》,《敦煌哲学》第四辑,甘肃人民出版社,2016 年。

130.《神圣的使命　执着的追求——纪念敦煌艺术与学术先辈大师史苇湘、欧阳琳伉俪》,《丝绸之路》2018 年第 5 期。

131.《莫高窟汉燧意义》,《纪念岑仲勉先生诞辰 130 周年国际学术研讨会论文集》,2016 年。

132.《莫高窟前史新探》,《敦煌研究》2017 年第 2 期。

133.《竺法护遗迹觅踪》,《佛学研究》2017 年第 1 期。

134.《新时期敦煌文献的奠基人——纪念唐耕耦先生》,《文津流

筋》2018 年第 1 期。

135.《敦煌历史上社会力量对莫高窟的贡献及其意义》,《社会力量参与文物保护论坛文集》,文物出版社,2017 年。

136.《工匠与敦煌石窟》,《上海视觉》2018 年第 1 期。

137.《敦煌本〈诸经杂辑〉刍探——兼议敦煌草书写本研究的有关问题》,《敦煌研究》2018 年第 2 期。

138.《敦煌佛教的社会教育》,《汉传佛教寺院与亚洲社会生活空间》,商务印书馆,2021 年。

139.《敦煌草书本义忠〈大乘百法明门论疏卷下〉初识》,载《姜伯勤教授八秩华诞颂寿史学论文集》,广东人民出版社,2019 年。

140.《敦煌本〈妙法莲华经·度量天地品〉有关问题初探》,(合著,第二作者),《敦煌研究》2019 年第 1 期。

141.《引领大数据时代的学术潮流——敦煌研究发展小议》2018 敦煌研究发展研讨会上的发言。

142.《吐蕃治理对敦煌石窟艺术的影响》,《民族史文存》2019 年第 1 辑。

143.《论敦煌历史文化的包容精神》,《世界宗教文化》2019 年第 6 期。

144.《从敦煌看道教对佛教中国化的影响》,《光影千年》(香港),2019 年。

145.《敦煌本"八味药"刍识》,(合著,第一作者),《敦煌研究》2020 年第 3 期。

146.《从弥勒下生信仰看佛教的社会化——以敦煌石窟唐代弥勒大像相关历史信息为中心》,《天水师范学院学报》2020 年第 1 期。

147.《敦煌石窟迦叶图像》,《丝路集刊》2020 年第 4 辑。

148.《对话敦煌》,《西部大开发》2020 年第 4 期。

149.《敦煌纸画维摩诘经变》,2016 年中国敦煌吐鲁番学会少数民族语言文字委员会学术年会文集《交融共享:多民族文献与丝路文化》,才让等编,中国藏学出版社,2020 年。

150.《渭河:历史的浩歌》,麦积山石窟艺术研究所编《石窟艺术研究》第五辑,文物出版社,2021 年。

《陇上学人文存》已出版书目

▪ 第一辑 ▪

《马　通卷》马亚萍编选　　《支克坚卷》刘春生编选
《王沂暖卷》张广裕编选　　《刘文英卷》孔　敏编选
《吴文翰卷》杨文德编选　　《段文杰卷》杜琪　赵声良编选
《赵俪生卷》王玉祥编选　　《赵逵夫卷》韩高年编选
《洪毅然卷》李　骅编选　　《颜廷亮卷》巨　虹编选

▪ 第二辑 ▪

《史苇湘卷》马　德编选　　《齐陈骏卷》买小英编选
《李秉德卷》李瑾瑜编选　　《杨建新卷》杨文炯编选
《金宝祥卷》杨秀清编选　　《郑　文卷》尹占华编选
《黄伯荣卷》马小萍编选　　《郭晋稀卷》赵逵夫编选
《喻博文卷》颜华东编选　　《穆纪光卷》孔　敏编选

▪ 第三辑 ▪

《刘让言卷》王尚寿编选　　《刘家声卷》何　苑编选
《刘瑞明卷》马步升编选　　《匡　扶卷》张　堡编选
《李鼎文卷》伏俊琏编选　　《林径一卷》颜华东编选
《胡德海卷》张永祥编选　　《彭　铎卷》韩高年编选
《樊锦诗卷》赵声良编选　　《郝苏民卷》马东平编选

第四辑

《刘天怡卷》赵　伟编选　　《韩学本卷》孔　敏编选
《吴小美卷》魏韶华编选　　《初世宾卷》李勇锋编选
《张鸿勋卷》伏俊琏编选　　《陈　涌卷》郭国昌编选
《柯　杨卷》马步升编选　　《赵荫棠卷》周玉秀编选
《多识·洛桑图丹琼排卷》杨士宏编选
《才旦夏茸卷》杨士宏编选

第五辑

《丁汉儒卷》虎有泽编选　　《王步贵卷》孔　敏编选
《杨子明卷》史玉成编选　　《尤炳圻卷》李晓卫编选
《张文熊卷》李敬国编选　　《李　恭卷》莫　超编选
《郑汝中卷》马　德编选　　《陶景侃卷》颜华东　闫晓勇编选
《张学军卷》李朝东编选　　《刘光华卷》郝树声　侯宗辉编选

第六辑

《胡大浚卷》王志鹏编选　　《李国香卷》艾买提编选
《孙克恒卷》孙　强编选　　《范汉森卷》李君才　刘银军编选
《唐　祈卷》郭国昌编选　　《林家英卷》杨许波　庆振轩编选
《霍旭东卷》丁宏武编选　　《张孟伦卷》汪受宽　赵梅春编选
《李定仁卷》李瑾瑜编选　　《赛仓·罗桑华丹卷》丹　曲编选

第七辑

《常书鸿卷》杜　琪编选　　《李焰平卷》杨光祖编选
《华　侃卷》看本加编选　　《刘延寿卷》郝　军编选
《南国农卷》俞树煜编选　　《王尚寿卷》杨小兰编选
《叶　萌卷》李敬国编选　　《侯丕勋卷》黄正林　周　松编选
《周述实卷》常红军编选　　《毕可生卷》沈冯娟　易　林编选

第八辑

《李正宇卷》张先堂编选　　《武文军卷》韩晓东编选
《汪受宽卷》屈直敏编选　　《吴福熙卷》周玉秀编选
《蹇长春卷》李天保编选　　《张崇琛卷》王俊莲编选
《林　立卷》曹陇华编选　　《刘　敏卷》焦若水编选
《白玉岱卷》王光辉编选　　《李清凌卷》何玉红编选

第九辑

《李　蔚卷》姚兆余编选　　《郝慧民卷》戚晓萍编选
《任先行卷》胡　凯编选　　《何士骥卷》刘再聪编选
《王希隆卷》杨代成编选　　《李并成卷》巨　虹编选
《范　鹏卷》成兆文编选　　《包国宪卷》何文盛　王学军编选
《郑炳林卷》赵青山编选　　《马　德卷》买小英编选